FENG SHUI CLÁSSICO
NOS NOVOS TEMPOS
UMA PERSPECTIVA CONSCIENCIAL E IMANENTE

Marcos Murakami

FENG SHUI CLÁSSICO
NOS NOVOS TEMPOS
UMA PERSPECTIVA CONSCIENCIAL E IMANENTE

ALFABETO

Publicado em 2015 pela Editora Alfabeto

Supervisão geral: Edmilson Duran
Revisão de texto: Luciana Papale
Diagramação e finalização da capa: Décio Lopes
Layout da capa: Marcos Murakami

DADOS INTERNACIONAIS DE CATALOGAÇÃO DA PUBLICAÇÃO

Murakami, Marcos

Feng Shui Clássico nos Novos Tempos / Marcos Murakami | 1ª Edição | São Paulo | Editora Alfabeto | 2015.

ISBN: 978-85-98307-26-8

1. Feng Shui 2. Terapia Holística 3. Arquitetura   I. Título.

Todos os direitos reservados, proibida a reprodução total ou parcial desta obra, sem a expressa autorização por escrito da editora ou do autor, sejam quais forem os meios empregados, com exceção de resenhas literárias, que podem reproduzir algumas partes do livro, desde que citada a fonte. Os infratores serão punidos na forma da lei.

EDITORA ALFABETO
Rua Protocolo, 394 | CEP 04254-030 | São Paulo/SP
e-mail: edmilson@editoraalfabeto.com.br
Tel: (11)2351.4168 | Fone/Fax: (11)2351.5333
www.editoraalfabeto.com.br

Impressão e acabamento: Mark Press Brasil

AGRADECIMENTOS

Agradeço a minha querida mãe, saudade de Tian que manteve, até o último respiro, a Esperança na Mudança, e ao meu pai, reflexo honrado de Di no Retorno do Diferente.

A minha querida esposa, companheira atenciosa de Vislumbres Imanentes em Ren.

E a minha irmã que me lembra sempre, pelos sabores, temperos e alquimias, de onde vim.

Aos Grupos de Diálogo (J&J), por todos os Exercícios de Ser, intra e interpessoalmente, e aos amigos próximos e longínquos, professores e alunos, pelas reflexões, ideias e vivências.

E às Consciências que de alguma maneira se manifestam, por vezes amparando ou inspirando, mas sobretudo, que compartilham conosco a experiência de Sentir e Estar nos Novos Tempos.

SUMÁRIO

Agradecimentos 5

Prefácio 11

Nota do Autor 13

Introdução e Intenção 15

I. Fundamento e Teoria 25

    Terminologia - Sobre os sistemas de romanização Wade Giles
    e Han Yu Pin Yin 25

    Origens 27

    Tradições e Escolas do Feng Shui 51

    Tradições do Feng Shui – Abordagem Clássica 53

    Considerações do autor sobre as teorias do Hemisfério Sul 63

    Harmonizando com o Feng Shui? 74

    Visão Crítica sobre Consultores e Consultorias 76

    Bases Gerais 82

    O Yin-Yang enquanto Forma e Energia 85

    O Qi (Chi) 90

    Wu Xing – 5 Transformações do Qi 103

    Relações entre as Transformações do Qi 107

    Características Gerais - 5 Ciclos do Qi 115

    Do Tai Ji à Formação dos 8 Trigramas 117

    He Tu e Xian Tian Ba Gua 121

    Xian Tian Ba Gua (Sequência do Céu Anterior) 124

    Luo Shu e Hou Tian Ba Gua 126

    Hou Tian Ba Gua (Sequência do Céu Posterior) 128

    Introdução a Luo Jin Pan / Bússola "Cosmogeomântica" Chinesa 139

8 | Feng Shui Clássico nos Novos Tempos

II. A Técnica em Feng Shui 145
   Introdução e Proposta de Estudo 145
   Luan Tou Feng Shui 147
   Os 5 Animais Celestiais 173

III. A Prática em Feng Shui 189
   Usos Básicos de Bússola e Direções de Face Energética 189
   Observações da Metodologia 202
   Diferenças entre Fan e Wei 205
   Introdução ao Ming Gua / Número do Destino Pessoal 206

IV. Xuan Kong (Vazio Misterioso) 211
   Conceitos Gerais 211
   Escola Xuan Kong Fei Xing (Estrelas Voadoras) 213
   Os Estudos de Probabilidades num Mapa de Estrelas Voadoras 224
   O Conceito de Estrela Wang 228
   O Conceito de Energia Sheng 232
   Diagramas Gerais – Construções edificadas entre 1964 e 2044 236
   Reconhecendo os Padrões Especiais 254
   Introdução à Análise de um Mapa Fei Xing 257
   Análise do Centro Energético 265
   Introdução à dinâmica das Intervenções Paliativas 273
   As Harmonizações Paliativas 281
   Análise – O Passo a Passo 297
   Estrelas Voadoras em Edifícios 307
   A Construção e os Moradores 317
   Xuan Kong Fei Xing - Questões Polêmicas 323
   Conclusões em aberto 327

V. Ba Zhai (8 Palácios) 329
   Introdução 329
   Da You Nian Ge / A Canção dos Grandes Ciclos Anuais 334
   Os 8 Portentos do Ba Zhai 336
   Encontrando o Nian Ming / Direções Pessoais 343
   Introdução ao Zhai Gua / Trigrama da Construção 353
   Introdução às Intervenções no Ba Zhai 368
   Aspectos Conscienciais – Possibilidades de Linguagem 384

Sumário | 9

VI. Conclusão 395

Aspectos Multidisciplinares e Necessidade de Amplitude Perceptiva 395

Feng Shui e Metafísica Chinesa 397

Cosmologia Chinesa 399

Hexagramas e Yi Jing (I Ching) 406

Feng Shui e Espiritualidade 410

Transformações Cognitivas, Mudança de Postura 417

Contato com o autor 424

Referências Bibliográficas 425

Prefácio

Momentos de reavaliações, revisões e paradas deveriam ocorrer mais no nosso cotidiano, pois acredito que são através delas que temos possibilidade de fazermos novas escolhas. Pensando que tudo muda a cada instante (basta percebermos a natureza a nossa volta), talvez a flexibilidade em questionar algo seja um primeiro passo para experienciarmos também um renascer constante em nossas vidas.

Acredito que este livro, conhecendo razoavelmente o autor (com direito a ironia familiar), e participando de sua trajetória nesses últimos nove anos, trará um novo olhar ao Feng Shui Tradicional, o que me deixa muito feliz como consultora.

Já adiantando, a obra proporciona abertura para uma nova possibilidade de atuação, mas sem a pretensão de colocar algo como "certo" ou "errado". Mesmo inserindo outras maneiras de análise e aprofundando a percepção no ser humano neste momento, o Feng Shui não deixou de ser tradicional, pois as bases e escolas estudadas na obra continuam sendo as mesmas. Mas deem oportunidade de se abrirem para o novo sem julgamentos antecipados, para posteriormente terem um parâmetro de avaliação e coerência.

Que esta ousadia do autor em compartilhar e questionar suas percepções, vindas através de estudos, ministrando cursos e atuando como consultor, possa ser um motivador para novos consultores e estudiosos do tema; um vislumbre de como poderia ser o olhar do Feng Shui na atualidade, mais atento aos nossos processos pessoais. Sem dúvida, neste novo olhar, um estudo que nos convida a nos conhecer melhor e que, como tantas outras ferramentas de autoconhecimento, não é necessariamente fácil, porém nos faz revisar, reavaliar, mudar...Sem respostas garantidas mas que, ao mesmo tempo, oferece uma infinidade de novas possibilidades e percepções.

Que o Feng Shui seja um reflexo de você mesmo, o início de um estudo pessoal, de auto-observação e autotransformação, a partir do diálogo interior.

Boa Leitura a todos!

Renatha Dumond
Arquiteta-Consultora

NOTA DO AUTOR

Quando se iniciou a revisão da obra *O Grande Livro do Feng Shui Clássico (2006)* para uma provável 2ª edição, imaginou--se que haveria algumas mudanças e adições, fruto de quase uma década de pesquisa e estudo entre ambas as propostas. Entretanto, o que se notou no decorrer do processo foi que a quantidade de modificações conduziu a uma pergunta: não seria momento de aprofundar alguns dos temas inseridos no primeiro escrito, bem como ampliar o escopo de análise, tendo em vista um enfoque mais holístico e que pudesse incluir, de alguma maneira, aspectos mais reflexivos e sincronizados com os questionamentos do momento?

Assim, o Feng Shui Clássico nos Novos Tempos acabou sendo fruto desse novo caminho, distinto, mas ao mesmo tempo complementar ao anterior. Se por um lado, a primeira obra possibilitou uma introdução conceitual e visão geral dos métodos, este último tem o foco em duas escolas primordiais do Kan Yu: as Estrelas Voadoras e os 8 Palácios. Aos que já estão familiarizados com a primeira obra, é importante esclarecer que algumas passagens poderão parecer similares, mas os materiais sobre as teorias ancestrais (métodos Ba Zhai e Xuan Kong Fei Xing) estão completamente revigorados enquanto abordagem e dinâmica, o que possibilitará um contraponto muito rico com o volume anterior.

Aos que iniciam com o respectivo livro, poderão encontrar um conteúdo razoavelmente mais aprofundado, com possibilidades interpretativas e de utilização renovadas. Ao mesmo tempo, um novo enfoque que procura considerar o bem estar do homem como resultado, sobretudo, das próprias escolhas pessoais (como um *modus operandi* cocriador e responsável), e não em decorrência apenas de forças externas existentes no ambiente. Assim, nessa obra destaca-se o Feng Shui como um espelho, uma ferramenta que levanta causas em potencial e alguns dos efeitos (sejam pelas probabilidades de ocorrência ou condições sinestésicas) que poderiam, a priori, servir como ponte entre as experiências que os habitantes "escolheram" ter (consciente ou inconscientemente) e o ato de morar.

Por um lado, se essa nova visão pode trazer perspectivas diferenciadas (até mesmo chocantes) sobre um assunto que, desde que foi amplamente divulgado no ocidente a partir dos anos 80, mostra caminhos tortuosos, mas baseados numa tentativa de resgate do antigo, do clássico, por outro, oferece passagens reformuladas, com diferentes ângulos possíveis e por que não dizer, provocando um horizonte radical (enquanto raiz, essência). Fica aqui, leitor, um convite ousado para trilhá-lo.

Introdução e Intenção

Esse livro pode ser desafiador para um leitor desavisado ou para aqueles que buscam apenas as famosas dicas rápidas para aplicá-las imediatamente como solução para os problemas. Aliás, não é nada fácil. Não por querer ser difícil, mas por tentar dar ênfase aos *porquês* em vez dos *por causa*, de procurar ir um pouco mais à fundo em algum princípio metafísico ou mesmo questionar aspectos que geralmente são assumidos e incorporados como regras ou verdades absolutas pelo senso comum (que nesse caso incluem também alguns pragmáticos mestres, professores e consultores). Naturalmente, salienta-se que o ponto de vista apresentado na obra não tem a finalidade de ser melhor que outra ou de mostrar uma nova verdade, mas ser apenas diferente. Como o diferente tende a ser interpretado por vezes, como algo estranho, errado, pretensioso ou mesmo exageradamente complexo, é até natural despertar certo incômodo em alguns momentos, já que os muitos assuntos discutidos não se restringem apenas ao limite do Feng Shui Clássico com seus resultados concretos, mas sim acabam se correlacionando a tópicos mais amplos, que tangenciam o limite das crenças pessoais e paradigmas, tais como a abordagem consciencial ou espiritual (não vinculada, necessariamente, a um viés místico-religioso), a questões de cunho ético-moral ou até mesmo sobre um ponto de vista filosófico.

Esclarecendo isso, essa obra não tem a predisposição de ser fácil, mas sim de ser "possível". Nesse sentido, refiro-me à possibilidade de assimilar conceitos e propostas ao se manter uma neutralidade na leitura, tentando diminuir os pré-conceitos e juízos de valor quando alguma questão estiver aparentemente "contra" um mestre ou clássico, ou até mesmo a ansiedade por significado, quando não se entende, nas palavras, o que se tentou mostrar em sentido. Se o pedido aqui é uma abertura para o novo, a premissa complementar é fundamental: recomenda-se uma postura também cética (não no sentido equivocado da "negação" veemente de algo – o que não deixa de ser uma crença cega no inverso, mas sim na possibilidade de se dar espaço à dúvida, sempre), inclusive ao que é apresentado como teoria no livro. Assim, não descarte nem assuma de imediato o que for colocado aqui; reflita, averigue, compare, aprofunde-se e, mais do que tudo, sinta. Só você, leitor, poderá constatar o que é relevante.

Mesmo que a maioria dos conceitos seja explicada no decorrer dos capítulos, cabem aqui alguns esclarecimentos iniciais, premissas básicas da proposta de trabalho.

Primeiramente, uma modificação estrutural na maneira de olhar o Feng Shui Tradicional, de um Sistema de Força para um Sistema de Ideias. Como Sistema de Força, entende-se qualquer dinâmica que tenha como pressuposto algo que se fundamenta numa crença, dogma ou sabedoria que ofereça uma condição de melhora prática, tendo em vista uma filiação a uma verdade específica, com o estabelecimento de regras de atuação e procedimentos que reforcem a condição teológica ou teogônica. Nesse ponto, o Feng Shui parte de uma premissa similar – a Metafísica Chinesa – e mesmo que esta tenha uma roupagem distinta da visão religiosa ocidental, os métodos, pela forma que são abordados, muitas vezes se fundamentam nessa direção, sendo que, exatamente por isso, o termo filosofia chinesa ou taoista não seria o mais adequado para evidenciar tal diferença. Um Sistema de Força não tem a função de gerar novas ideias, mas sim proporcionar vigor, efeitos práticos para se sobreviver e agir no mundo (basicamente, as religiões têm esse papel).

O Sistema de Ideias, por outro lado, fomenta reflexões, proporciona questionamentos e choques, não tendo a função de fundar ideações, ou seja, chegar a algum lugar ideal, ou estabelecer garantias de felicidade por convenção moral ou transcendência. Estabelecer uma proposta assim no Feng Shui é, por conseguinte, abrir mão, em parte, da busca por resultados fáceis (talvez por elas nunca terem existido de fato ou porque muita coisa mudou de alguns anos para cá) por uma visão mais reflexiva, autocrítica, que demanda mais tempo de abordagem e estudo, mas em que as mudanças serão provavelmente mais profundas, por estarem focadas no homem como potencial de transformação, não como algo externo "que ajeita os dissabores" e resolve uma questão que era função do primeiro responder.

O Feng Shui (até mesmo o Clássico, Tradicional ou Científico, como muitos gostam de reforçar), é baseado numa visão transcendental, mesmo existindo um apelo técnico. Como transcendência entende-se efeitos ou mudanças baseadas no vínculo a uma força maior, seja um deus, um orixá ou uma energia cósmica. Nesse aspecto, percebe-se a noção de lealdade a uma fonte ou crença, em que o cumprimento de regras, por vezes, via submissão ou resignação, garante um retorno, que consiste em proteção, abertura de caminhos, etc. Note que se define um relacionamento sempre "de cima para baixo" (seja pela sublimação, na qual se almeja pular algumas etapas, ou pela própria transcendência, que significaria eliminar "todas" elas), em que tal força externa, melhor e mais completa, extingue os problemas momentâneos, limpa os processos em crise e afaga as nossas carências, digna de um bom pai ou mãe, não havendo assim nenhuma necessidade de realizar quaisquer questionamentos ou mudanças internas, além do reforço da crença no filiador. Se esse argumento parece ser muito exagerado para a dinâmica do Feng Shui, troque os termos "vontade divina" por personalidades das estrelas, e "fé na palavra do senhor" por curas com 5 elementos, que talvez isso faça algum sentido.

Imanência, em contraponto à *Transcendência*, é uma visão baseada no presente, na qual se vive as experimentações da vida pela própria vida em si (e não algo além dela), o que desvincula do cotidiano a noção de ideal e de evolução espiritual como fundamento moral, e mais ainda, do resultado benéfico ou prazeroso como conclusão linear a algo que se está fazendo certo ou até por merecimento. Assim, *Imanência é fazer algo diferente no presente, assumindo como fundamento a incerteza e abarcando o devir.*

Uma atenção necessária: utilizando um exemplo, aqui não me refiro a optar por uma caipirinha ao invés de uma cerveja, já que imanência é algo que se estende para além do hábito ou da zona de conforto. Nesse sentido, mesmo que muitas vezes isso esteja associado a barganhas condicionadas do pós-modernismo (como força do pensamento positivo-empreendedor que garante sucesso, realização pessoal, etc. – o que é bizarro), um estado imanente seria, em tese, baseado na liberdade de escolha, sendo que esse ato de escolher não está vinculado, necessariamente, a algo pré-definido, que gere garantias ou saldos tendencialmente confortáveis – por isso o fundamento na incerteza –, mas sim na transformação constante do homem pela reafirmação de uma escolha ou pela mudança dela, em que o único vislumbre de fato está no experienciar dos processos embutidos em tais condicionantes, a cada instante, em todos os momentos, tornando o "agora" primordial – não confundir com imediatismo. Tenta-se modificar assim o efeito niilista (enquanto negação dos processos pessoais) tanto nos seus aspectos negativos (negação do momento por aspectos punitivo-pecadores ou uma salvação além da própria vida) quanto reativos (negação do momento por uma garantia de felicidade ou estabilidade futura), incorporando a cada passo o potencial de devir (um vir a ser constante), em que as garantias não são mais baseadas em chegadas estáticas, mas em transformações que possibilitam novos olhares e outros caminhos – o que não deve ser confundido com evolução.

Mesmo que haja limites para essa abordagem no Feng Shui (já que toda a sistemática é baseada no oposto), incentiva-se o olhar imanente, no sentido da construção como espelho dos processos pessoais, não como fator externo definidor das nossas experiências. Assim, os eventos averiguados (bons ou desafiadores) seriam apenas aspectos intrínsecos ao próprio homem, destacados por uma técnica em particular, sendo que a melhora não se baseia somente na modificação ambiental ou inserção de objetos harmonizadores, mas na reflexão que tais mudanças, possíveis ou não, estimulam nos moradores. Caberia ainda a esse indivíduo entender o sentido de responsabilidade embutida nas possibilidades de escolha oferecidas pelo "índice" casa, independentemente dos resultados almejados, já que muitas vivências se aceleram pela necessidade consciencial dos usuários, como potencial kármico. Em outras palavras, as experimentações produzidas (mesmo que ocorram intervenções requalificantes), talvez não devessem ser abordadas para se tornarem apenas mais fáceis, amigáveis ou reconfortantes, mas sim para serem importantes e relevantes.

Nesse ponto, inserem-se os últimos conceitos introdutórios. Primeiramente, sobre o termo já utilizado algumas vezes, e que será muito encontrado no decorrer do livro: a palavra Consciência e seus derivados. No capítulo relativo ao Qi e à formação do Wu Xing, existe uma explanação mais extensa nesse sentido, mas num primeiro momento, destaca-se apenas a distinção necessária entre o termo "consciencial" e algo que se está alerta ou "consciente de", racionalmente falando. Na verdade, como consciencial entende-se às percepções e pontos de vista, além do escopo físico, o que se alinha aos referenciais espirituais. Cabe aqui uma observação: é comum a associação entre *espiritualidade* e a noção de *transcendência* (sobretudo devocional), o que não é o caso.

Tentaremos demonstrar a possibilidade de uma abordagem espiritual-imanente do Feng Shui, na qual se procura não negar o presente e os seus fatores coligados (no caso, a própria edificação) em busca de um ideal em estado de simulacro, mas uma reafirmação da vida pela capacidade de transformação do próprio indivíduo como fator primordial coparticipante das causas e efeitos das probabilidades ambientais, e não como uma vítima sofredora (mas honesta) das pressões e cobranças "celestiais".

Conforme citado em parágrafo anterior, esclarece-se que o Karma (carma, kharma, etc.) não é algo que se tenha que passar ou vivenciar pelo que se fez de errado num outro momento, seja uma maldade a alguém numa outra vida, seja por laços eternos familiares. Antecipando que talvez os tais laços eternos sejam, na verdade, internos, karma são simplesmente eventos que atraímos para nós mesmos, como necessidade de experimentação, por carência de compreensão. Nesse sentido, atrela-se o potencial kármico não necessariamente ao resultado, mas à possibilidade de se estimular escolhas até mesmo em meio a panoramas desafiadores, para se prover referenciais mais sábios a cada experiência. Dessa forma, karma não deve ser confundido com uma suposta *Lei da Atração* ou qualquer fundamento baseado em autoajuda fácil ou no chavão "*você é ou atrai aquilo que pensa*".

Por esse enfoque, não se queima, limpa, pula ou se evita um karma "ruim", por alguma técnica ou por "bom-mocismo", mas sim se vivencia, se possível de maneira observadora e lúcida (sendo o ruim por conta da tradução emocional de quem está passando por ela). O que questiono são exatamente os métodos (inclusive do nosso escopo) que supostamente predizem aspectos kármicos e ainda mostram soluções práticas, como, por exemplo, nos casos em que algumas probabilidades num determinado ano trazem à tona um potencial grande de cirurgia, e o estudioso ou cliente "manipula" tal informação, antecipando-se à tendência teórica e, numa superinterpretação estratégica, transforma-a numa bela operação plástica dos sonhos. Pronto, passou-se pelo tal karma e ainda saiu no lucro, de bem com a vida, sem ter que esperar por um tumor mais sério, certo? Supondo que essa condição probabilística era um fato que levaria realmente a uma cirurgia, e que a tal antecipação "enganou" o karma (o que é no mínimo, irônico), a questão não seria o da resolução do problema, mas sim da validade da experiência. Note que o que condeno não é a técnica em si, mas a abordagem, a maneira de olhar para a questão; não defendo também a ideia de que o aprendizado só ocorre através da dor, e que é necessário passar pelo problema *a fórceps*, esperando resignadamente a possível doença se manifestar para "cumprir" tal karma. O ponto aqui é: o que faço com tal informação? Uso como fonte de reafirmação do caos da vida (retendo os processos pelo medo, o que acelera ainda mais o "estilingue" kármico), utilizo-a como ferramenta de manipulação (em mim e nos outros) para gerar somente os efeitos desejados, ou tento abordá-la como canal, que talvez proporcione reflexões em mim e, independentemente do que possa vir a ocorrer, posso usar tais indicações de maneira cética, seja como um estimulante para fazer um check-up na saúde, seja para questionar se tais condições parecem ser ou não relevantes? De qualquer maneira, a despeito de ser ou não kármico, isso proporciona uma escolha. Responsabilizemo-nos por ela.

Se karma é "ação vivida", dharma (darma, etc.) talvez não seja uma missão existencial ou o que se deve fazer, benevolentemente, para se obter "créditos" de bem aventurança, como muitos acreditam. Na perspectiva utilizada no livro, dharma se referirá à infraestrutura pelo qual o karma se manifesta, tal qual o exemplo de uma família ser um potencial dhármico para que os karmas individuais possam ser otimizados. De maneira similar, sob essa ótica sugerida no Feng Shui, a construção é exatamente o meio dhármico mais favorável para que as determinadas condições (sendo possivelmente algumas de ordem kármica) sejam vivenciadas pelos moradores que foram "atraídos", não por um esquema de sorte ou azar, mas por uma necessidade de experimentações que esse molde arquetípico entendido como lar pôde proporcionar nesse momento, sobre determinadas características específicas, que geralmente são entendidas ou reduzidas à escolha de uma moradia por um critério apenas lógico, seja econômico, estético, etc., ou até mesmo por gosto intuitivo-emocional.

Concluindo, o título *Feng Shui Tradicional nos Novos Tempos* pode fomentar uma série de questionamentos. Seria um Feng Shui à moda esotérica (já não existe o Feng Shui Moderno para isso?), abarcando um misticismo *new age* do "emanar amor para receber amor" ou algo parecido? Na verdade, como Novos Tempos entenda-se Nova Realidade. E como realidade entenda-se algo além de uma condição econômica, ecológica ou tecnológica do mundo. Novos Tempos (ou Nova Realidade) levanta a hipótese de uma profunda alteração da condição física do planeta, bem como dos seus agregados, incluindo toda a espécie humana, nas últimas décadas, mas sobretudo como marco referencial, a partir de 2012.

Essa mudança estrutural se refere à maneira diferente como a matéria vem se estabilizando enquanto relação onda-partícula, sendo que essa modificação global vem influenciando muito na interação espírito-corpo (por conseguinte, na vida em si), bem como na forma com que algumas técnicas, incluindo o Feng Shui, se expressam enquanto canal de atuação e eficiência. Sim, a eficácia de muitos desses métodos energético-terapêuticos e das harmonizações ambientais vem caindo (vertiginosamente, diria), e em momentos em que existem cada vez mais pessoas buscando tais tratamentos ou consultorias. Sem dúvida, se alguns desses sinais são quase indiscutíveis, é possível ainda, por um tempo, não se ater a isso, seja pelo vigor do dogma ou por "*deixar o barco correr*", já que os clientes continuam vindo (e isso seria a prova irredutível de que as coisas estão bem). Entretanto, parece-me que será possível averiguar, de forma crescente, que se gasta cada vez mais energia (espiritual, emocional ou física) para se realizar cada vez menos, como também se manter equilibrado num padrão adequado por tempo muito aquém do esperado, ou seja, um problema que atinge não somente os consulentes, mas, sobretudo, os consultores, que se sentirão cada vez menos seguros das teorias aprendidas e vendidas como solução, o que levará muitos a uma desistência geral, a buscas ou trocas incessantes de terapias e metodologias inusitadas que garantam os supostos milagres da vez, o que trará cada vez mais frustrações ou alienações.

Durante a obra, serão tratadas as questões acima de maneira mais fundamentada. Nesse momento, que essa introdução (com pitada de provocação) possa incentivar o leitor a ir um pouco além. Talvez além das convicções do momento, do próprio paradigma que assegura o seu mundo num "Tempo-Espaço" cada vez mais variável. Se são realmente *Novos Tempos ou Realidades*, isso pouco importa; a questão que fica é a escolha em continuar ou não, e de que maneira se caminha...

I

FUNDAMENTO E TEORIA

Terminologia - Sobre os sistemas de romanização Wade Giles e Han Yu Pin Yin

Criado em 1867 por Thomas Wade, professor de Cambridge e embaixador britânico na China, e posteriormente melhorado pelo diplomata Herbert Giles e seu filho, foi o sistema de romanização da fonética do mandarim para as línguas latinas, sendo predominante o seu uso durante a maior parte do século XX.

Em 1950, Zhou Youguang desenvolveu um novo método chamado Hanyu Pinyin, utilizando compilações e referências de outros sistemas, com a publicação iniciada oficialmente em 1958. No início dos anos 80, as publicações ocidentais passam a adotar o novo padrão em substituição aos métodos anteriores.

Interessante notar que, como algumas obras e professores de metafísica chinesa mantém o sistema Wade, é comum ainda encontrarmos discrepâncias ou mesmo corruptelas nos termos, como o clássico de Lao Ze (Lao Tse) escrito na variação inusitada Tao Te King (e não Ching, como no sistema antigo).

Será adotado no livro o sistema simplificado do Pin Yin (sem acentos), a maioria das vezes utilizando a escrita separada referente à fonética (Feng Shui em vez de Fengshui, por exemplo). Em alguns momentos, nos termos conhecidos popularmente, será colocado a versão da mesma palavra em Wade-Giles simplificado, entre parênteses. Ex: Yi Jing (I Ching).

Exemplos comparativos entre os dois sistemas:

Wade Giles	Han Yu Pin Yin	Wade Giles	Han Yu Pin Yin	Wade Giles	Han Yu Pin Yin
Feng Shui	Feng Shui	Chien	Qian	Pa Tzu	Ba Zi
Tao	Dao	Kun	Kun	Tzu Wei Tou Shu	Zi Wei Dou Shu
Chi	Qi	Tui	Dui	Pa Chai	Ba Zhai
I Ching	Yi Jing	Ken	Gen	Chi Kun	Qi Gong
Ho Tu	He Tu	Kan	Kan	Tao Te Ching	Dao De Jing
Lo Shu	Luo Shu	Chen	Zhen	Fu Hsi	Fu Xi
Pa Kua	Ba Gua	Sun	Xun	Ta Yu	Da Yu
Wu Hsing	Wu Xing	Li	Li	Lao Tse	Lao Ze

Origens

Introdução

Ao refletir sobre os aspectos levantados nas primeiras páginas, provavelmente se perceba no livro em si, mais questionamentos do que um manual fácil e explicativo, o que, num olhar inicial, talvez remeta a uma sensação de dificuldade ou confusão com a amplitude do tema. Naturalmente a complexidade em si existe, mas o caminho, caso se opte pelo processo do esclarecimento e reflexão, poderá indicar novas possibilidades de abordagem, provocando no leitor um viés de pesquisa e aprofundamento, além da mera curiosidade ou funcionalidade pragmática de resolução às questões pessoais.

Conceitualmente, o termo Feng Shui (pronunciado Fôn Suei no cantonês e Fôn Chuei no mandarim, com o significado literal Vento-Água) remete a um conglomerado de técnicas de reorganização espacial ou ambiental que visa estabelecer um equilíbrio dinâmico entre a edificação, o entorno e o homem, no que tange a harmonia no cotidiano, sobretudo nos temas saúde,

28 | Feng Shui Clássico nos Novos Tempos

relacionamento interpessoal e potencial de realização, comumente entendido como prosperidade. Outra designação relacionada é o Kan Yu, algo próximo aos termos "alquimia do Céu e da Terra", referência essa muito anterior à terminologia do Vento e Água e muito mais associado aos primórdios dessa sabedoria.

Nesse sentido, o escritor Leonardo Boff descreve poeticamente: "(...) *Nas suas múltiplas facetas, o Feng Shui representa uma síntese acabada do cuidado, concretizando na forma como se organiza o jardim e a casa humana e postulando um nível de justa medida e de integração dos elementos presentes como raramente se conhece nas culturas históricas. (...). Mais do que ciência e arte, o Feng Shui é fundamentalmente uma ética ecológico-cósmica de como cuidar da correta distribuição do chi em nosso ambiente inteiro*". E conclui: "*(...) Face ao desmantelamento do cuidado e à grave crise ecológica atual, a milenar sabedoria do Feng Shui nos ajuda a refazer a aliança de simpatia e de amor para com a natureza. Essa conduta reconstrói a morada assentada sobre o cuidado e as suas múltiplas ressonâncias*".[1]

Originária na China, (possivelmente tenha surgido há mais de 4.000 anos, com o estudo por parte do reino vigente, das melhores posições para os túmulos sagrados dos imperadores mortos – acreditava-se que para haver uma boa continuidade da linhagem hereditária, seria necessário enterrar os ancestrais em determinadas disposições auspiciosas e locais benéficos), essa antiquíssima técnica, denominada de Yin Zhai, desenvolveu-se paralelamente à chamada análise para os vivos, ou Yang Zhai – em outras palavras, um Feng Shui para os descendentes e outro para as residências.

É importante esclarecer que Feng Shui não se limita apenas em colocar "penduricalhos", como sinos de vento e flautas em determinados pontos da casa. Para se compreender o Kan Yu, é necessário conhecer alguns conceitos fundamentais da metafísica chinesa, assim como as características da chamada energia vital (Qi),

---

1 Leonardo Boff, Saber Cuidar – Ed. Vozes, páginas 184-187.

dos fluxos do Yin e Yang e do Wu Xing (5 Transformações), da linguagem dos trigramas e das suas interpretações arquetípicas na natureza, além dos diversos tipos de estudos cosmológicos, das tradições e ritos orientais. Sem dúvida, um grande e instigante caminho a ser percorrido.

Outra dúvida comum ao iniciante é a grande quantidade de linhas de atuação que compõe o Feng Shui. Palavras como Luo Pan, Ba Gua do Chapéu Preto, entre outras, confundem e muito os neurônios dos estudantes. O que se torna fundamental, portanto, é compreender que não existe somente um tipo de sistema ou escola de Feng Shui, mas inúmeras. Além disso, as técnicas ancestrais não vieram somente de um local. Na China, esse estudo perpetuou-se como uma tradição familiar ou discipular, sendo que cada uma possui um enfoque diferente.

Dessa maneira, antes de iniciar um estudo tão profundo e complexo, recomenda-se analisar em que contexto se formou o Feng Shui, como também a evolução das escolas dessa arte. Assim sendo, se procurará esclarecer, em termos históricos e até mitológicos, onde surgiram as técnicas aprendidas e aplicadas na contemporaneidade.

Dinastias Chinesas e a Evolução do Feng Shui

1. Período Neolítico (a partir de 5.000 a.C.)

Sociedade agrícola, com bases matriarcais. Nas vastas planícies, as comunidades tribais procuravam instaurar no cotidiano a mesma norma divina que pressentiam existir, ao observarem o iluminado céu de estrelas todas as noites. A partir da figura mítica que se apresenta ao grande sábio Fu Xi, surge a primeira constatação de um código celestial que refletia o dinamismo cósmico. Essa inscrição, localizada no dorso do chamado Qi Lin (Cavalo-Dragão), foi denominada de He Tu, ou Mapa do Rio.

O mítico Fu Xi

Huang He (Rio Amarelo)

Qi Lin (Cavalo-Dragão)

O sentido de padrão celestial foi instaurado ao se compreender o papel de centro do Universo, local onde tudo surgiu. A Estrela Polar tornou-se o pilar essencial, pois em volta desse eixo girava a haste de 7 Estrelas que formavam a Constelação da Grande Ursa Maior (Bei Dou). Constituía-se assim a Era de Ouro, em que a figura dos 3 Reis-Xamãs Yao, Shu e Da Yu, representavam a compreensão das forças da natureza. Segundo a lenda, Yao tinha a capacidade de "voar" para as outras galáxias, enquanto que Shu tinha total acesso às esferas celestes. Este último transmite todo o conhecimento oculto ao filho Da Yu, que posteriormente recebeu o título de Detentor do Poder sobre as Águas. Conta-se que no casco da Tartaruga-Sagrada do Rio Luo, Da Yu enxergou um código que mostrava o fluxo da energia terrestre. A esse esquema, foi dado o nome de Luo Shu, ou Mapa do Mundo Manifestado.

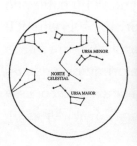
Bei Dou
(Ursa Maior)

Rio Luo, afluente do
rio Amarelo.

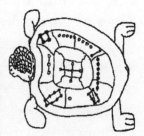
Tartaruga e padrão
do Luo Shu

Da Yu, além de introduzir o bronze na China, teria sido o fundador da primeira dinastia, denominada Xia (2200-1765 a.C.), quando conseguiu conter as inevitáveis enchentes de Huanghe, ou Rio Amarelo, salvando o povo, e ensinando às primeiras comunidades nômades o segredo da sazonalidade. Dividindo o território em nove províncias com atribuições específicas, foi dada origem aos estudos dos fluxos espaço-temporais dos Ventos (Feng) e das Águas (Shui). É nessa fase que surge o primeiro *Livro das Mutações*, denominado de Lian Shan.

De acordo com os escritos sagrados, Da Yu, além de Mestre Agrimensor e Mestre da Forja, era considerado um imortal que entendia a linguagem dos animais. É uma das primeiras referências à tentativa de paralelo entre o comportamento dos bichos e o homem (outra citação sobre o tema remete aos tempos de Fu Xi).

2. DINASTIA SHANG (1756 – 1027? a.C.)

Sociedade baseada na agricultura e na mão de obra escravista. Cultura luxuriosa e selvagem, em que rituais, sacrifícios e cultos em nome dos ancestrais e forças da natureza eram comuns. Inscrições arcaicas encontradas nos cascos de tartarugas e ossos revelam, além do desenvolvimento de um sistema de escrita, princípios oraculares, que posteriormente seriam evidenciados nos Escritos Sagrados Gui Shang, ou *O Livro das Mutações de Shang*, uma das bases do conhecido Yi Jing.

3. Dinastia Zhou (1028? – 221 a.C.)

Consagração do oráculo Zhou Yi – As Mutações dos Zhou, devido ao aprimoramento do Yi Jing por parte de rei Wen, que desenvolve os chamados Julgamentos, ou versos dos 64 Hexagramas. Seu filho (Duque de Zhou) é responsável pela explicação das Linhas, e Confúcio acrescenta sua visão social ou moral nas Imagens e os Comentários (as denominadas 10 Asas). O Tratado sobre o Yi é somado à criação do taoísmo e confucionismo, das teorias do Wu Xing (5 Ciclos) e do Yin e Yang no estudo do Feng Shui.

Essa dinastia é comumente separada em:

- Zhou Ocidental (até 771 a.C.): considerado o período dos reis sábios, caracterizou-se pela suposta paz interna. O conceito de mandato celeste, ou seja, o direito divino de comando por parte dos governantes foi reforçado, simbolizado pela queda do governo anterior e a perda do comando pelos ditos deuses maiores. Nesse período, constatam-se os primeiros estudos sobre Feng Shui, a partir das técnicas Xiang Di, uma prática geomântica que visava encontrar terras férteis e melhores localizações para santuários.

- Zhou Oriental (até 221 a.C.): época de grandes inquietações, iniciadas com as invasões bárbaras que levaram ao assassinato do rei e a mudança da capital para Luoyang (atual província de Henan) em 771 a.C. Ocorreu, nessa época, um aumento do poder central sobre os governantes locais, através de um sistema de impostos sobre a produção agrícola e o uso da terra. Em meio à fragmentação e decadência do reino, o período foi dividido historicamente em Tempos de Primavera e Outono (770 – 476 a.C.) e nos Estados Litigantes (475 – 221 a.C.).

Em Zhou Oriental viveram os sábios Lao Ze e Gong Fu Ze (Confúcio). Surgiram então as bases que culminariam na divisão do conhecimento em Tradição Invisível –

Compreensão dos Mistérios do Universo (Mi Djun) e Visível – Harmonia do Mundo Cotidiano (Shien Djun).

- Zhan Guo / Período dos Estados Litigantes (475 – 221 a.C.): foi encontrado um artefato que demonstra o uso dos símbolos do Feng Shui. Estavam desenhados na tampa de uma caixa de 430 anos a.C., que foi escavada em Leigudun, na província de Sui Zhou, Hubei. Os lados da caixa possuem um dragão e um tigre, (símbolos utilizados no Feng Shui e na Astrologia Chinesa), porém o mais significativo é o círculo das 28 Mansões Lunares, que circundam na tampa, a palavra *dou*, que representa a Constelação da Ursa Maior. Somado a esse fato, observaram-se referências concretas sobre o Zodíaco Chinês e manuscritos astrológicos que vinculavam as enchentes e secas na agricultura ao posicionamento das constelações.

Segundo algumas fontes, é nessa época que se manifesta o Nei Jing (400 a.C.), o primeiro compêndio de medicina chinesa que explica detalhadamente a teoria milenar do Wu Xing.

Naquele período, um jogo denominado Liu Bo fornecia um mapa esquemático celestial, indicando o primeiro conceito de estrutura divina aplicado à sociedade. Esse tabuleiro veio dos conceitos do astrolábio Liuren (Shi), que provavelmente já existia nessa dinastia, embora só existem provas consistentes da sua existência nos tempos de Qin.

O conhecimento da bússola foi ampliado na dinastia Zhou pelo imperador Shing, neto do rei Wen. Ele associou o conhecimento da bússola ao do Yi Jing e constituiu um sistema de predição terrestre e celeste. Trata-se do legendário Luo-Jing, que não chegou até o ocidente. Luo significa "aquele que abarca todo conhecimento do Céu e da Terra" e Jing (Ching) significa "clássico".

Consta-se no terceiro século a.C. um dicionário chinês referente a descrição da escolha de sítios de acordo com conceitos de harmonia – com a referência à simetria, equilíbrio, hierarquia das alturas e orientações favoráveis. Também nos livros *Shujing* (o Livro dos Documentos) e *Shijing* (o Livro das Canções) constavam a escolha de melhores locais para novas cidades.

Kui Ku Ze foi um dos grandes mestres da época e expoente da "sabedoria vertical e horizontal" (Teoria sobre a Diplomacia) além de sábio da Escola do Yin e do Yang. Pode-se dizer que ele foi o predecessor espiritual dos Fang Shi (especialistas nas técnicas esotéricas), que surgiram cerca de cem anos depois durante as Eras Qin, dos Han e dos Três Reinos. Segundo a lenda, ele morava num lugar chamado Vale dos Espíritos e foi mestre de alguns dos maiores estadistas dos reinos feudais da China daquela época.

Nessa etapa manifesta-se o Nei Jing (400 a.C.), o primeiro compêndio de Medicina Chinesa que explica detalhadamente a Teoria milenar do Wu Xing. Somado a esse fato, observaram-se referências concretas sobre o Zodíaco Chinês e de manuscritos astrológicos que ligavam as enchentes e secas na agricultura ao posicionamento das constelações, além da criação de um método geobiológico (Zhai Bu), que avaliava a qualidade do solo e águas subterrâneas.

Em termos arquitetônicos, cresceram as cidades-estados guerreiras, sendo comum a construção de muros nas aldeias. Os projetos imperiais seguiam regras geomânticas e ritualísticas, e o local exato do imperador era fixado e mudado conforme as

Fundamento e Teoria | 35

correspondências astrológicas e as estações do ano. A evolução desse movimento circular ao redor de um edifício central, descreve um dos conceitos mais importantes do futuro Feng Shui, o Ming Tang (Palácio Luminoso ou Palácio do Destino).

4. DINASTIA QIN (221 – 207 A.C)

Dinastia vigorosa, porém muito curta. Em 221 a.C., ocorreu a unificação do território chinês, quando a fronteira oeste de Qin (o mais agressivo dos Estados Litigantes) subjugou o último dos estados rivais. Auto proclamando-se como um ser divino (Shi Huang Di), o novo rei impôs um governo altamente centralizado e burocrático, baseado na repressão e retaliação de conhecimentos que pudessem criticar o governo (queima dos escritos sagrados ancestrais e perseguição aos confucionistas). Os Qin caíram frente às revoltas sociais, que se tornaram insuportáveis após a morte do primeiro imperador, em 210 a.C.

Para impedir a invasão bárbara, nesse período foram iniciadas construções de muros fortificados ligando os vários Estados Litigantes, que no futuro se denominaria A Grande Muralha.

Zhang Liang foi um dos mais famosos entre os primeiros Fang Shi. Nascido no fim da Era dos Estados Litigantes, passou pela fase dos Qin e fundou a dinastia Han. Aprendeu as ciências militares, a magia e as artes divinatórias. Seus contínuos sucessos militares eram atribuídos à capacidade de conhecer o momento certo para fazer a manobra militar. Era discípulo de Huang Shi Gong (ou Ch'ing-su Tzu), mestre do Pinheiro Vermelho, que foi um dos maiores sábios taoistas.

No Feng Shui, desenvolveu-se o Di Mai, ou o estudo das Veias do Dragão (caminhos energéticos terrestres). Esse conceito foi estudado pelos antigos geógrafos e se relacionava diretamente aos segredos dos picos e vales das cadeias de montanhas como caminhos do Qi.

Também se desenvolveu muito o ritual dos funerais e começou-se a selecionar os lugares mais auspiciosos para os ancestrais (que eram enterrados com suas cabeças apontando para o oeste e a tumba com face leste). Isso se devia ao fato provável da visão de que a dinastia Qin tendia a se expandir na direção leste, tendo o reino oriundo do oeste da China (assim, a cabeça em respeito ao lar de seus ancestrais).

Além disso, a partir das bases do tabuleiro Liu Bo, dois diagramas, chamados de Shi, (usados para fins divinatórios) foram identificados. Essa é a referência mais antiga do que viria a ser a Luo Pan.

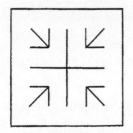
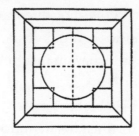
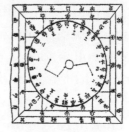

Shi / Liuren da Dinastia Qin (Frente e verso).   Desenvolvimento da Shi.

Nesse período, os princípios do Feng Shui começam a tomar forma. Publica-se o *Kan Yu Jin Kui* (O Tesouro Dourado do Kan Yu) que espalhou as sementes do Li Qi Pai (Escola do Potencial Não Manifestado / Escola da Bússola) e tem início a separação entre Xing Shi Pai (Escola do Potencial Manifestado / Escola das Análises Formais) e o Li Qi Pai. A teoria começa a exercer grande importância, junto à observação.

Fundamento e Teoria | 37

5. Dinastia Han (206 a.C. – 220 d.C)

Após um período curto de guerra civil, uma nova dinastia, denominada Han, emergiu ao poder. Mantiveram-se alguns princípios governamentais instaurados pelos Qin, mas ocorreu uma mudança significativa no sentido social: o confucionismo foi adotado como base de pensamento oficial do novo império. Nesse período, houve grandes expansões territoriais pelos militares, principalmente a oeste (região de Tarim Basin – atual Xinjiang-Uyghur) e Norte (parte do atual Vietnã e Coreia). Após 200 anos, o governo de Han foi brevemente interrompido pelo rebelde Wang Mang – Dinastia Hsin (9-24 d.C.) – mas rapidamente restaurado por mais 200 anos (a chamada Han Oriental). Entretanto, o ciclo de prosperidade havia cessado. O crescimento incontrolado da população, colapso dos sistemas políticos regionais, e rivalidades políticas resultaram na queda do império.

Dois grandes inventos chineses, o papel e a porcelana, datam dessa época. No Feng Shui, a evolução relevante das técnicas ocorreu durante a dinastia Han Ocidental. Foi nesse período que as artes divinatórias ganharam destaque, os fang shi tornaram-se muito relevantes e o Feng Shui, uma profissão reconhecida.

A teoria do Yin e do Yang e dos 5 Elementos constituíam a base do pensamento metafísico, sendo que os trigramas, hexagramas e o tratado Yi Jing (I Ching) proporcionavam a estrutura necessária à prática mística. Teoria e prática eram amparadas, ainda, por um sofisticado sistema de referências, cujos elementos eram o calendário, a bússola e os registros terrestres e celestes. O mais famoso dentre os fang shi foi o mestre Qing Hu, um dos patronos do aspecto científico do Kan Yu e autor de alguns dos primeiros textos sobre os melhores locais de sepultamento.

O Kan Yu (ainda não se usava o termo Feng Shui) foi explicado pelo escritor da dinastia Han Oriental Xu Shen (autor do *Shuo Wen Jie Zi*) como: "Kan é o Tao do Céu (referente aos corpos celestes) e Yu, o Tao da Terra (indicando os princípios dos potenciais da natureza)".

No estudo da época, dizia-se que olhar para cima com o intuito de observar os corpos celestes (o movimento do Sol, Lua e estrelas) é uma parte complementar, mas reforçar o olhar para examinar a textura da Terra (o terreno das montanhas, rios, água e terra) é a parte primordial. Esta é a razão pela qual Kan Yu era também chamado de Di Li (princípios da terra ou textura da terra) nas suas primeiras gerações de livros sobre o assunto.

O termo Kan Yu é mencionado no *Huai-Nan Zu*, livro que resume todos os conhecimentos taoista que o estudioso Liu Na (Huai Zu) adquiriu dos fang shi. É bom lembrar que os livros sobre essa arte foram reunidos sem muito rigor metodológico, numa seção do Han-Shu (A História da dinastia Han).

Shi Pan / Si Nan.

Durante a dinastia Han houve o desenvolvimento da Shi, denominada Shi Pan ou Si Nan (composta de uma colher magnetizada que apontava para a Bei Dou – Ursa Maior e a Estrela Polar – e um prato quadrado com inscrições na base, utilizado supostamente para cunhos divinatórios). Na sua base encontram-se os 8 Trigramas, os anéis das harmonias universais da Terra (Di Pan – 24 Montanhas), do Céu (Tian Pan) e a Astrologia Lunar (28 Xius). No livro *Han Fei Zi You Du Pian*, diz-se que o rei usava a Luo Pan Si Nan para conhecer "*o Leste e o Oeste*".

6. Os 3 Reinos e as 6 Dinastias (221 – 589 d.C.)

Período de grandes invasões no território chinês, principalmente pelos tibetanos, turcos e mongóis. Alguns desses povos estabeleceram-se no vale do Rio Amarelo, o que resultou numa fecunda fusão cultural. Nesse ínterim, o taoismo (ou na realidade o neotaoismo, uma religião panteísta nativa apenas baseada no primeiro, como alguns historiadores afirmam) e o budismo, oriundo da Índia, difundiram-se como as grandes sabedorias da época.

Nesse período viveu Guo Po (276-324), responsável por tornar o Kan Yu um ramo autônomo de conhecimento no contexto das artes taoistas. Reconhecido dentre os modernos praticantes do Feng Shui como o pai das artes geomânticas, conta-se que tenha sido um erudito, poeta e um sábio dos conhecimentos ocultos. Legou-nos tratados de "geomancia" sobre a seleção de locais de sepultamento – *Livro dos Funerais ou Livro dos Mortos* (Zhang Shu) e *A avaliação da paisagem* (Zhuan Jing). Esses dois clássicos gozavam de larga popularidade na época. Diz a lenda que a escola Xuan Kong (Vazio Misterioso) nasceu a partir desse mestre.

O termo Feng Shui é citado pela primeira vez. Os clássicos dizem: "Quando o Qi cavalga o vento, ele é dispersado (Feng); quando ele encontra a água, ele é retido (Shui)". O "amálgama" Vento-Água é assim estabelecido.

O clássico de Feng Shui Qin Nang Jing – os nove volumes do *Livro dos Funerais do Saco Azul* é escrito entre 420 e 589 d.C.

7. Dinastias Sui (589-617 d.C.) e Tang (618-907 d.C.)

O caos dos 3 Reinos terminou pela força exercida por Sui Wen Ti. Este general reunificou os reinos do Norte, conquistou a região Sul, centralizou o governo e reformou as taxas de impostos. Com a morte do rei, o filho Sui Yang Ti assumiu o comando, levando o império à ruína econômica, política e militar nas expedições

40 | Feng Shui Clássico nos Novos Tempos

contra a Coreia. Numa luta pelo poder que resultou na morte de Sui Yang, uma ordem nova surgiu pelas mãos do general Li Yuan. O confucionismo e o budismo tornaram-se as bases do pensamento governamental.

A dinastia Tang é considerada como o auge da civilização chinesa, sendo até superior à Han. Estimulado pelo contato com a Índia e Oriente Médio, o império viu florescer a criatividade em muitos campos, como a literatura e a arte. A impressão em papel em grande escala foi inventada, permitindo que os escritos fossem mais acessíveis. Concursos públicos baseados nas regras sociais confucionistas se desenvolveram, e os oficiais do governo atingiram um grande status junto à comunidade, pois serviam de ligação entre o povo e a corte real. Em 751 d.C., em meio à instabilidade economia, governamental e política da China, os árabes invadiram o império, iniciando a decadência que culminaria com o fim da dinastia em 907, pelos guerreiros do norte. O que se viu nos próximos 50 anos foi uma grande fragmentação, denominada como *5 Períodos* (907-960 d.C.) e *Dinastia Liao* (916-1125 d.C.). Esta última situava-se ao Norte e se manteve isolada até o domínio dos Song do Sul, em 1125.

As técnicas do Kan Yu foram diferenciadas em Yin Zhai (estudos de túmulos) e Yang Zhai (para edificações). Além disso, iniciou-se a estruturação do Feng Shui em duas vertentes: San He (3 Harmonias) e San Yuan (3 Ciclos), separação que se tornaria explícita na dinastia Song.

Nos tempos de Tang, viveu o mestre Yang Jun Song (834-900) autor do *Qing Nang Ao-Yu*. Nesse livro mencionava-se que os segredos do Tempo-Espaço encontram-se no "Ai-Xing-Shu" (método da distribuição das estrelas num diagrama) e que a relação Ci-Xong (energias Yin e Yang) e do Wu Xing (5 ciclos do Qi) se expressavam no Xuan Kong. Entretanto, Yang nunca revelou como isso era feito.

Durante o período Tang, surgiram diversas escolas de pensamento dentro do próprio Kan Yu. Algumas, como a de Yang Jun Song, atribuíam às formas da paisagem (as Veias do Dragão, por exemplo) um papel central no estudo da qualidade de um local ou região. Perito nas artes divinatórias, Yang gostava especialmente do Kan Yu e envidou consideráveis esforços para pesquisar e desenvolver métodos de uso da bússola, avaliação da paisagem e escolha de locais de sepultamento, formalizando assim, o Xing Shi Pai (Escola do Potencial Manifestado / Estudo das Formas).

Criação do Livro da Teoria dos 5 Sobrenomes, para selecionar bons locais para casas e sepulturas. Aumento no uso de talismãs e inscrições sagradas para proteção e magia. Estima-se que as inscrições referentes A Canção dos Grandes Ciclos Anuais (Da You Nian Ge) tenham sido veiculadas nessa época, uma tabela que posteriormente seria utilizada por todas as escolas Ba Zhai (8 Palácios).

8. DINASTIA SONG (960-1279 D.C.)

O líder militar Chao Kuang Yin proclamou a nova dinastia em 960. A característica marcante do novo governo foi manter as terras nas mãos somente do imperador, em vez de dividi-las em setores em que governadores poderiam se tornar muito poderosos. Houve reunificação da maioria das propriedades chinesas, e foi restabelecido o confucionismo como pensamento vigente. Historicamente, essa dinastia é separada em Song do Norte (960-1127) e após a fuga forçada da corte real, devido às invasões nortistas, em Song do Sul (1127-1279).

No período Song foi notável o desenvolvimento marítimo. A partir do intenso movimento comercial e industrial das cidades, surgiu uma nova classe social – os mercantilistas – que renovaram os conceitos de prestígio e posição social. Culturalmente, os Song retomaram a visão de homem ideal dos Tang, mas agregaram intelectualidade, filosofia e consciência política baseada nos clássicos confucionistas. Enquanto isso, o budismo declinava gradativamente, sendo considerado pouco eficiente na solução dos problemas políticos e práticos do dia a dia. Em 1206, a união de várias tribos mongóis, sob liderança de Gengis Khan, ameaçava o império. Beijing foi conquistada em 1279, e Kublai Khan, seu neto, pôs fim definitivo à dinastia Song.

O desenvolvimento do Feng Shui foi muito grande nessa época. Nesse período já se tinham notícia do:

- Sistema Leste-Oeste;
- Sistema das Estrelas Voadoras;
- Desenvolvimento de 4 tipos de agulha de bússola (Fingernail, molhada, seca e pendurada).

O Método da Flor de Ameixeira se desenvolve a partir do mestre matemático Shao Yong, assim como os arranjos quadrados e circulares para os 64 Hexagramas, uma das bases do Xuan Kong Da Gua (Vazio Misterioso do Grande Hexagrama).

A ascensão do Feng Shui como método sistemático nessa dinastia reflete-se no grande número de obras publicadas sobre o assunto, com cerca de cinquenta livros reunidos no Sung Shi (História dos Sung).

O surgimento Zi Wei Dou Shu (Astrologia Polar), atribuído ao sábio taoista Zhen Duan data dessa fase. Ele escreveu muitos tratados sobre o entendimento dos ciclos dinâmicos no universo, sendo que as artes divinatórias não seriam o que são hoje sem suas contribuições à compreensão do Yi Jing.

A obra Yuan Hai Zi Ping, compilado pelo estudioso Shu Da Sheng (também chamado de Zi Ping) torna-se a base primordial do sistema Ba Zi (8 Desígnios ou posteriormente chamado de 4 Pilares do Destino).

Com a sabedoria dos muitos mestres da época, as pesquisas de predição passaram a se relacionar muito de perto com as teorias das mudanças (Yi Xue). A numerologia e a simbologia do *Ba Gua* tornou-se uma "ciência mística" que incluía também toda uma matemática nos estudos das probabilidades. Na época dos Song do Sul, o Feng Shui era praticado igualmente por taoistas, budistas e neoconfucionistas.

Na região Norte da China, aprofunda-se a tradição San-He (3 Harmonias), baseada na *Força do Lugar* – estudos das montanhas, vales e rios. No Sul, a tradição San-Yuan (3 Ciclos) cria outra metodologia estruturada na *Força ou Dinâmica Tempo*, com foco no Luo Shu, comumente denominado Quadrado Mágico.

Um grande pesquisador, Wu Jiang Luang ou Zhong Xiang (? -1068), escreveu muitos livros astrológicos e de Kan Yu, incluindo *Li Qi Xin Yin* (Princípios do Qi do Coração) e *A Exploração do Mestre Wu sobre o Qi*. Ele é o mestre do famoso Jiang Da Hong.

Alguns clássicos importantes sobre o Ba Zhai são supostamente datados dessa época:

- *Huang Di Ba Zhai Jing* (O Clássico do Imperador Amarelo sobre os 8 Palácios);
- *Huang Nan Wang Jian Ji Ba Zhai Jing* (O Clássico dos 8 Palácios de acordo com o Rei Sulista Huai / Jiangsu);
- *Huang Shi Gong Ba Zhai* (Os 8 Palácios da Pedra Amarela do Homem Velho).

9. Dinastia Yuan (1279-1368 d.C.)

Dinastia Mongol que durou menos de cem anos. Os herdeiros de Gengis Khan caíram rapidamente no século XIV, principalmente por não adotarem a língua chinesa e as tradições ancestrais. As altas taxas impostas pelo governo disseminaram revoltas em quase todas as províncias chinesas. Chu Yu-Chang, um ex-monge budista, tornou-se o líder da revolução, que culminou na queda dos mongóis e na fundação da dinastia Ming.

Nesse período, o Feng Shui ficou extremamente fechado, e pouco se tem notícia da evolução das técnicas.

10. Dinastia Ming (1368-1644 d.C.)

Império baseado nas transações comerciais com o mundo ocidental. Muitos Estados vizinhos considerados como não chineses pelo governo, foram obrigados a pagar tributos à corte, e dispendiosos gastos com defesas territoriais enfraqueceram o tesouro real. Quando os rebeldes tomaram a nova cidade de Beijing, os Ming formaram uma união com os Manchus para reforçar o exército. Entretanto, uma grande rebelião tomou conta do império quando os Manchus se recusaram a sair do território; os rebeldes forçaram o último rei a cometer suicídio, pondo fim à dinastia.

Nascimento e período áureo do mestre Jiang Da Hong e transmissão das técnicas secretas das Estrelas Substitutas para o discípulo Jian Du. Já na tradição San-He são elaborados os clássicos sobre os aspectos formais das montanhas e direcionais dos rios (Shang Shui Long Pai – Estudo dos Dragões de Montanha e Água).

Na dinastia Ming, o Feng Shui modificou-se e fragmentou-se em diversas doutrinas e métodos. Sobre o estudo da natureza, a classificação das montanhas foi simplificada para cinco tipos básicos e a dos vales para onze. Só a montanha imediatamente atrás do local de sepultamento era considerada, em vez das diversas cadeias de montanha. Adotou-se o sistema das 3 Eras e 9 Ciclos, com pequenas mudanças entre os ciclos e grandes mudanças entre as eras. A Luo Pan, que antes tinha 16 anéis, nessa época foi ampliada, chegando algumas a ter mais de 36.

Luo Pan em bronze com bússola d´água.

Um clássico do Feng Shui escrito durante esse período teve grande influência e determinou o desenvolvimento do Feng Shui no decorrer das dinastias Ming e Qing. *Di Lin Yin Zi Shi Zhi* (A Essência do Reconhecimento das Formas Terrestres), foi o primeiro de toda uma série que apresenta exemplos de locais de sepultamento "bem-sucedidos".

No final dessa dinastia multiplicaram-se os livros sobre Feng Shui. Era fácil o acesso aos clássicos ou as suas imitações populares. Por causa disso, a autoprática do Feng Shui se espalhou após uma simples leitura de um livro sobre o assunto, sendo deste modo explorado pelas massas supersticiosas. O Kan Yu adquiriu nessa época uma imagem tão ruim que até hoje temos o provérbio: "Os mestres de Feng Shui podem enganar você por oito ou dez anos". Os métodos tornaram-se contraditórios, confusos e equivocadamente complicados.

11. Dinastia Qing (1644-1911 d.C)

Os Manchus chegaram ao poder no século XVIII quando controlaram a Manchúria, Mongólia e Tibet, além de invadir as principais províncias chinesas. A rebelião de Taiping (1850-1864), considerada como a mais sangrenta da história chinesa, enfraqueceu as bases de comando. Nas últimas décadas do século XIX, governantes estrangeiros, principalmente europeus e americanos, obtiveram o controle de partes do território chinês. Um líder revolucionário, Dr. Sun Yat-Sen, pôs fim ao já frágil império Manchu, com a sede do governo transitando, posteriormente, entre Nanjing e Beijing.

No Kan Yu, a Escola Xuan Kong Fei Xing (Vazio Misterioso das Estrelas Voadoras) tem seu apogeu, especializando-se nos estudos cíclico-energéticos das construções. No início da dinastia, havia pelo menos cinco maiores escolas fundadas na China, sendo que todas se intitulavam detentoras da verdadeira sabedoria divulgada por Jiang Da Hong, o que fez surgir infinitas suposições a respeito das técnicas e teorias do Xuan Kong. Algumas linhas:

46 | Feng Shui Clássico nos Novos Tempos

- *Dian Nan Pai*, por Fan Yi Bin;
- *Wu Chang Pai*, por Zhang Zhong Shan;
- *Su Zhou Pai*, por Xu Di Hui;
- *Xiang Chu Pai*, por Yin You Ben;
- *Guang Dong Pai*, por Cai Min Shan.

Duas obras, a primeira oriunda do mestre Shen Zu Nai, seu filho Shen Zhao Min e o discípulo Jian Yu Cheng, intitulada *Shen Shi Xuan Kong* (Estudos de Shen sobre o Vazio Misterioso), e a segunda, pelo mestre Sam Chuk Yin (1848-1906) *Estrelas Voadoras do Mestre Sam*, tornaram-se referências obrigatórias sobre o estudo do tema.

Data-se desse período os clássicos do sistema dos 8 Palácios:

- *Zhou Shu Men Ba Zhai* (Método dos Portões de Zhou), compilado em 1739 d.C., por Zhang Bing Lin;
- *Yang Zhai San Yao* (Os 3 Requerimentos para as Casas dos Vivos) de 1786, por Zhao Jiu Feng;
- *Ba Zhai Ming Jing* (O Espelho Reluzente das 8 Casas) em 1791, sob autoria de Ruo Guan. Este último é considerado, ainda hoje, o sistema Ba Zhai mais difundido, principalmente pelos mestres San-Yuan.

A popularização do método das 8 Casas, através da divulgação de técnicas totalmente distintas em diversos livros, criou inúmeras confusões sobre as teorias e funcionalidade desse sistema, dificuldade essa que permanece até os dias de hoje.

Intrigas e disputas entre os supostos mestres e a confusão sobre as verdadeiras bases criaram mistificações e enganos, que por fim significaram a decadência do Feng Shui ao status de superstição popular. Tal situação foi agravada nos tempos de Mao Ze Dong, quando se pode afirmar que a sabedoria do Kan Yu foi enterrada, proibida e em certo aspecto, esquecida, sobretudo em Beijing.

Fundamento e Teoria | 47

12. Idade Moderna (1911- 2011)

- República da China (1911-1949 d.C.): república iniciada por Sun Yat-Sen. Mesmo com a morte deste, o movimento nacionalista cresceu e, após a Segunda Guerra, o território chinês foi dividido em República Popular da China (com sede em Beijing), e República da China / China Nacional (com sede em Taiwan);

- República Popular da China (1949- até os dias atuais): revolução cultural de Mao Ze Dong, com a forte perseguição aos ritos e culturas ancestrais. Nesse sentido, tem-se na memória a invasão ao Tibet (1950) e o mais recente protesto na Praça da Paz Celestial (1989). Composto por um vasto território, inclui províncias, regiões autônomas, municípios (como Beijing e Shanghai) e regiões administrativas (como Hong Kong).

Ao mesmo tempo em que a repressão ao Feng Shui e sabedorias antigas ocorreu nas regiões governamentais em décadas passadas (como Beijing), por outro lado a expansão financeira, os grandes investimentos e arquitetura baseada no estilo internacional, fizeram algumas regiões como Taiwan e Hong Kong tornarem-se ícones econômicos, com ampla divulgação atual das técnicas do Kan Yu como parte do sucesso nas empresas e grandes corporações, o que tornou o Feng Shui elitizado.

Durante a revolução comunista chinesa, muitas famílias fogem do país, exilando-se na Europa e Estados Unidos. No Ocidente, em meados dos anos 80, a palavra Feng Shui é associada à Escola do Budismo Tântrico do Chapéu Preto, fundada pelo professor Thomas Lin Yun, e baseada no sincretismo dos conceitos clássicos chineses, na cultura magística xamânico-tibetana Bön e na Programação Neurolinguística. O sistema utiliza a sugestão mental, descartando a Luo Pan tradicional, e simplificando a análise da edificação aos famosos "cantos" simbólicos. Aplicam-se ainda técnicas encantamento e rituais de consagração. Nos últimos vinte anos, surgem vertentes, tais como o Space Clearing (Limpeza Energética de Espaços), Escola da Pirâmide, Escola das 8 Aspirações, dentre outras, sendo o termo Feng Shui comumente confundido como um sistema de decoração intuitiva.

Alguns mestres de sabedoria tradicional do Kan Yu começam a divulgar os conhecimentos ancestrais no Ocidente. O Feng Shui Clássico, como denominado, é subdividido de maneira simplificada em Escola da Forma e da Bússola. Teorias sobre a adaptação das técnicas clássicas ao Hemisfério Sul surgem nos anos 90, juntamente ao resgate do Vastu Shastra (tradição indiana de estudo energético residencial). Pouco a pouco, as técnicas ancestrais são retomadas.

Parte da linhagem do Feng Shui continua como tradição familiar taoista, e em algumas universidades locais, mestres e estudiosos ensinam e pesquisam o Kan Yu sobre o disfarce acadêmico de história ancestral, mitologia ou antropologia chinesa.

13. Novos Tempos (2012 -?)[2]

Mais do que a descrição dos processos contemporâneos que ocorrem atualmente, seja de âmbito econômico, social ou tecnológico, descreve-se nesse momento uma provável mudança estrutural ocorrida no fim de 2012, que acarretou numa modificação global do potencial material e suas consequentes repercussões. Naturalmente, não se tem a intenção de se aprofundar nessa análise, mas fundamentar algumas referências para os pesquisadores.

Parte-se do pressuposto de que o resultado do que conhecemos (ou conhecíamos) como equilíbrio dinâmico dos aspectos físico-energéticos se baseia numa interação de relações complexas provenientes não somente do planeta, o que denominamos de natureza (Di Qi) e de nós mesmos (Ren Qi), como também das inter-relações gravitacionais da Terra com o sistema solar,

---

2 Salienta-se que essa parte se refere especificamente a opinião autor, baseado em pesquisas teóricas e práticas realizadas nos últimos anos.

as estrelas da nossa e de outras galáxias e os buracos negros, próximos e distantes (Tian Qi). Sobre esse aspecto, uma modificação nesses eixos de estabilidade "cósmica" poderia gerar um efeito que modificaria, em tese, o funcionamento do que se conhece como realidade física. E parece que foi isso que aconteceu.

Como processo, naturalmente tal condição vem num crescente secular, no que se pode denominar de sutilização da matéria. Nos anos recentes, os choques energéticos vinham sendo cada vez mais constantes e menos espaçados (mais do que nas últimas décadas), sendo que alguns deles tiveram grande intensidade e impacto (tendo o seu ápice em 2012).

Sutilização refere-se ao processo que culmina na diminuição da "densidade material", fazendo com que a mesma torne-se, como o próprio termo explicita, mais sutil, menos estável e muito mais influenciável pela comunicação proveniente do intercâmbio energético-espiritual. Em suma, estamos mais sensíveis, percebendo mais as instabilidades emocionais que antes eram passíveis de serem mascaradas razoavelmente e as incertezas da própria existência, acelerando o que os físicos teóricos provavelmente chamariam de colapso das probabilidades da função de onda quântica e, por conseguinte, estimulando, sobretudo, as somatizações desses potenciais reativos e caóticos no processo biológico da vida. Sob esse ponto de vista, podemos dizer que estamos cada vez mais responsáveis pelas consequências das nossas escolhas e pela manutenção da energia pessoal a partir de agora, o que nos torna, em parte, cocriadores (não no mero sentido "místico new age do amor incondicional" ou no pensamento positivista pseudo-empreendedor), mas na reflexão das posturas mais intrínsecas que reverberam no Ser.

Nesse ínterim, uma das modificações mais estruturais que parecem ter ocorrido, foi a perda sistêmica da eficiência de ativações magístico-formais baseadas na ativação de egrégoras pelo reforço da memória ancestral (akash), tais como gráficos radiônicos e radiestésicos, rituais que utilizam pontos riscados (umbanda, etc.), símbolos sagrados (como reiki), alguns tipos de oração e mantras, entre outros.

No Feng Shui, as harmonizações denominadas de paliativas, como o uso de objetos específicos que tem a função de estabelecer um equilíbrio entre as dinâmicas dos 5 ciclos (elementos), também perderam vigor de atuação, por estarem associados à forma. Parece-me que o efeito reativo dessa mudança de funcionamento levanta uma questão provocativa: *o quanto esperamos em demasia por uma solução externa, algo que resolva o problema para nós sem que precisemos sair da zona de conforto e nem questionar os nossos hábitos?*

Um fato parece estar claro: estamos sentindo mais os processos intra e interpessoais (empatia). Como estamos condicionados a um sistema de forças (e não de ideias), costumamos responder aos incômodos existenciais com um vigor exasperado, seja no aumento da dose de remédios, na reatividade emocional, no radicalismo do discurso moral ou religioso, na intensidade dos estímulos virtuais ou catárticos, que ampliam a distração aos pés da alienação ou, no caso das técnicas de equilíbrio ambiental, no incremento do uso de parafernálias esotéricas ou aplicação de segredos místicos na casa, que prometem um fluxo harmônico de possibilidades, mas que acabam, nesses novos tempos e por muitas vezes, gerando desapontamento pelas expectativas não atingidas.

Assim, averígua-se um momento muito peculiar no Feng Shui: por um lado, uma certa frustração pela ineficiência de não ser mais um método que garante saúde abundante, relacionamentos perfeitos e prosperidade blindada. Por outro, uma oportunidade de talvez desmistificar tal ilusão, alinhando as tradições, escolas e técnicas do Kan Yu a uma nova proposta de atuação: a de estimular o diálogo imanente entre os moradores ou usuários e a construção, não mais no que tange a eliminação rápida dos problemas por um efeito externo, mas sim uma das ferramentas conscienciais que auxiliam no incremento do questionamento interno, aumento dos referenciais intrapessoais e, por fim, em melhora na qualidade de vida, esta última sendo vista como um fator dinâmico, em constante modificação e sem garantias estáticas.

Tradições e Escolas do Feng Shui

A palavra *Feng Shui* apareceu pela primeira vez durante a dinastia Jin (período das 6 Dinastias e 3 Reinos). Guo Po, que viveu de 276 a 324 d.C. escreveu em seu livro *Zhang Shu* ou o Livro do Sepultamento (ou Funerais): "os mortos deveriam beneficiar-se do Sheng Qi, o vento vai dispersar o Qi e a água vai contê-lo". Os antigos diziam que se devia tentar acumular o Qi para que ele não se dispersasse. O objetivo é mantê-lo fluindo, mas contido. Desde então, o parâmetro de Feng Shui para se referir ao controle e direcionamento das forças da natureza numa construção (ou túmulo) ganhou referência. No entanto, esse não foi o primeiro nome dessa arte; além de Kan Yu, foram usados muitos outros termos no passado.

Xiang Di

Ainda que Xiang Di tenha sido usado antigamente como sinônimo ao Feng Shui, há diferenças entre eles. A ideia de Xiang Di aconteceu muito antes, sendo que na sociedade primitiva, essa análise era praticada devido à necessidade de procurar matéria-prima, e um lugar seguro e confortável para se viver (subsistência). O povo vagava procurando os melhores locais para permanência, estudava-se a forma geográfica e os movimentos das fontes de origem de água, como também as mudanças nos tipos de solo e vegetação. Incluíam-se no Xiang Di os aspectos de agricultura, caça e os estudos para construção de cidades, residências, caminhos para viagens e estratégias de guerra.

Xiang Zhai

O início do período Qin refere-se à localização como Xiang Zhai, sendo Zhai um lugar de residência (costumeiramente traduzido como Palácio ou Casa). Originalmente significa uma morada, tanto para os vivos quanto para os mortos (túmulo). São chamadas, respectivamente, de Yang Zhai e Yin Zhai.

Nome	Definição	Momento	Dinastia
Bu Zhai	Averiguação / método de predição através do casco de uma tartaruga ou ossos.	Séc. 11~16 a.C.	Shang
Xiang Di	Observação e análise da terra (geográfica, geológica)		Zhou
Xiang Zhai	Observação e análise da edificação de acordo com o meio-ambiente e aspectos geopáticos / geobiológicos.	Séc.11~Ano 221 a.C.	Zhou
Qing Niao Shu	A Arte do Corvo Azul (estudo da insolação nos ambientes)		Zhou
Kan Yu	Alquimia do Céu e da Terra (Cosmo, Terra e construção como unidade)	Ano 221~207 a.C.	Qin
Feng Shui	Vento e Água (estudo do Qi na edificação e suas consequências no ser humano)	Cerca de 300 d.C. até hoje	Jin

Tradições do Feng Shui
Abordagem Clássica

Os estudos do Feng Shui clássico podem ser divididos em duas visões interpretativas, cada uma tendo prioridades diferentes nas análises do espaço. São elas: San-He (3 Harmonias) e San-Yuan (3 Ciclos).

Tradição San-Yuan

Averiguada inicialmente na dinastia Tang (618-906 d.C.), desenvolveu-se na região Sul da China, sendo considerada a mais antiga do Feng Shui. Utiliza as análises das forças da natureza de acordo com as medições direcionais do Qi através de uma bússola magnética especial (Luo Pan), priorizando as influências dos ciclos energéticos das construções (seja Yin ou Yang Zhai) em relação ao Tempo.

Tradição San-He

Com pelo menos um milênio de idade, foi desenvolvida em meio às ricas composições paisagísticas do Norte. Muitos a chamam, erroneamente, de Escola da Forma, talvez pelo enfoque geomorfológico no qual tal tradição se baseia. Entretanto, a Luo Pan também é utilizada, relacionando as formas e características energéticas das montanhas, vales e rios às direções qualitativamente favoráveis em relação às edificações e túmulos. A prioridade aqui é a "Força do Lugar".

ESCLARECIMENTOS GERAIS

Existem muitas controvérsias sobre as tradições San-He e San-Yuan. Alguns estudiosos afirmam que a primeira é mais remota (e não a segunda, como foi descrito acima). Considerando que nos primórdios do Feng Shui utilizavam-se fatores cognitivos e percepção de mundo para categorizar a energia do entorno (técnica essa que compõe uma das bases da San-He), então realmente essa tradição é a mais antiga. No entanto, o conceito de 3 Harmonias não se baseia somente nisso, mas também na construção de aspectos simbólicos que se tornaram compreensíveis, enquanto linguagem técnica, somente quando foi condensada numa maneira específica de utilização da Luo Pan (especificamente a maneira peculiar de se interpretar o anel das 24 Montanhas na bússola). Assim, mesmo que as bases do San-He fossem mais longínquas, o sistema teve seu aprimoramento somente durante a dinastia Song. Na San-Yuan, por sua vez, ocorreu uma evolução muito mais rápida e estruturada, sendo considerada como tradição desde os tempos dos Tang.

Historicamente, sempre existiu um confronto de princípios entre os dois pensamentos. Nos 3 Ciclos, as técnicas evoluíram num sentido matemático, os fluxos energéticos eram analisados de uma maneira clara e precisa e nas harmonizações, explicitavam-se noções de probabilidade e códigos de eficácia. Um exemplo disso é a origem do próprio nome San-Yuan, que provém da avaliação espaço-temporal referente a três períodos de 60 anos (chamados de Superior, Médio e Inferior), totalizando 180 anos precisos.

Nas 3 Harmonias, com a visão simbólica mais apurada e as intervenções menos "precisas", o sentido poético da análise era muito mais exaltado do que a exatidão técnica. Provavelmente, foi devido a essa característica que a San-He demorou a se firmar como uma real tradição de Feng Shui.

Comum também é a associação do Yin Zhai (análise de túmulos) com as 3 Harmonias e o Yang Zhai (análise das construções) com os 3 Ciclos. Possivelmente, isso se deu porque o estudo do "Palácio dos Mortos" se mistura, em história e técnica à própria evolução dos princípios geográficos, morfológicos e geomânticos da San-He (acreditava-se que a escolha de um terreno auspicioso para os túmulos dos reis – a chamada Pérola do Dragão – garantiria a longevidade da dinastia). Já a dinâmica do "Palácio dos Vivos" tende a se relacionar com a San-Yuan, devido à dimensão muito mais palpável e sistemática dessa tradição, principalmente nos ramos Xuan Kong Fei Xing (Estrelas Voadoras) e Xuan Kong Da Gua (Grande Hexagrama). De qualquer forma, é importante compreendermos que o Yin / Yang Zhai são métodos, não sistemas ou escolas. Assim, tanto os 3 Ciclos quanto as 3 Harmonias possuem técnicas específicas para casas e túmulos, não sendo, a princípio, uma característica isolada de uma ou outra tradição.

As Escolas da Tradição San-Yuan

Xuan (Vazio) está relacionado com a evolução contínua e infinita da energia (explicitada no Luo Shu), enquanto que Kong (Misterioso) denota técnicas que se estruturam num certo padrão energético. Descobrir como agem esses códigos permite-se entender o sentido e a especialidade de cada escola originada na tradição dos 3 Ciclos.

Xuan Kong Zi Bai (Púrpura-Branca)

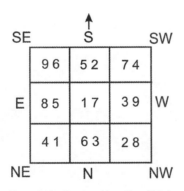

Exemplo de diagrama Xuan Kong Zi Bai.

Tida como uma das primeiras originárias dos 3 Ciclos (a partir de um manuscrito de mesmo nome), baseia-se em estudos singelos do Quadrado Mágico. Atualmente, as técnicas estão em desuso, não sendo consideradas pela maioria dos mestres contemporâneos, por serem entendidos como sendo muito genéricos.

Xuan Kong Fei Xing (Estrelas Voadoras)

	SE	S	SW	
E	3 4 7	8 8 3	1 6 5	
	2 5 6	4 3 8	6 1 1	W
	7 9 2	9 7 4	5 2 9	
	NE	N	NW	

Exemplo de diagrama Xuan Kong Fei Xing.

Utiliza-se também do Luo Shu, mas de uma maneira complexa e com mais variações de que a escola anterior. Estuda as flutuações e probabilidades no fator Tempo-Espaço, ou seja, como o Qi se estabelece no interior da edificação e como ele evolui qualitativamente num período de tempo (mês, ano ou duas décadas). Atualmente, é considerada uma das escolas mais importantes do Feng Shui Tradicional.

Xuan Kong Da Gua (Grande Hexagrama)

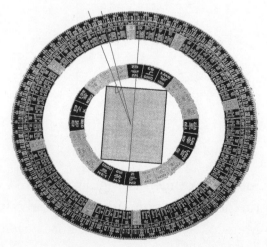

Exemplo de diagrama Xuan Kong Da Gua.

Com a evolução do Feng Shui, muitas suposições sobre os métodos avançados começaram a surgir no Ocidente, deixando os estudantes cada vez mais espantados com a complexidade de uma ferramenta que, se em primeira instância era um capricho, agora se tornava pré-requisito: a Luo Pan. Se as dinâmicas do Fei Xing (Estrelas Voadoras) e Ba Zhai (8 Palácios), utilizavam os três primeiros anéis da bússola chinesa (se vistos de dentro para fora), na Escola Da Gua compreende-se geralmente os três últimos, respectivamente a roda dos Hexagramas num padrão muito específico, denominado de sequência de Shao Yong, e da qualidade específica de cada uma das suas seis linhas (384 Yaos).

Muito utilizada ao se aferir às relações em macro e micro escala entre a edificação e as áreas externas, o Da Gua indica as melhores direções e setores para se construir, localizar saídas de fluxo energético, posicionamento de âncoras energéticas (naturais ou referenciais) como também para adquirir um olhar diferenciado (conscienciosamente falando) dos potenciais de aprendizado que a moradia proporciona aos moradores (tendências de atração kármica). É tida como uma das escolas mais complexas do Feng Shui Tradicional.

San-Yuan Shui Long (Estudo dos Dragões de Água)

Técnicas variadas que analisam como as influências energéticas das ruas, avenidas, caminhos e acúmulos de energia externos influenciam na edificação como um todo. Baseiam-se nas relações entre o Xian Tian Ba Gua (posicionamento dos Trigramas no Céu Anterior) e Hou Tian Ba Gua (Posicionamento dos Trigramas no Céu Posterior). É chamada também de Qian Kun Guo Bao ou Long Men Ba Da Ju.

As Escolas da Tradição San-He

Xing Shi Pai (Análise Formal Complexa)

Nos estudos geográficos das 3 Harmonias criam-se conceitos baseados no paisagismo e na percepção cognitiva do observador. Camuflada pelo viés poético e sensível, na verdade, representam os profundos conhecimentos dos padrões dos fluxos da energia intraterrena existente dentro das montanhas e emanadas pelos vales e rios. É, ainda hoje, uma arte secreta, de difícil acesso.

Shan Shui Long Pai (Escolas dos Dragões de Montanha e Água)

Variados estudos sobre os aspectos formais e direcionais do meio externo "fixo" (cadeias de montanhas, picos referenciais, etc.) e do meio externo "móvel" (curso dos rios, ruas, avenidas, localização de lagos, acúmulos energéticos, etc.) e as influências de ambos na construção. Como todas as dinâmicas San-He, as técnicas dessa escola são inúmeras, porém pouco acessíveis até mesmo aos estudiosos.

Observação sobre a Escola Ba Zhai (8 Palácios)

Exemplo de diagrama Ba Zhai.

A Escola Ba Zhai tem a sua primeira citação nos escritos dos Song e o seu apogeu na dinastia Ming. Utiliza as análises dos chamados 4 portais energéticos auspiciosos e não auspiciosos de uma residência, de acordo com a característica local e a compatibilidade energética com os moradores.

Existe uma grande discussão da sua origem. Como o sistema dos 8 Palácios surgiu posteriormente, a partir da interpretação de um pergaminho antigo denominado Da You Nian Ge (Canção dos Grandes Ciclos Anuais), na qual se mostrava apenas uma tabela de referência sem indicação de uso propriamente dito, a evolução dessa escola dependeu das interpretações *a posteriori* realizado por mestres de ambas as tradições, o que trouxe uma variação muito grande de interpretações e usos. Aliado a isso, inúmeras publicações (principalmente a partir dos tempos dos Qin) geraram variações da teoria e dúvidas sobre qual sistema utilizar, causando, ainda nos dias atuais, uma série interminável de divergências conceituais entre os praticantes. Assim, dependendo da fonte de pesquisa, é possível observar discussões calorosas entre os estudantes, verdadeiras "defesas de tese" sobre qual a origem San-He ou San-Yuan dessa escola, como também qual é a interpretação mais correta ou original.

Algumas linhas San-Yuan[3]:

- Ba Zhai Ming Jing (Espelho Reluzente das 8 Casas);
- Zhou Shu Men Ba Zhai (8 Casas pelos Portões de Zhou);
- Fei Xing Ba Zhai (Estrelas Voadoras das 8 Casas).

Algumas linhas San-He[4]:

- Yang Zhai San Yao (3 Requerimentos para as Casas dos Vivos);
- Qi Kou Ba Zhai (8 Casas pela Boca do Qi);
- Ren Qi Ba Zhai (8 Casas pelo Potencial Humano).

Proporções Sagradas Chinesas (Ya-Bai)

Exemplo de régua Ya-Bai para cálculo de medidas / proporções favoráveis.)

Escritos ancestrais revelaram a existência de um sistema métrico-energético utilizado pelos conhecedores de outrora, em complementação aos estudos do Kan Yu. Tem-se pouquíssima informação sobre esse tipo de "geometria sagrada", não havendo indícios da sua origem especificamente em uma ou outra tradição. Nos manuais contemporâneos costuma-se achar uma régua, supostamente uma cópia de um desses manuscritos. Entretanto, segundo alguns estudiosos, sabe-se apenas que a colocação dos portentos benéficos ou maléficos explicitados em tais livros pode não estar coerente, pois as "qualidades métricas" seriam mutáveis, de acordo com a proporção averiguada e o fator tempo.

---

3 Essa e outras linhas do Ba Zhai são abordadas na Formação de Feng Shui Tradicional em 8 Palácios, realizada anualmente no Instituto Eternal Qi.

4 Idem nota anterior.

O Feng Shui na Atualidade

Para o público leigo, atualmente é comum encontrar material sobre o Feng Shui sintetizado em basicamente três ou quatro vertentes resumidas e genéricas, geralmente chamadas de escolas (mesmo que, numa visão mais apurada, não se trate de escolas propriamente ditas).

Luan Tou (Estudo Formal) – comumente Escola da Forma

Baseia-se na observação das formas externas, e na maneira com a qual elas influenciam as construções. Costuma ser bem menos apurada do que os estudos da San-He Xing Shi Pai.

Li Qi (Técnicas de Bússola) – comumente Escola da Bússola

São todas as antigas tradições que utilizavam a bússola como instrumento de análise, reorganizadas agora para o estudo da paisagem contemporânea, principalmente das cidades. Muitas Luo Pan, atualmente, reúnem duas ou mais técnicas de tradições diferentes (como a San-Yuan, a San-He e até a Escola Ba Zhai) num único equipamento, possivelmente até com uma releitura ocidental.

Teoria do Hemisfério Sul – comumente Escola do Hemisfério Sul

A partir das vertentes acima, formou-se uma escola que se estruturava no fator sazonal para justificar a adaptação de todos os conceitos antigos baseados em orientações (Luo Shu, He Tu e Ramos Terrestres, etc.) ao hemisfério Sul. Iniciada pelo professor neozelandês Roger Green e pela australiana Lindy Baxter, baseou-se num estudo dos anos 70 divulgado pelos autores Sherril e Chu, que concluíram que os chineses observavam as relações cosmológicas a partir de uma consideração ou filtro muito particular e local (o referencial deles como sendo o Centro do Mundo, não tendo assim uma visão das diferenças abaixo do Equador). Dessa maneira, qualquer implicação que envolvesse a mudança de hemisférios deveria ser revista.

Alguns parâmetros básicos foram estabelecidos:

- Os mestres ancestrais criaram todas as teorias sobre os fluxos energéticos observando a natureza local e o posicionamento das estrelas no céu do Hemisfério Norte. Tais características são opostas na parte sul do planeta, havendo a necessidade de estabelecer novas estruturas;

- Efeito Coriolis (ocasionado pela rotação da Terra) seria uma prova de que a energia flui de maneira distinta de um hemisfério para outro. A inversão no sentido das correntes marítimas e de vento, mostraria que o posicionamento dos principais Animais Celestiais (Pássaro Vermelho e Tartaruga) estaria invertido. Acima do Equador, a melhor posição geográfica seria a frente da construção voltada para o Sul (Pássaro Vermelho), para se receber o calor e iluminação propícia, e a posição da Tartaruga (Proteção dos ventos frios) voltada para o Norte. Abaixo da linha equatorial, os animais estariam invertidos, devido ao fluxo dos ventos e do movimento solar invertido (Norte quente e Sul frio);

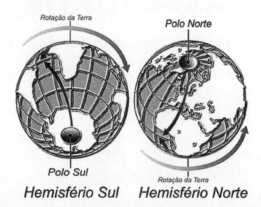

Ilustração do Efeito Coriolis relacionado ao movimento de rotação da Terra.

- Enquanto acima da linha do Equador é inverno, abaixo é verão; se de um lado é primavera, do outro é outono. Assim, se para os chineses o ano novo solar se dá entre o solstício de inverno e o equinócio de primavera (4 ou 5 de fevereiro), para os que estão abaixo da linha equatorial isso ocorreria somente em 7 ou 8 de agosto. Além disso, tendo em vista a Terra como um todo, o "passo" energético acima da linha equatorial estaria adiantado 5 anos com relação ao que estiver abaixo, ou seja, uma energia qualquer que se manifestasse no ano de 2004, por exemplo, só estaria vigente no Hemisfério Sul em 2008.

Um exemplo de Ba Gua do Céu Posterior (Hou Tian Ba Gua) e do Luo Shu adaptados:

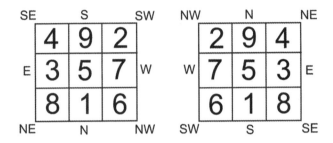

Esquerda: Luo Shu "padrão" (com o Sul na parte de cima), utilizado tradicionalmente pelos praticantes do Feng Shui Clássico. Direita: Luo Shu "adaptado", proposto pelos praticantes da Escola do Hemisfério Sul.

Considerações do autor sobre as teorias do Hemisfério Sul

Historicamente, existem indícios que os chineses, de maneira similar a outras culturas como os maias, etc., tinham um entendimento maior do cosmos do que simplesmente uma visão geocêntrica, mesmo que na aplicação de algumas teorias tenham sido utilizados, naturalmente, os parâmetros locais de referência. Segundo a maioria dos mestres de Feng Shui na atualidade, as teorias de inversão estão equivocadas devido a vários fatores, mas, fundamentalmente, por três motivos básicos:

- O magnetismo terrestre segue um padrão planetário e não deve se levar em conta (a não ser na calibragem da bússola, quando realizado) o fator local, pois a agulha magnetizada aponta sempre para o Norte, não se alterando ao se cruzar o Equador;

64 | Feng Shui Clássico nos Novos Tempos

- Os princípios que fundamentam o Feng Shui são universais, sendo o Qi originado do Universo (no nosso referencial, principalmente do Sol) e influenciando o Planeta como um todo. As analogias usadas para explicar essas energias e suas interações energéticas não podem ser tomadas pela causa em si;

- O conceito de sazonalidade foi criado, na China antiga, para facilitar a compreensão popular dos eventos cósmicos. Na verdade, as estações se referiam à posição da Terra (de forma global) em relação ao Sol, não como momentos climáticos. É bom lembrar que em muitas regiões da China, diferenças entre as estações do ano não são tão explícitas.

O autor aplicou, durante mais de 2 anos, as técnicas do Hemisfério Sul no Brasil, comparando-as com os preceitos tradicionais. Pôde observar *in loco* e a partir de constantes pesquisas, a maior eficiência e coerência conceitual da teoria clássica.

Black Hat Sect – comumente Escola Americana ou do Budismo Tântrico do Chapéu Preto

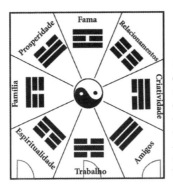

Ba Gua do Chapéu Preto. Não considera as direções de bússola, mantendo uma base fixa de acordo com o formato da construção e a sua respectiva entrada ou porta do cômodo analisado. As áreas resultantes são tratadas como "cantos" ou setores com temas específicos de vida.

Essa Escola tornou-se a mais difundida em todo o mundo na virada do século XXI, devido, em primeira instância, à facilidade de entendimento e atuação. Designa os famosos cantos da casa e incorporam-se rituais e propostas magísticas nos processos de consagração do espaço. Mantém os conhecimentos da Escola da Forma, mas ignora o uso da bússola para as análises. É a mais intuitiva das escolas, trabalhando principalmente com o universo simbólico do morador e a força do pensamento como mola propulsora para se atingir os objetivos pragmático-emocionais.

A Importância do Símbolo no Chapéu Preto – Aspectos Discursivos

Muito se fala ou se escreve sobre o Chapéu Preto. Por um lado, muitos consultores formados pela Tradição Clássica Chinesa (em especial a San-Yuan / 3 Ciclos) ignoram, negam ou não aceitam o Black Hat como um ramo do Feng Shui. Em contrapartida, os iniciados na Seita do Mestre Lin Yun simplesmente o consideram um Boddhisatva, na mesma escala do conhecido Dalai Lama. Por conseguinte, antes de iniciarmos a nossa indagação, é sábio entendermos as origens das dicotomias entre os chamados enfoques ancestrais e contemporâneos, como também a história das bases dessa escola tão divergente, mas também tão representativa.

A Viagem do Monge Ancestral

Nos tempos antigos, não existia uma separação clara entre as divisas do que hoje denominamos de Tibet, China e Índia, sendo muito difícil definir com precisão qual a origem da Seita do Chapéu Preto. Já a lenda diz que Padma Sambava, um mestre budista indiano, ao chegar à região do Tibet-China, deparou-se com uma tradição xamânica de cunho magístico chamada Bön, e da fusão entre esse culto à natureza e o budismo tibetano-indiano (provavelmente na tradição Mahayana) surgiram as bases do Black Sect. Nesse período remoto, a escolástica budista se separou em diversas seitas (distinguidas popularmente pelo uso dos Chapéus Amarelo, Vermelho, Preto, etc., cada um com o seu próprio "lama principal"), que lutavam pela hegemonia político-religiosa na região (a China era considerada a milícia da época, mas a concentração do poder encontrava-se no Tibet).

É interessante observar que, se por um lado, a maioria das tradições tibetanas procurava manter puras as conceituações doutrinárias, por outro, a seita negra já nascera eclética (a posterior fusão com o movimento sociocultural confucionista e taoista na China foi um exemplo disso). E foi exatamente esse enfoque que, aliado à silenciosa mística que envolvia o discipulado, influiu para que pouco a pouco essa escola fosse sinônima de inacessibilidade, e por vezes, de culto demoníaco, aos olhos do povo comum.

Um Pequeno Grande Buda

Nas primeiras décadas do século XX, Lin Yun, começa a frequentar um monastério budista. Além dos conhecimentos taoistas e confucionistas já vivenciados, ele tem contato com o universo ritualístico tibetano; os mestres reconhecem-no como a reencarnação de uma das qualidades de Buda, e

Fundamento e Teoria | 67

possivelmente revelam a futura missão do garoto, como um importante canal para o renascimento de uma antiga tradição tântrica.

Já maduro, Lin Yun sai da sua terra natal, fixando sua residência nos Estados Unidos e reformula as bases da Seita Negra, relacionando-os com os antigos conceitos chineses de harmonização de espaços (Kan Yu), mas com um enfoque totalmente novo, não considerando a tradicionalíssima Luo Pan e incluindo técnicas de psicologia analítica, simbolismo oriental, visualização criativa, cognição e magia. Estava aberta a primeira Escola de Feng Shui do Budismo Tântrico do Chapéu Preto, em 1986, na Califórnia.

Feng Shui: incensos, visualização e limpeza energética?

Antes de possíveis críticas, vamos analisar alguns pontos sobre o tema. O Chapéu Preto baseia-se num sincretismo religioso entre uma suposta ramificação do budismo (o tantrismo tibetano, rica em simbolismos e rituais de todos os tipos e finalidades) com uma seita magístico-xamânica de cunho secreto (em certo ponto, desconhecida até na sua terra natal). A relação com a sabedoria chinesa provavelmente ocorreu durante a evolução histórica dos impérios, já que o confucionismo, taoismo e posteriormente o budismo se revezavam de acordo com a dinastia vigente na China.

É necessário ainda, observarmos o contexto sociocultural americano na época de Thomas Lin Yun. Nos anos 70-80, o movimento corbusiano está em decadência e uma nova estética pós-moderna, estruturada no lema "novas maneiras de perceber o espaço"/"o kitsch revigorado", ascendia no horizonte. As teorias junguianas são postas em prática enquanto a semiologia é amplamente discutida nas universidades e Grindler em parceria com Bangler publicam as primeiras teorias sobre a Programação Neurolinguística.

O fascínio pelo orientalismo também estava em voga na época, principalmente na parcela da sociedade americana que buscava substituir a figura imperialista por um guru benevolente. Nesse quesito, Lin Yun foi realmente um mestre, pois conseguiu associar as necessidades explícitas no "*American Zeit Geist*" com a sua "formação mista" e melhor, sem ofender o culto à imagem, inerente ao ocidental. Visto por esse ângulo, a nova escola estabeleceu uma forma de linguagem figurativa, possibilitando, ao discípulo, organizar e separar o sagrado do profano por meio do ritual. A existência dessa alquimia era comprovada pela "matéria transformada", ou seja, o talismã simbólico maior, o Ba Gua.

A crítica relevante seria em termos semânticos. Assim considerando, a Seita do Chapéu Preto nada teria em comum com o Feng Shui de fato. As únicas referências (simbólicas e culturais) seriam o Wu Xing (os chamados 5 Elementos), Hou Tian Ba Gua (Os 8 Trigramas na Sequência do Céu Posterior), alguns estudos pontuais da tradição San-He e sobre o fluxo do Qi. Os conceitos de Vento e Água se relacionam com a metafísica chinesa (destacando-se o taoismo), e não com uma religião budista-tibetana. Há então, muito mais do que uma generalização da palavra Feng Shui: a veiculação equivocada desse termo criou uma pseudoidentidade por demais esotérica, decorativa e muito longe de sua função real (talvez, por esse motivo, muitos estudiosos utilizam hoje a designação Kan Yu como sinônimo ao Feng Shui ancestral, como tentativa de resgate conceitual).

Concluindo, a importância da Escola Americana não se encontra na técnica do Feng Shui em si (aspecto que ela não enfoca), mas na "psicologia-ambiental" proposta, na otimização da vida simbólica pela aplicação do sagrado na organização cotidiana, como se fez nos templos tibetanos *in illo tempore*. Isto posto, caberia aos pesquisadores tradicionalistas estudar um pouco mais esse novo e instigante modelo, antes de repugná-lo por imediato; e aos seguidores de Lin Yun, ter a mente aberta para enxergar, possivelmente, um simples e efêmero Basquiat, em vez de um verdadeiro Picasso do Feng Shui. Bem, de qualquer maneira, até Jean-Michel teve sua poesia. Divergente, por vezes incongruente, mas sem dúvida, uma bela poesia.

Thomas Lin Yun faleceu em 2010, aos 79 anos. Desde 2007, Khadro Crystal Chu é considerada a sua sucessora, com o título de Rinpoche.

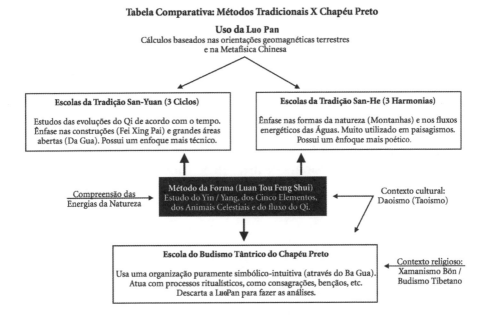

Escolas ou Métodos baseados no Chapéu Preto

8 Aspirações

Variação razoavelmente recente, utiliza os pontos cardeais para direcionar as qualidades do Ba Gua. Isto não está de acordo com as indicações originais do professor Lin Yun, pois este afirma que o Ba Gua deve ser sobreposto ao ambiente considerando que os trigramas Qian, Kan e Gen deveriam ficar sempre voltados para a direção da parede onde se encontra a porta de entrada da casa ou cômodo em análise.

Embora use a bússola para sobrepor o Ba Gua aos ambientes, toda a análise segue as indicações do Chapéu Preto. Alguns iniciantes confundem-na, a princípio, com a Escola Ba Zhai (8 Palácios) ou mesmo como sendo uma autêntica técnica de bússola, o que, naturalmente, não é verdade.

Space Clearing (Limpeza Energética de Espaços)

Compreendem os mais diversos tipos de limpezas energéticas, rituais e consagrações mágicas, com o intuito de trazer saúde, prosperidade e proteção à vida pessoal e familiar. Possuem influências variadas, como o xamanismo, o budismo, o simbolismo chinês, entre outros. Utiliza, geralmente, a ordem figurada do Ba Gua do Chapéu Preto para organizar o espaço de atuação.

Pirâmide

Amplia os horizontes simbólicos da Escola Americana, colocando valores psicoemocionais no arquétipo "dos cantos". Baseia-se na psicologia analítica e nos símbolos junguianos, com um forte apelo na Programação Neurolinguística.

Vastu Shastra / Vastu Vidya

O Vastu é a versão indiana do Feng Shui (alguns pesquisadores sugerem o contrário, mas não parece haver evidência de que o Kan Yu tenha vindo da Índia ancestral). De qualquer forma, é conhecido por vários nomes, entre eles arquitetura védica, Sthapatya Ved, Vastu Vidya e Vastu Shastra. Assim como o Feng Shui, tem o objetivo de criar edificações em harmonia com a natureza. Alia a numerologia e a astrologia em seus estudos. Compreendem-se as influências planetárias e conexões numerológicas com o cosmo para que se obtenha a harmonia nas construções.

A planta baixa pode ser dividida em 64 áreas, cada uma representada
por uma parte de Vastu Purusha (a forma divina).

Embora a teoria seja em muitos pontos oposta à técnica chinesa, o Vastu Shastra (erroneamente traduzido por alguns autores como "arquitetura espiritual"), é uma arte precisa. Consideram-se o campo eletromagnético terrestre, o direcionamento do imóvel, a inclinação do terreno, os tipos de solo, as polarizações internas, além do aspecto astrológico e sabedorias pertinentes à cultura védica. Essa associação com o mito religioso e arquetípico faz com que ele possua uma estrutura analítica e simbólica totalmente distinta das tradições chinesas ou tibetanas. Costuma também ser associado às técnicas de Space Clearing.

Entendendo as Diferenças - Resumo

- **Métodos Clássicos:** baseiam-se num estudo dos fluxos energéticos sutis (Qi). Mesmo estruturado na metafísica chinesa, utilizam análises precisas que envolvem cálculos matemáticos, orientação geotopográfica e observações cognitivas. Podem ser subdivididas em:

  a. *Tradição San-He (3 Harmonias):* especializada nos estudos complexos das formas das montanhas e rios (prédios, ruas e avenidas nos tempos atuais). Famosa também pela interpretação poética dos dados obtidos.
  Alguns estudiosos: Howard Choy, Derek Walters, Eva Wong, Raymond Lo, Cheng Jian Du.

  b. *Tradição San-Yuan (3 Ciclos):* especializada em estudos precisos que envolvem a evolução qualitativa do Qi de acordo com o fator Tempo. Famosa por sua visão prática e sistemática da sabedoria chinesa.
  Alguns estudiosos: Joseph Yu, Larry Sang, Yap Cheng Hai, Joey Yap.

- **Métodos Modernos:** variadas técnicas esotéricas sincretizadas, comumente encontradas na cultura chinesa, budista tibetana, hindu, balinesa, xamânico-americana, etc. Utiliza-se, majoritariamente, de simbolismos com reforço intuitivo, o que dificulta uma sistematização coerente. De qualquer maneira, pode ser encontrada nas modalidades:

a. Budismo Tântrico Tibetano do Chapéu Preto (Lin Yun, Crystal Chu, Sarah Rossbach, Steven Post, David D. Kennedy, Xean Senja, etc.);
b. Pirâmide (Nancilee Wydra);
c. Space Clearing / Limpeza de Espaços (Denise Linn, Nancy Santopietro, Karen Kingston);
d. 8 Aspirações (Lillian Too).

- **Métodos Complementares:** não fazem parte do Feng Shui especificamente, mas podem ser utilizados para acrescentar dados valiosos a uma consultoria. São eles:

a. Geobiologia / Cosmogeobiologia: estudo dos malefícios físicos causados por características ou problemas geológicos e eletromagnéticos nas edificações. Analisa também os materiais utilizados nas construções e no cotidiano das pessoas, sugerindo melhoras potenciais.
Alguns estudiosos: Mariano Bueno, Roger de Lafforest, Jacques La Maya.

Fundamento e Teoria | 73

b. Radiestesia: quantificação, qualificação e equilíbrio das mais variadas faixas e tipos de energias utilizando equipamentos específicos, como pêndulos, etc. Quando voltada à prática do diagnóstico e da terapia com instrumentos eletroeletrônicos ou emissão à distância utilizando-se placas com formas e símbolos inusitados, costuma ser chamada de radiônica. Alguns estudiosos: Tom Graves, Abade Mermet, David Tansley, Leon Chaumery e André de Belizal (Ondas de Forma).

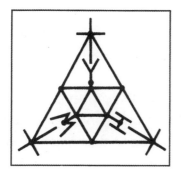 

c. Geometria Sagrada: estudo das forças energéticas encontradas em medidas específicas e proporções de antigas construções, geralmente repetidas em padrões matemáticos encontrados na natureza e anatomia do ser humano.
Alguns estudiosos: Blanche Merz, György Doczi, Nigel Pennick.

Harmonizando com o Feng Shui?

Uma das dúvidas mais comuns ao tema se refere exatamente a uma palavra que geralmente passa despercebida e acaba causando uma série de inconsistências e incongruências, tanto na análise quanto nos resultados do trabalho: o termo harmonização ambiental. Segundo o dicionário, harmonização se refere ao ato ou efeito de harmonizar e a palavra harmonia significa *"(...) 1. combinação de elementos diferentes e individualizados, mas ligados por uma relação de pertinência, que produz uma sensação agradável e de prazer*; *2. ausência de conflitos*; *paz, concórdia (...)"*.

Mas do que trata essa tal harmonização de ambientes? Vamos, nesse momento, separar em quatro tópicos distintos de abordagem:

- **Harmonização energético-espiritual:** alteração qualitativa da contraparte espiritual do plano físico de um meio instável a um mais ordenado, seja por estímulo intrapessoal (bioenergia e melhora do potencial áurico dos moradores ou usuários) ou ritualístico (evocações mágicas, uso de elementos da natureza, etc.), podendo ou não estar associado ao direcionamento e ao encaminhamento de consciências desencarnadas (espíritos). Geralmente chamado de equilíbrio de ambientes, limpeza astral, limpeza energética ou espiritual;

- **Harmonização simbólico-formal:** ativação sensorial através da inserção de elementos específicos geralmente associados a uma linha religiosa ou mística (mesclados à decoração ou disfarçados), com o intento de gerar um efeito de imantação mágica reforçado pela memória formal do objeto e retroalimentado pelo estímulo psicoemocional dos moradores. Símbolos como a cruz, o ba gua, as curas paliativas formais do Feng Shui (sobretudo na sua vertente moderna – o Chapéu Preto – mas também presentes parcialmente nos métodos ditos tradicionais), os pontos riscados, os gráficos radiônicos, entre outros. Vem perdendo eficácia nos últimos anos, principalmente pós 2012;

Fundamento e Teoria | 75

- **Harmonização cosmotelúrica:** tentativa de melhora do bem estar e saúde, evitando os pontos de desequilíbrio geobiológicos ou minimizando os impactos nas alterações do campo bioelétrico pessoal (duplo etérico) passíveis de somatização física, proveniente de efeitos cumulativos relacionados à exposição, em grande escala, às falhas geológicas, malhas de energia terrestres, poluição eletromagnética, radioativa, entre outros;

- **Harmonização probabilística:** estudos técnico-empíricos relativos às possibilidades de se prever ou alterar algumas tendências favoráveis (estimulando-as) ou desfavoráveis (minimizando-se o impacto) inatas à construção, levando-se em conta alguns parâmetros específicos, como o direcionamento do padrão de entrada da Energia Vital (Qi), o momento (ano) da finalização da obra, o formato, dinâmica de uso externo (relação com o entorno, acessos ao imóvel, etc.) e interno (localização dos cômodos, hábitos dos moradores ou usuários, etc.).

Mesmo que se inter-relacionem (uma podendo afetar no resultado da outra), salienta-se que o Feng Shui Tradicional atua primariamente sobre a abordagem da harmonização probabilística, sendo que, em alguns momentos, dá-se ênfase às técnicas de harmonização simbólico-formal como paliativo e reflexão pessoal pela mudança do estímulo cognitivo ambiental, quando há uma limitação nas possibilidades de modificação estrutural de um local. Talvez essa constatação tire um pouco do "encantamento universalizante" – quase juvenil, na verdade –, em que o Feng Shui, nas suas diversas variantes, é vendido costumeiramente a alguns públicos, quase que beirando um modelo de controle moral (certo e errado, bem e mal) com sugestão de ordenação místico-decorativa. Por outro lado, desmistificar e determinar os limites encontrados nessa sabedoria amplia, na visão do autor, a reflexão sobre os possíveis novos caminhos e abordagens dessa metodologia ancestral nos Novos Tempos, com menos expectativas ilusórias, extravagâncias ou roupagens de solução rápida, fácil e com promessas de melhorias meteóricas na qualidade de vida, apenas com a força do pensamento positivo e alguns sinos de vento e aquários, mas desconectadas de uma mínima mudança referencial sobre as escolhas pessoais e ritmo de vida.

Em suma, o Feng Shui não teria a função de estimular a prosperidade ou melhorar os relacionamentos afetivos *per si*, mas sim demonstrar, graficamente, um modelo dinâmico-referencial de tendências probabilísticas atuais, resultado das escolhas pessoais conscientes e inconscientes anteriores, moldadas pelo fator atrator do potencial de aprendizado existencial (dharma-karma). O experienciar lúcido dos potenciais estimulados pela edificação (sejam eles quais forem, inclusive os desafiadores) é o que provavelmente cria um ambiente mais harmônico e com melhor qualidade de vida aos moradores, já que, por essa visão, a casa torna-se um espelho de quem somos ou podemos vir a ser. Apenas isso, ou tudo isso.

Visão Crítica sobre Consultores e Consultorias

Enfoque Básico – O Papel do Cliente

Qualquer que seja a linha de atuação do consultor, cabe ao contratante do serviço ter o entendimento de que:

- Não é possível realizar a coleta de dados de uma consultoria de maneira totalmente virtual, pois é fundamental a averiguação *in loco* por parte do profissional;
- É adequado questionar os consultores que, em menos de 15 minutos no interior da construção, já indicam em que colocar uma fonte, pintar a parede de vermelho, colocar o Ba Gua, o sino de vento, etc. Numa consultoria de qualidade, uma coleta

de dados sobre a edificação deveria ser realizada (ano da obra, possíveis reformas, direções, etc.) além, é claro, de uma entrevista com os moradores (função da consultoria, histórico da família no local, data de nascimento dos mesmos, entre outros detalhes. Algumas vezes, será necessário voltar mais de uma vez para sanar todas as dúvidas antes da entrega final;

- Recomenda-se cautela com profissionais que exaltem demasiadamente o fator sensitivo numa análise, geralmente ligados a supostas tragédias espirituais ou emanações referentes a "campos vibracionais" de alto quilate energético. Mesmo que no Feng Shui a intuição ou a sensibilidade espiritual seja uma ferramenta útil, esta não deve se tornar uma muleta sensacionalista para pseudomédiuns de plantão;

- O Feng Shui não faz milagres ou tira as responsabilidades de crescimento pessoal; ele pode, no máximo, e aliando-se com os estudos cosmológicos dos clientes (mapa pessoal – 4 Pilares), ser um atenuador de dificuldades ou amplificador de qualidades já existentes na interação morador-casa.

O Consultor na Contemporaneidade

Averiguou-se, durante anos, uma vazia batalha entre grupos de consultores sobre a semântica do Feng Shui. De um lado, a chamada harmonização simbólico-intuitiva, que usa as mais variadas consagrações e ícones psicoinspiradores. Como contraponto a esse sistema, observou-se um empobrecimento generalizado do significado autêntico e ancestral do Feng Shui, com o excesso de sincretismo gerando dúvidas sobre o que é verdadeiramente chinês e o que faz parte de outras tradições, como a tibetana, tântrica, xamânica ou balinesa. Sintetizou-se esse "pacote" de generalidades num pseudo-esoterismo decorativo (de estética discutível), em que os chamados "cantos" da fama, prosperidade e relacionamentos tentam fugir desesperadamente dos temíveis banheiros, que tentam ser exaustivamente curados com bolas de cristal na porta. Tais dinâmicas são, inexplicavelmente, mais valorizadas do que compreender o significado por trás de cada trigrama contido no Ba Gua e das suas possíveis relações com a sua própria escola, a seita Tântrico-Tibetana do Chapéu Preto. No mínimo, uma visão por vezes muito rasa, possibilitando, assim, que muitos se tornem "profissionais qualificados" após um ou dois cursos de final de semana.

Por outro lado, estudiosos das tradições clássicas buscam resgatar o significado verdadeiro do Feng Shui como uma técnica matemática precisa, na qual a Luo Pan, as complexas análises sobre o Qi e os trigramas e hexagramas são pré-requisitos para uma consultoria. Nesse caso, a sensibilidade empírica é substituída por cálculos direcionais, observações sobre implantação e fluxo energético; as intervenções, como não são baseadas necessariamente em símbolos, se mesclam ao ambiente, evitando-se, por conseguinte, o aspecto "restaurante sino-tibetano" após uma aplicação. Se o êxito técnico e resgate semântico são muito válidos, a criação de grupos quase radicalistas que consideram o Feng Shui como uma ciência desprovida de qualquer sentido sinestésico ou consciencial, lembram alguns ortodoxos acadêmicos que em geral se fecham para o novo, têm receio do inusitado e são muito preocupados em defender seus valores preestabelecidos. Não seria, então, uma postura excessivamente contraditória e prepotente tentar sistematizar em demasia um tópico que, por si só, já é metafísico (a sabedoria chinesa)? E como isolar o significado do Qi a simples efeito de resultados pragmáticos de validação matemática, sem levar em conta os fatores sensíveis pessoais (inclusive fator índole) e a qualidade de vida como um todo, incluindo aí os potenciais conscienciais?

Portanto, na opinião do autor, a questão não se encontra em optar por um ou outro enfoque, mas isolá-los em universos opostos e instransponíveis. O recomendado seria aprender ambas as atuações, permitindo, assim, que a experiência prática nos demonstre os melhores métodos para cada caso.

Com o intento de esclarecer tanto os estudantes no assunto quanto os clientes que buscam parâmetros que qualificam um consultor, uma formação referencial (independentemente da especialidade escolhida) seria:

CONTEXTUALIZAÇÃO:

- História e evolução do Feng Shui, incluindo o estudo contextual das dinastias chinesas principais;
- Sabedoria ancestral chinesa e metafísica (princípios do Yin-Yang, Wu Xing, He Tu e Luo Shu, Trigramas, Hexagramas e os desdobramentos Xian Tian e Hou Tian Ba Gua)*;
- Princípios da sabedoria taoista.

RELACIONADO ÀS TÉCNICAS DE FENG SHUI – TRADIÇÕES E ESCOLAS:

- San-Yuan (3 Ciclos):
  - Luan Tou Feng Shui (estudos Formais)*;
  - Escolas San-Yuan Ba Zhai (métodos dos 8 Palácios pela perspectiva dos 3 Ciclos)*;
  - Xuan Kong Zi Bai (Vazio Misterioso da Púrpura-Branca);
  - Xuan Kong Fei Xing (Vazio Misterioso das Estrelas Voadoras)*;
  - Xuan Kong Da Gua (Vazio Misterioso do Grande Hexagrama);
  - Shui Long Pai (técnica dos Dragões de Água);
  - San-Yuan Luo Pan Xue (estudo dos anéis da bússola Luo Pan dos 3 Ciclos).
- San-He (3 Harmonias):
  - Xing Shi Pai (análises Formais Complexas);
  - Escolas San-He Ba Zhai (métodos dos 8 Palácios pela perspectiva das 3 Harmonias)*;
  - Shan Shui Long Xue (estudo dos Dragões de Montanha e Água);

---

* Estudos abordados no Livro.

Feng Shui Clássico nos Novos Tempos

- Escola dos 60, 72 e 120 Dragões;
- San-He Luo Pan Xue (estudo dos anéis da bússola Luo Pan das 3 Harmonias).

RELACIONADO AOS MÉTODOS INTUITIVOS DE HARMONIZAÇÃO:

- Budismo Tântrico do Chapéu Preto / Escola Californiana (origens, evolução histórica, técnicas, fundamentos e variações regionais);
- Metodologia das ativações, consagrações e limpezas energéticas de ambientes / space clearing, pela visão do Chapéu Preto e outras.

RELACIONADO AO ESTUDO DAS ENERGIAS FÍSICAS NO MEIO AMBIENTE:

- Geobiologia / Cosmogeobiologia (estudo das redes geomagnéticas terrestres, dos veios de água subterrâneos, problemas geológicos, poluição magnética, etc.);
- Radiestesia / Ondas de Forma / Radiônica (mensuração e possíveis soluções);
- Geometria Sagrada (proporções e medidas auspiciosas).

RELACIONADO ÀS NOÇÕES BÁSICAS DE ARQUITETURA, ESTÉTICA E EDIFICAÇÃO:

- Evolução estético-construtiva da arquitetura antiga e moderna;
- Aspectos gerais sobre arquitetura de interiores e decoração.

RELACIONADO AOS ESTUDOS COSMOLÓGICOS (PESSOAIS):

- Jiu Gong Ming Li (Astrologia das 9 Constelações);
- Zi Ping Ba Zi (4 Pilares do Destino);
- Ming Shu Ba Zi (4 Pilares – Visão Poética / Animais Arquetípicos / Imagens Melódicas);
- Zi Wei Dou Shu (Astrologia Polar).

Fundamento e Teoria | 81

RELACIONADO AOS ESTUDOS DE DATAS PROPÍCIAS:

- Don Gong (técnicas gerais de seleção de datas);
- Xuan Kong Da Gua (datas propícias pelos 64 Hexagramas);
- 28 Xius (Mansões Lunares);
- Jian Shu Xue (estudos dos Deuses Solares);
- Qi Men Dun Jia (Escola do Portal do Exército Místico).

RELACIONADO AOS ESTUDOS EM SINCRONICIDADE:

- Yi Li Yi Xue (interpretação poética dos Hexagramas / Yi Jing);
- Xian Shu Yi Xue (estudo dos padrões matemáticos dos Hexagramas pelos métodos Wen Wan Gua / Na Jia Yi Jing e Mei Hua Yi Shu / Flor de Ameixeira);
- Métodos clássicos e modernos de tiragem e interpretação;
- Mian Xiang (aspectos gerais de Fisiognomonia / Leitura Facial Chinesa).

RELACIONADO À SAÚDE FÍSICA, ENERGÉTICA E À REFLEXÃO:

- Referências básicas de acupuntura (meridianos principais, órgãos e vesículas relacionadas ao Wu Xing / 5 Elementos);
- Estudos de Biótipo (constituição energética do ser humano segundo a visão chinesa);
- Bioenergia (entendimento e condições de equilíbrio dinâmico referente às trocas energéticas entre o corpo físico, campo bio-elétrico, corpo espiritual e a aura, bem como as inter-relações destes com o meio externo);
- Espiritualidade / Conscienciologia (estudo, pesquisa e aperfeiçoamento consciencial, novos parâmetros sensíveis, ampliação do potencial de neutralidade);
- Referencial filosófico (análise e visão crítica, estudo das origens dos modelos de pensamento, capacidade de comparar e inter-relacionar os fundamentos da construção de ideias e paradigmas).

Bases Gerais

Entendendo o Tai Ji Zun (Tai Chi Tsun)

Na cultura chinesa, compreender o Dao (Tao) era um tema recorrente na Tradição Mi Jun (algo como "Consciência Reflexiva"). Os grandes mestres, como Lao Ze e anteriormente Fu Xi, tentaram explicar a chamada "Essência Intocável"; para eles e outros sábios taoistas, tudo era manifestado através de um Vazio em potencial de realização (Wu Ji). Dele, o sentir *per si* permite o surgimento das polaridades primárias referenciais, o Yin e Yang, e a partir das relações dinâmicas entre ambas, o sentido de transformação e movimento do Tai Ji (Tai Chi).

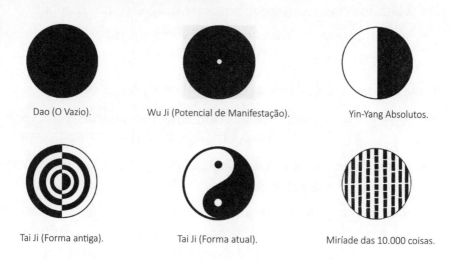

Dao (O Vazio).   Wu Ji (Potencial de Manifestação).   Yin-Yang Absolutos.

Tai Ji (Forma antiga).   Tai Ji (Forma atual).   Miríade das 10.000 coisas.

Posicionamento Gráfico

Sendo um símbolo que se refere a um princípio, não há muita diferença de que maneira se desenha o Tai Ji. Entretanto, sob ponto de vista da linguagem metafísica, torna-se mais coerente designá-lo com o lado Yang (claro ou branco) à esquerda e o Yin (escuro ou preto) à direita, sendo que na separação das cores nota-se um "S" invertido.

Tai Ji "espelhado": Geralmente desenhado dessa maneira em livros / revistas, provavelmente devido a um equívoco de inversão tipográfica, que permaneceu até os dias atuais.	Tai Ji "clássico": Considerado o correto, pois reflete os conceitos de Forma e Energia de maneira mais coerente.

As Transformações Qualitativas do Tai Ji

- Oposição: Yang e Yin são duas polaridades opostas de uma mesma manifestação, como céu e terra, luz e escuridão, masculino e feminino, etc. Representa a fase da dualidade, da visão muitas vezes fragmentada da alegria e tristeza, do bem e mal absolutos que lutam incessantemente anulando um ao outro. No sentido primário maniqueísta, os polos são diametralmente opostos em termos qualitativos, com a noção de que a estabilidade e manutenção de um depende em sobrepujar ou aniquilar o outro.

- Interpolação: os dois aspectos Yang e Yin podem transmutar-se entre si. Isto acontece quando um sistema chega ao extremo, um dos lados acumulando energia em demasia e sendo rapidamente transformado no outro.

- Intertransformação: nesse momento perceptivo, observa-se não mais um combate rígido das forças contrárias Yang / Yin, mas sim um processo de transformação de uma energia na outra. O Yang indubitavelmente tende ao Yin e vice-versa, como a noite que se transforma no dia, e a vida se direciona à morte. Nesse ponto, o sentido de tempo e ritmo se torna evidente, com a percepção mais clara da relatividade e mutabilidade da vida.

- Complementaridade: tem-se a compreensão de que o Yang e Yin são indivisíveis e que um não existe sem o outro. O alto só é devido ao baixo, e o masculino só reconhecido como tal, por causa do feminino. Os opostos que se complementam e dialogam constantemente, inserem um novo fator.

- Autocomplementaridade: o Yin surge no ápice do Yang e vice-versa, manifestando não apenas a coesão de um com o outro estaticamente, mas um dentro do outro, dinamicamente.

- Vazio Compreendido: quando os quatro tópicos anteriores são compreendidos, o Wu Wei (receptividade equivalente, geralmente traduzido como não ação) é finalmente assimilado na expressão natural de si no mundo, tornando cada movimento pleno e responsável. Manifesta-se o Dao (Tao) no cheio, a experiência da vida como uma escolha cocriativa, imanente e livre.

O Yin-Yang enquanto Forma e Energia

Como Forma Yin-Yang entende-se a capacidade de estabelecer uma linguagem cognitiva concreta baseada no reconhecimento dos opostos, a partir dos 5 sentidos (principalmente pelo sinestésico, visual e auditivo). Um exemplo comum disso é a capacidade natural de se entender o dia e a noite, com a separação de ambas entre o nascer e o pôr do Sol.

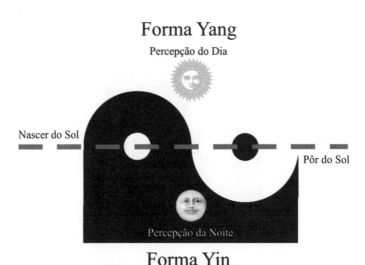

Como energia Yin-Yang, referimo-nos a uma transformação energética mais sutil, dinâmica e não necessariamente captada de maneira rápida pelos sentidos. Mantendo o exemplo do dia e da noite, entende-se racionalmente que um novo dia começa após 0h (no ápice da energia noturna), mas não é comum alguém dizer que a noite, utilizando esse mesmo referencial, inicia logo após o meio dia, com o Sol ainda a pino.

Note que o Yin e Yang não são, assim, absolutos, já que dependem sempre de um referencial. Dizer que um local é Yang ou Yin categoricamente, sem estabelecer nenhum parâmetro analítico tem-se o perigo de incorrermos num equivoco muito grande (já que um local pode ser Yin e Yang ao mesmo tempo, dependendo da condicionante Forma-Energia).

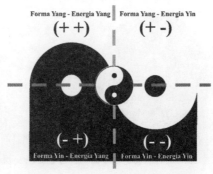

Yin-Yang enquanto Forma-Energia conjunta.

Fundamento e Teoria | 87

Assim sendo, no Feng Shui, tendo em vista diferentes referenciais, o sentido de Forma e Energia poderia ser expresso, resumidamente, da maneira abaixo:

Referencial	Yin-Yang*	
	Forma	Energia
A edificação	Paredes e aberturas, estruturas funcionais e mobiliário.	Uso dos ambientes, caminhos entre as áreas, hábitos e rotinas pessoais.
Harmonizações no Feng Shui	Intervenções paliativas com objetos.	Intervenções baseadas em mudanças de fluxo energético, (movimento e novos pontos de estabilidade do Qi).
A pessoa	Aparência, posição social, função no mundo, titulação, conquistas.	Comportamento, pensamento (crenças, reflexões, etc.), a sensibilidade.
Referencial Cognitivo	A matéria, o concreto, o comprovado, o funcional, o estático.	O espírito, o abstrato, o sentido, o emanado, o que está em transformação.
Paradigma	O seguro, o normativo, o comum, o estabelecido, o dogma.	O incerto, a transformação, o diferente, o novo, o devir.
Função do Feng Shui	Trazer abundância e prosperidade, incrementar ou melhorar os relacionamentos e a saúde.	Estimular a reflexão sobre o momento e a condição, possibilitando uma melhora na qualidade de vida pelo entendimento dos processos intrínsecos à condição casa-morador e pela mudança do referencial perceptivo, baseada, sobretudo, na ampliação do leque das escolhas pessoais.

* Não foi estabelecido nessa referência inicial, exemplos específicos formais ou energéticos Yang ou Yin, mas aspectos globais no contraponto de abordagem Forma e Energia.

Aspectos perceptivos básicos (Qualitativos e Quantitativos)

Referencial	Yang 阳	Yin阴
Símbolo	△, ○, _____ , 1	▼, ●, __ __ , 0
Movimento / Direção	Contração, contenção	Expansão
	Horário	Anti-horário
	Vertical	Horizontal
	Ascendente	Descendente
Metafísico (Transcendental)	Céu	Terra
Físico	Terra	Céu
	Celeste (astros)	Terrestre (crosta)
	Sol	Lua
Metáfora	Dragão	Tigre
Vibração	Som	Silêncio
	Ondas longas	Ondas curtas
	(som do) Fogo, trovão	(som da) Água, chuva
	Luz	Sombra
	Brilhante	Opaco
Estação Temperatura Clima	Seca	Úmida
	Calor	Frio
	Verão, Primavera	Inverno, Outono
	Tropical	Polar
Altura	Alto	Baixo
Forma	Retangular (na vertical), triangular, pontiaguda	Retangular (na horizontal), quadrada, redonda
Eletricidade	Positivo	Negativo
Ação	Ativo	Passivo

Referencial	Yang 阳	Yin 阴
Dimensão	Tempo	Espaço
Hora do Dia	11h às 13h	23h à 1h
	Dia, manhã	Noite, anoitecer
Biologia	Masculino	Feminino
	Animais	Vegetais
Números	Números impares	Números pares
Estrutura geográfica Topografia	Montanhas, rocha	Vales, rios, mar
	Pastagem	Floresta
	Areia, vegetação	Pedra
	Terra seca (aridez)	Pântano, brejo (umidade)
	Terra	Água
Orientação	Central	Periférico
	Frente	Atrás
	Esquerda	Direita
	Fora	Dentro
Estrutura material	Duro	Mole
	Reto	Ondulado
	Fluido	Sólido
	Saliente	Oco
Estrutura Mental	Materialista, racional	Espiritual, emocional
Cor	Infravermelho, vermelho	Ultravioleta, azul
	Cores quentes	Cores frias
	Claro	Escuro
Sabor	Salgado, amargo	Picante, azedo, doce
Fases da Vida	Nascimento, crescimento	Morte, Velhice

O Qi (Chi)

Qi é a essência ou substância responsável por tudo que existe no Universo. Ele permeia e compreende tudo. Seja física ou metafisicamente falando, é a força primordial e nutridora que está no centro do crescimento e desenvolvimento do cosmos, Terra e humanidade. Não existe um termo que possa traduzir essa palavra nas línguas ocidentais de uma forma não vinculada a conceitos metafísicos. Pode-se tentar traduzi-la poeticamente por "sopro da vida" ou "sopro cósmico". Ki (japonês), Prana (hindu), Orgone (Wilhelm Reich), Axé (terminologia africana) são alguns sinônimos comumente encontrados.

O conceito parece ter se originado durante a dinastia Zhou, sendo o Qi entendido como um composto de seis formas meteorológico-cognitivas: frio, calor, vento, chuva, escuridão e luz. Já no fim do período dos Estados Litigantes (475–221 a.C.), passou a ter o significado de "essência cósmica" ou "fluido universal", que conectava tudo que existia. Por meio de técnicas específicas e treinamento especializado, parece ser possível sentir (não dedutivamente) o Qi.

Na história do Kan Yun existem dois casos registrados de pessoas que podiam perceber os movimentos do Qi no ambiente: uma foi a rainha Lu, esposa do primeiro imperador da dinastia Han (206 a.C.), e o mestre de Feng Shui da dinastia Sui (581-618 d.C.), Yuan Tiangan.

É interessante notar como, até mesmo para os nativos orientais, o termo Qi tem descrições, conceitos e aspectos variados. Nesse sentido, essa amplitude se assemelha ao que hoje se designa "energia", um termo tão abrangente em termos científicos quanto esotéricos. Assim, o Qi é um tipo de energia? Física? Espiritual? Probabilística?

No livro *O Tao da Física*, o pesquisador Fritjof Capra coloca: "*Como o campo quântico, Qi é percebido como uma forma tênue e imperceptível de matéria, a qual está presente por todo o espaço e pode condensar-se na matéria sólida dos objetos. Esse campo (ou Qi) não é apenas a base essencial por trás de todos os objetos materiais, mas também transmite suas interações mútuas na forma de ondas.*"

Aspectos Conscienciais

Outra maneira de se entender o Qi é considerar a referência consciencial. Como Consciência não me refiro ao ato de se *estar consciente de algo* ou no sentido transcendental da palavra, mas como o "Ser Sensação" (ou algo) que reafirma a existência de si pelo processo de sentir a si mesmo, isso tanto no corpo físico (pela interpretação das experiências no tempo-espaço ancorado, no caso do homem) quanto no seu aspecto espiritual, pelos chamados "veículos da Consciência" (corpo emocional – necessidade de experiência comparada, e corpo mental – estado de compreensão conjugado). Utiliza-se, nesse ponto, o pressuposto da viabilidade da manifestação da vida além dos limites materiais.

Sob esse viés, a função da Consciência (o chamado "Eu Superior" em algumas culturas esotéricas) seja talvez (e apenas) se transformar, continuamente e sem fim, a cada novo entendimento em direção à compreensão de um aspecto de si (abarcamento) e não necessariamente evoluir, chegando a algum lugar, patamar ou mesmo voltar a uma essência perdida ou maior.

A partir dessa crença singular, estende-se o princípio para escalas maiores, chamando-se de Super Consciências os corpos de grande massa (planetas, estrelas, buracos negros, etc.) que estão sentindo a si (talvez em nível cósmico) e proporcionando índices específicos para outras Consciências compartilharem suas necessidades de experimentação. Não seria o caso de nós mesmos no Planeta Terra, ampliando assim o conceito de Gaia dos antigos?

O pano de fundo das relações entre as Super Consciências seria o que se denomina de Energia Cósmica, Sideral ou Imanente. Base de toda a realidade, se fundamenta no princípio da manifestação de tudo que existe, conexão de todas as coisas no Universo. É uma energia primordial que não é absorvida e manipulada diretamente pelo homem; é capturada somente por Consciências mais maduras, representadas por corpos de grande massa, como os citados acima, que, por sua vez, conseguem curvar o Espaço-Tempo, "moldá-los" e estruturá-los da maneira como conhecemos.

Qi como uma Energia Metabolizada Neutra

É, em suma, o resultado da interação entre a Energia Cósmica e as Consciências Maduras (sóis, estrelas, etc.). Tais corpos de grande massa "polarizam" essa energia primordial com um potencial de sentimento-intenção (assinatura), mas mantendo uma qualidade neutra (sem emoção ou julgamento). Esse tipo de energia se torna "absorvível e utilizável" pelos corpos de pequena massa, como os seres humanos.

Existem subdivisões dessa energia, nomenclaturas dadas por algumas escolas místicas orientais:

- Energia Vital: fundamenta a unidade, constituição e atividade molecular-celular, "conectando" os processos entre energia e matéria;

- Fohat: é a energia observável nos potenciais de trabalho físico-mecânico ou aqueles que se transformam em calor, luz, movimento, som, etc.;
- Kundalini: denominada como *"Fogo Serpentino"*, é a energia telúrica existente no centro de planetas e estrelas. Tipo de energia poderosa, é também imprevisível e pode causar danos energéticos à estrutura física-espiritual do indivíduo, caso seja assimilada sem controle.

Tendo em vista os aspectos acima, notam-se como os ancestrais do Feng Shui tentavam descrever o Qi como uma interação perpétua do Yin e Yang, um potencial de movimento e transformação constante, sendo tal dinâmica visível na matéria. Talvez, por isso, deram como características do Qi acumular, dispersar, expandir, condensar, podendo este se mover de forma rápida, lenta, para dentro, fora, cima, baixo, etc., serpenteando e espiralando, viajando por caminhos curvos, retos, estreitos, largos e por formas pontiagudas, curvas, ondulações, dentre outras.

Em suma, pode-se dizer que o Qi é uma energia metabolizada neutra de cunho cósmico-terrestre. Já a Energia Pessoal ou Emocional se refere àquela que é "polarizada emocionalmente", prioritariamente pelos seres humanos e animais. Trata-se da transformação dessa energia neutra (Qi) para uma característica "descritiva" e individualizada, repleta de cunho emocional-racional, fruto dos julgamentos, observações e posturas.

SAN CAI (3 PRINCÍPIOS) NA METAFÍSICA CHINESA – TIAN QI / DI QI / REN QI

Analiticamente ao que foi visto, o Tian Qi (Potencial / Qi Cósmico) é proveniente do resultado da interação da Energia Cósmica com as Superconsciências (sol, lua, planetas, estrelas, galáxias, buracos negros, etc.). Para o nosso referencial, entretanto, pode ser entendido como a força primária de influência celestial (genericamente, os eventos cósmicos, as mudanças astronômicas, mas também climáticas e sazonais), sendo chamado também de Qi convidado-mestre, porque "descende" sobre a Terra, onde é hospedado. Pode afetar o Qi terrestre e até mesmo modificar o efeito deste. É considerado o aspecto temporal por refletir, em nós, o sentido de ritmo e as mudanças cíclicas e determinantes sobre a vida no Planeta. Um exemplo disso é a subcategorização desse Qi enquanto clima, em cinco tipos: sol (luz), calor, frio, vento e chuva. A representação, no Feng Shui, é dada pelo *Xian Tian Ba Gua (Sequência do Céu Anterior)*.

Além dos aspectos consciênciais anteriores, o Di Qi (Potencial / Qi Terrestre) pode ser considerado um "resumo da assinatura" da Superconsciência Terra percebida pelo homem, sobretudo no olhar à natureza. Comumente é descrito como a energia que viaja pelo solo (sob e sobre) e se manifesta no campo eletromagnético terrestre e por mudanças na topografia, especialmente vales e picos das montanhas, em desertos, planícies, florestas, cachoeiras, etc. É também chamado de Qi hospedeiro, por receber o "Qi Celestial". A representação, no Feng Shui, é dada pelo *Hou Tian Ba Gua (Sequência do Céu Posterior)*, incluindo, nesse aspecto, a relação do meio com o seu ponto focal, no caso a edificação.

O Ren Qi (Potencial / Qi Humano) é, em suma, o que foi denominado anteriormente como Energia Pessoal ou Emocional. No campo bioelétrico do físico, evidenciam-se os nadis (canais) por onde a energia metabolizada neutra flui, possibilitando o equilíbrio dinâmico dos órgãos no corpo. Absorve-se o Qi Cósmico-Terrestre principalmente por meio de vórtices espiralados chamados de chakras (roda, em sânscrito), ancorando as experiências do espírito (corpo mental e emocional) no veículo físico da Consciência.

O Qi Humano é muito forte e pode não somente interagir, como também interferir no equilíbrio dinâmico das forças intra e extraplanetárias. A manutenção da serenidade nos processos de escolha na vivência do karma pessoal e a capacidade de manifestar a índole (sabedoria intrínseca) em todos os momentos, sobretudo nos mais desafiadores e em períodos de mudança cósmico-global (como o atual), provavelmente determina a possibilidade de se manter minimamente coeso na Terra, com menos processos de somatização física, instabilidade emocional e o mais importante, atuando como um coparticipante mais lúcido na construção de novas possibilidades e caminhos menos caóticos para um mundo em transição.

Nos estudos metafísicos chineses, é determinado no primeiro respiro do nascimento, possuindo um impacto único e singular, determinando, enquanto linguagem técnica, a base da constituição física, bagagem hereditária, energético-espiritual e tendências de personalidade, que podem ser avaliadas parcialmente em relação ao Yin-Yang, aos 5 Elementos, força dos meridianos, impactos energéticos recebidos, etc., como também compatibilizada com os ambientes da construção.

Segundo os sábios o Qi Humano pode ser gerado, nutrido, desequilibrado ou modificado:

- Pela formação, influências políticas, culturais, sociais e familiares;
- Por ações e pensamentos positivos, neutros ou negativos, e escolhas pessoais;
- Pelo Sheng Qi e Sha Qi (vide páginas seguintes), oriundos do corpo, mente e emoção;
- Pela melhora na sensibilidade energético-espiritual, bem como na capacidade de gerenciá-la;
- Por dieta, respiração, exercício e meditação;

- Pela estrutura do sistema global (eventos cósmicos, cataclismos terrestres, etc.) e pontual (como a geografia local e qualidade do Feng Shui da construção).

O Qi – Características básicas no Feng Shui[5]

Algumas frases poéticas sobre o Qi encontradas nos Clássicos:

"O Qi cavalga o Vento, é espalhado pelo Vento, mas é retido na fronteira da Água."

"O Dragão da Montanha não entra na Água, o Dragão da Água não sobe a Montanha."

"Qi cura Qi, coisas dentro de um mesmo grupo movimentam-se umas às outras."

"Precisamos fechar o que precisa ser fechado, e abrir o que precisa ser aberto."

---

5 Como característica ambiental reconhecível no Kan Yu – subdivisão Fohat.

Análise Qualitativa do Qi

- Sheng Qi (Potencial Vibrante, em ascensão): Yang e luminoso, fluxo de energia vibrante e saudável. O Feng Shui deve encorajar esse tipo de Qi.

Fluxo de energia vibrante e saudável.

- Sha Qi (Potencial Destruidor): energia cortante, excessivamente rápido, fluxo energético opressor. É também chamado de "sopro assassino". O Feng Shui deve bloquear ou desviar esse tipo de Qi.

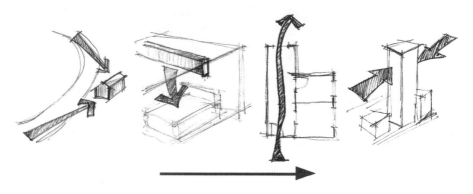

Fluxo de energia muito rápida e agressiva.

- Si Qi (Potencial Morto): Muito Yin, lento e em decadência, energia estagnada. O Feng Shui deve dispersar esse tipo de Qi.

Fluxo de energia estagnada (morta).

Análise de Movimentação do Qi

Energia em movimento.

- Cheng Qi: grande foco de movimentação e estímulo da energia, geralmente favorecido pela topografia, formas naturais e artificiais (construções) no meio ambiente, espaço (enquanto utilização) e estrutura, cores e luzes. São passíveis de reconhecimento, muitas vezes pela intensidade de um fluxo de vento e/ou água (cachoeiras, rios, etc.) e, no meio urbano, pelas vias de pedestres, pelo tráfego de automóveis e pelos estímulos audiovisuais intensos.

Energia concentrada e estável.

- Ju Qi: pontos de acúmulo energético vigoroso (externo), como piscinas, lagos, estacionamentos abertos, etc., ou internos (grandes halls de acesso, salões de festa, quartos e salas de convívio, etc.).

SHUI KOU

Quando uma área ou região possui algumas das características de acúmulo energético, mas de maneira pontual, pequena e não necessariamente constante, pode ser denominada de Shui Kou (boca d'água). Rotatórias, cruzamentos, semáforos, travessia de pedestres e fontes externas são exemplos práticos.

Ming Tang

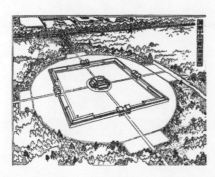
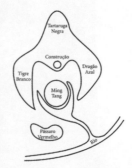

Ao cruzarmos a característica Sheng Qi (na análise qualitativa) com o parâmetro Ju Qi (na análise de movimentação), temos o conceito muito favorável de Ming Tang (Palácio do Destino ou Hall Luminoso), que pode ser traduzido como sendo uma área com ótima qualidade energética (paisagem limpa, com natureza, vida em florescimento, fauna e flora em equilíbrio) com bom acúmulo de Qi (um bosque, um parque, etc.). Numa proporção menor, o exemplo seria os jardins internos de uma construção, com uma atenção e suavidade do paisagismo.

Ming Tang externo.

Fundamento e Teoria | 101

Ming Tang interno.

De uma maneira ou de outra, tais condições acima deveriam ser buscadas sempre em qualquer edificação, como premissa de trabalho no Feng Shui Tradicional. Lidar com as contenções cada vez maiores das áreas ditas naturais (atualmente quase reduzidas a arranjos artificiais dentro dos espaços "gourmets" fechados por vidros) e com a indagação do "como" realizar qualquer estímulo ou melhora nesses ambientes limitados, é o maior desafio dos consultores nos Novos Tempos, levando em conta que as curas paliativo-decorativas estão cada vez menos eficazes.

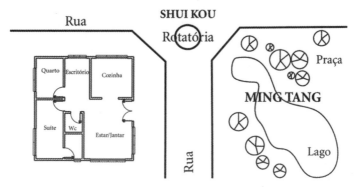

Relações entre Ming Tang e Shui Kou (Boca d'Água).

Exemplos de outras possíveis averiguações do Qi

ANÁLISE CÓSMICA

Yang Qi (Energia solar).

Yin Qi (Energia lunar).

ANÁLISE TERRESTRE (SAN HE)

Tu Qi (Energia do solo/paisagem/relevo).

Di Qi (Energia da terra).

Wu Xing – 5 Transformações do Qi

A referência das 5 Transformações parece ter sido documentada pela primeira vez pelo sábio chinês Chou Yen (350-270 a.C.). O termo chinês sobre os 5 Elementos são, na realidade, ciclos energéticos intrínsecos ao próprio Qi e não deveriam ser analisados como sendo elementos isolados um do outro (como talvez ocorre na visão mística ocidental atual dos 4 Elementos de origem grega). Compreender como o Wu Xing flui, seja no corpo, na casa ou no próprio cosmos era, pela visão dos mestres orientais, desvendar a linguagem da natureza.

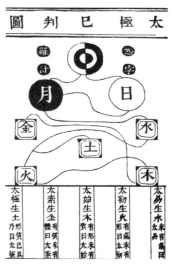

É preciso esclarecer que, na realidade, os 5 Elementos não estão ligados, pelo menos diretamente, aos seus correspondentes físicos. Na visão chinesa, o Fogo, por exemplo, não se refere ao componente ígneo de fato (embora este último possa representar essa energia em alguns momentos). Os chineses pensaram no equivalente físico dos elementos como exemplos ou consequências arquetípicas de uma interpretação base, mas não como as energias em si. A palavra Xing (ou Hsing) não tem paralelo nas línguas ocidentais; e tradução formal (elemento) não é apropriada (semanticamente, a versão mais correta seria transformação, fase ou ciclo do Qi). Então, mesmo usando a palavra elemento, é importante frisar que se trata de um aspecto mutável da Energia Vital e não de uma pilha de madeira, um balde com água, uma pedra ou o fogo de uma vela. Em resumo, entende-se, na China, que o Wu Xing são tipos de energia (ou interpretações destes) que interagem na formação do Universo; é o que mantém o mundo "estável", propiciando equilíbrio dinâmico a um sistema.

104 | Feng Shui Clássico nos Novos Tempos

Uma constatação interessante levantada pelo pesquisador inglês Derek Walters foi que, ancestralmente, mais um elemento (Grão) era citado nos manuais sagrados. Provavelmente, esse "sexto Xing" se referia à resultante de algum processo do Wu Xing clássico ou até mesmo como um "coringa", um Xing que simbolizava o aspecto "cocriador" contido em cada um dos demais elementos. Ou talvez representasse a interferência do olhar do observador que influencia na construção do que chamamos de realidade?

Um Olhar Consciencial sobre o Wu Xing

Sobre a premissa do Qi como sendo uma Energia Metabolizada Neutra, resultado da interação entre as Consciências Maduras (planetas, estrelas, centros de galáxias, etc.) e a Energia Cósmica Primordial, pode-se considerar que absorvemos, de fato, um Qi Cósmico-Terrestre, resultado de um "sentir universal" (sobretudo oriundo do Sol, na nossa referência perceptiva) mas com a "assinatura energética" da Superconsciência Terra.

Nesse sentido, o que seriam os 5 Ciclos do Qi? Provavelmente, o resultado da interação entre a Energia Metabolizada e o nosso filtro emocional, uma tentativa de descrição empírico-cognitiva de uma energia mais ordenada e neutra, traduzida como linguagem humana do que seria o mundo e o seu funcionamento, pelo limite do paradigma pessoal, no caso o físico. Sob esse ponto de vista, o Qi não seria um tipo de energia da natureza, mas sim o resultado do nosso olhar sobre a vida em si, a partir dos julgamentos, certezas e verdades estabelecidas pelo filtro da percepção. A natureza seria o "espelho" neutro do processo, que estabelece os parâmetros do que escolhemos e do que conseguimos enxergar de nós mesmos e do externo. A virtude dos chineses foi fundamentar uma linguagem dinâmico-poética sobre a constituição do que poderia ser a realidade, uma metodologia profunda e ao mesmo tempo singela sobre o viver, tendo a natureza como ferramental arquetípico e referencial sobre o ritmo das transformações.

Um paralelo similar e que talvez possa facilitar no entendimento dessa proposta é exatamente algo muito em voga hoje: a famosa proporção áurea ou número de ouro, como um aspecto de harmonia global métrica encontrado na essência de todas as coisas, desde uma flor ou concha até na formação de uma galáxia, o que comprovaria as relações matemáticas existentes no Universo. Buscamos reproduzi-los na arquitetura, na arte, na música ou até nas medidas de um cartão de apresentação, como um reforço estético, para atrairmos cura ou mesmo abundância pessoal, como uma busca de equilíbrio por repetição. Entretanto, um ponto vista mais cético que não é muito comum nos entusiastas seria questionar se essa condição que parece tão explicita e óbvia como tendo origem na natureza existe de fato nela, ou se o homem é que enxerga esse padrão pelo seu próprio filtro, buscando na linguagem construída até então (a matemática, no caso) uma sequência de números que comprovariam a representação de um suposto ideal, este último tão determinante no nosso modelo de pensamento socrático-platônico e tão sutilmente reforçado nas nossas posturas morais de certo e errado, de bem e mal, pelos hábitos pessoais que ditam o que é o "normal", o "comum", enfim.

Assim, o Wu Xing, sob uma indagação similar, seria uma linguagem construída para se tentar entender os resultados das ações nos processos de juízos de valor que fazemos ao tentarmos nos conhecer, filtrando e fragmentando emocionalmente uma energia neutra repleta em sentimento (portanto, gerando caos e potencial de realização – que se traduz em experimentação e aprendizado). Nesse caso, num ponto de vista sistemático, poderíamos afirmar que não haveria sentido prático em discutir se tais padrões (5 Elementos, Proporções Áureas, etc.) existem verdadeiramente na natureza ou se são frutos do nosso olhar, pois o que importa é que elas funcionam. Sem dúvida, mesmo essa perspectiva sendo razoavelmente válida e condicionante até hoje, a pergunta que se levanta, nos Novos Tempos, é: *Quanta energia pessoal estamos gastando, bem como o que abrimos mão, essencialmente, para se manter essa visão particularmente transcendental do mundo funcionando, mesmo que se sinta, cada vez mais, que essas convicções já não garantem felicidade nem mesmo funcionam minimamente para se obter sucesso ou segurança interna?*

Dessa forma, mesmo havendo referenciais práticos necessários (que fundamentarão as harmonizações paliativas nos capítulos posteriores), recomenda-se estimular, desde já, um novo olhar sobre o Wu Xing, como sendo um potencial de transformação e linguagem interna, não meramente uma força externa que o condiciona ou em que você é apenas um resultante.

Sistemática básica de funcionamento

A análise padrão se baseia em 5 referências estáticas: Madeira, Fogo, Terra, Metal (originalmente Ouro) e Água, cada elemento com características específicas em vários enfoques. Entretanto, acrescentando o Yin-Yang, é possível avaliar o Wu Xing em 10 aspectos, levando-se em conta o Tai Ji Zun.

Wu Xing		Madeira	Fogo	Terra	Metal (Ouro)	Água
Palavras chave		Movimento Ação	Expressão	Segurança Manifestação	Organização	Comunicação Profundidade
Características Yin-Yang	Yang	Criatividade Renovação	Imagem Vitalidade	Infraestrutura Paradigmas	Ação planejada	Interpessoal
	Imagem Poética	Uma Árvore Frondosa	O Sol	Uma Montanha	Uma Espada	O Rio
	Yin	Cura Delicadeza	Insight Intuição	Base Interna Manutenção emocional	Estratégia Sedução	Intrapessoal Sensibilidade Inspiração
	Imagem Poética	A Flor A Erva	A Vela	O Vaso	As Joias As Moedas	A Chuva

Relações entre as Transformações do Qi

Para se descrever os ciclos entre os elementos, quase sempre se usam analogias baseadas na natureza. A Madeira que gera o Fogo, os resquícios do Fogo (cinzas) sendo a Terra, Água que alimenta a Madeira (plantas), são exemplos comuns que encontramos nos textos sobre o tema. Entretanto, num primeiro momento, serão utilizadas outras referências, que talvez auxiliem a entender mais o papel do homem no fator cocriativo e no reforço desses arquétipos.

Defende-se a tese de 5 tipos de ciclos entre os elementos:

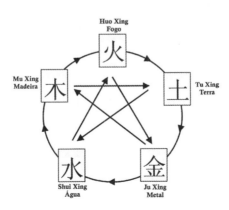

- Geração (produção, alimentação);
- Controle (domínio, destruição);
- Reforço (fortalecimento, ajuda);
- Desgaste (enfraquecimento, abatimento);
- Contracontrole (contradomínio).

1. Ciclo de Geração:

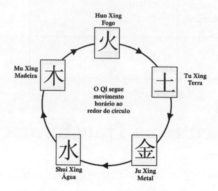

Seguem a seguinte ordem[6]: Madeira – Fogo – Terra – Metal – Água – Madeira (fechando o ciclo). É considerado o "caminho natural" de desenvolvimento da Energia Metabolizada sob a interpretação ou modificação do filtro emocional pelo Ren Qi (Energia Pessoal).

Imaginemos o seguinte caminho de causa e efeito, dado pela necessidade da experimentação de um pintor, por exemplo:

- Fase 1 (Madeira): surge na pessoa o "ímpeto criativo", a necessidade de se expressar por meio da arte;
- Fase 2 (Fogo): a expressão, o momento da produção, das pinceladas no quadro, a construção da imagem artística;
- Fase 3 (Terra): o quadro finalizado, a obra pronta. A ideia tornando-se concreta;

---

6 Mesmo podendo ser iniciado em qualquer ponto, é comum estabelecer a Madeira como ponto de partida, por se tratar do elemento que simboliza o impulso, o nascimento.

- Fase 4 (Metal): a reflexão do resultado, as análises intelectuais, a construção dos valores e *status* no mundo;
- Fase 5 (Água): a interação, o diálogo da obra com o seu público, as sensações, as reações dos consumidores frente à arte;
- Fase 6 (volta à Madeira): o "retorno do diferente", o artista e o público modificado pela influência da obra em si, outras possibilidades de caminho e novas necessidades de expressão vindo à tona.

2. Ciclo de Controle:

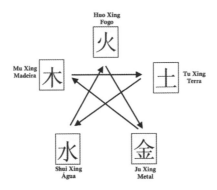

Seguem a seguinte ordem: Madeira – Terra – Água – Fogo – Metal – Madeira (fechando o ciclo). É considerado o "caminho da força", um controle de um elemento sobre o outro, o que gera grandes desgastes para ambos, principalmente (e possivelmente) mais no que está recebendo o ataque.

É interessante notar que geralmente se apresentam os ciclos de Geração e Controle como uma ocorrência simultânea (ex: o Metal gerando a Água, ao mesmo tempo em que controla e corta a Madeira). Entretanto, na opinião do autor, o Ciclo de Controle é o resultado das complexidades do ciclo de Geração, que quase nunca é atingido na sua perfeição, simplesmente por se tratar de uma dinâmica de referencial emocional baseada na carência de aprendizado do ser humano, sendo reforçado pela memória (em sua maioria límbica ou redundante) e, portanto, fundamentado pela atração kármica. Assim, a noção de equilíbrio dinâmico sem muitas perdas (movimento natural mínimo de Geração da Madeira até a Madeira) dependeria, em suma, dos referenciais internos do indivíduo, da construção de uma sabedoria intrínseca e menos reativa. Nesse sentido, reforça-se a hipótese de que Wu Xing não existe em sua totalidade *per si*, mas sim cada um dos elementos que a compõe "renasce" a cada estímulo cognitivo, como índice de funcionamento por acesso a um padrão de repetição baseado no hábito. Sendo assim, de um elemento não se gera o outro automaticamente (pela existência dele apenas), é necessário que haja no mínimo uma referência do elemento posterior na memória.

Mantendo partes do mesmo exemplo anterior, vamos inserir algumas complexidades no sistema, como valores referenciais imaginários que poderiam denotar o quanto de domínio o pintor tem em cada fase da obra:

- Fase 1 (Madeira / Ímpeto criativo – Peso 100): o artista possui potencial criativo e uma necessidade de se expressar rapidamente, através da arte.

- Fase 2 (Fogo / Momento da produção – Peso 10): comparado com o anterior, a pessoa não possui um vigor ou intensidade necessárias para manter o processo de criação por muito tempo. Pode significar uma perda da vontade ou estímulo criativo.

- Fase 3 (Terra / Quadro finalizado – Peso 30): tem-se a necessidade concreta de se ver a pintura pronta, mas existe uma diferença entre o sonho (Fase Madeira) e a concretização.

Olhando as fases acima, pode ter-se a noção que o peso 100 da Madeira garante os demais passos, mas não é bem isso que tende a ocorrer. O grande peso do primeiro elemento não produz uma quantidade enorme do segundo, pois o limite de absorção deste último é de apenas 10 (nesse ponto, o Fogo absorveria 10 dos 100 da Madeira, tornando-se 20).

Então, o que acontece com o excesso 90 da fase 1? Iria diretamente para o caminho de mínimo esforço para se realizar esse potencial acumulado (indo furtivamente para o próximo elemento disponível no sistema, a Terra). Como no caso se trata de uma tentativa de controle ou contenção, os 90 da Madeira não se acrescentam ao peso da Terra, mas sim na diminuição da mesma, pelo choque. Como o peso aqui é de apenas 30, pode-se concluir nessa alegoria que a Terra perde totalmente a sua capacidade de ação, pelo impacto da Madeira.

Na metáfora em questão, podemos averiguar que o artista possui uma criatividade e necessidade de expressão incomum (grande quantidade de Madeira), mas a falta de energia e vontade (insuficiência de Fogo) faz com que esse ímpeto seja desperdiçado e o excesso existente seja culminado como ansiedade e expectativa, acabando com a tentativa de concretizar a pintura, o que provavelmente traz frustração.

Portanto, o Ciclo de Controle ocorre quando existe alguma descompensação entre o fluxo natural de Geração entre os elementos (o que é até comum), como uma tentativa de se evitar a estagnação energética do circuito, mesmo que o resultado dessa ação seja um choque ou limitação do 3º elemento envolvido, que recebe o impacto do excesso.

3. Ciclo de Reforço

Trata-se da inserção de um elemento (como foco individualizado), o que aumenta as condições de fortalecimento do mesmo, o que gera, consequentemente, aumento do equilíbrio ou desequilíbrio dinâmico do sistema como um todo.

A partir do ciclo anterior, um exemplo seria o aumento do elemento Fogo no movimento do artista, enquanto "Referência de Si" (manter o foco durante a pintura, com menos dispersões e lembrando-se da importância de revitalizar a necessidade de expressão, renovando, por si mesmo, a vontade enquanto estímulo) como processo importante na construção da obra, o que auxiliaria a gerar satisfação e sensação de realização pessoal. Com isso, transforma-se, dinamicamente, um excesso anômalo do ímpeto criativo em combustível, para algo realmente experienciado, enquanto necessidade interna e busca por harmonia.

Naturalmente, o efeito desequilibrante poderia se perpetuar, caso houvesse o aumento da Madeira (estímulo ainda maior da ansiedade que acaba destruindo o efeito criativo sadio) ou somente da Terra (o foco apenas no ideal de obra a ser atingido, geralmente se referenciando a isso como solução para a paz ou felicidade, mas sem construir o caminho para tal, o que conflitaria ainda mais nesse choque Madeira – Terra).

4 e 5. Ciclos de Desgaste e Contracontrole

É comum se referir a ambos os ciclos como sendo os opostos, respectivamente, aos Ciclos de Geração e Controle. Até mesmo graficamente, eles são desenhados com direções contrárias (sentido anti-horário no Desgaste e as setas da "estrela de cinco pontas" em sentido oposto, no Contracontrole), sendo o fluxo invertido justificado porque representa um enfraquecimento (como o Metal que desgasta a Terra), tal qual uma pá que rompe e modifica o terreno.

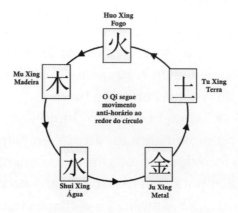

Na verdade, mesmo sendo a base teórica para a maioria das intervenções formais no Feng Shui (principalmente o Desgaste), talvez esses parâmetros sejam, na verdade, de cunho virtual, não existindo de fato como ciclos "invertidos". Mesmo podendo gerar muita polêmica, na opinião do autor, o que existe (e apenas como parâmetro dinâmico) são os Ciclos de Geração, Controle e Reforço, sendo os demais "somente" uma mudança no ponto vista dos ciclos anteriores.

Assim, não é possível tirar a força de um elemento colocando o outro da sequência (no caso do Ciclo de Desgaste), nem mesmo inverter o fluxo (transformando o gerador em desgastado); o máximo que ocorre é a otimização do ciclo original de Geração, em que se pode facilitar "a construção de pontes" mais harmônicas entre um elemento e outro. Usando o exemplo já familiar, a partir do Ciclo de Reforço, a colocação do elemento ígneo na postura pessoal do artista não teve a função de desgastar a Madeira, mas sim possibilitar o excesso do elemento a se transformar em algo mais natural e fluído (no caso para o Fogo, mas sem destruir as qualidades iniciais da mesma), resultando numa ponte mais harmônica entre a Madeira e a Terra. Lembre-se que transformar não é a mesma coisa que desgastar!

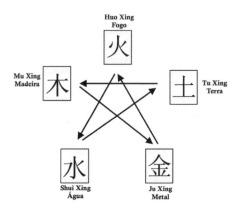

De maneira similar, o Ciclo de Contracontrole seria apenas o ponto de vista de quem sofre o ataque, não mais de quem ataca, mas sendo, no fim, o mesmo Ciclo de Controle. Como exemplo, se o Fogo (com peso 15) fosse em direção ao elemento Metal (com peso 100), quem venceria essa disputa? Mesmo o Fogo tendo o potencial de controlar o Metal, a diferença de pesos praticamente anularia o efeito do primeiro, mas a questão aqui é quem fez o movimento em direção a quem: pelo fato do Metal estar mais forte, isso significa que ele acatou o Fogo (invertendo assim o fluxo) ou na verdade o que acontece é uma representação distorcida (em que o impacto de retorno de uma ação é interpretado como sendo um ataque contrário e não apenas uma reação natural pela diferença dos pesos)?

Talvez num primeiro momento seja comum a afirmação de que são apenas diferentes formas de falar sobre as mesmas coisas, porém é importante colocar que os resultados são diferentes, e possivelmente, surpreendentes. Essa sutil modificação na proposta de leitura talvez estimule novos referenciais de linguagem, bem como processos rizomáticos dinâmicos que facilitem o cruzamento de interpretações renovadas da sabedoria ancestral chinesa a partir das necessidades conscienciais de uma Nova Realidade que parece estar surgindo como trovões no horizonte, nos provocando a mudar ou pelo menos a nos questionar a todo o tempo, pela insistência do incômodo e efeito do "não lugar". Não se trata mais de encontrar um caminho certo, de buscar uma verdade plena, nem acreditar em formas fechadas e lineares de mundo (sobretudo as metafísicas), mas possivelmente abarcar um pouco o sentido de devir, sugestivamente aqui traduzida na denominação Xing (Transformação).

Características Gerais - 5 Ciclos do Qi

Elemento		Madeira	Fogo	Terra	Metal	Água
Ideograma Pin Yin		木- Mu	火- Huo	土- Tu	金- Jin	水- Shui
Simbolismo		Júpiter	Marte / Sol	Saturno	Vênus	Mercúrio / Lua
Trigrama		Zhen, Xun	Li	Kun, Gen	Qian, Dui	Kan
Combinação He Tu		3-8	2-7	5-(10)	4-9	1-6
Luo Shu		3, 4	9	2, 5, 8	6, 7	1
Fases Ming Li (9 Constelações)		Nascimento, Crescimento	Iluminação	Germinação, Flutuação, Parada	Colheita, Festa	Planejamento
Movimento		Expansivo	Ascendente	Circundante	Aglutinador	Descendente
Características		Benevolente, flexível, criativo.	Luminoso, expressivo, decoro.	Receptivo, sincero, fé, amoroso.	Correção, diretriz, coerência.	Inteligência, sensibilidade, maleabilidade.
Estrutura Pessoal	Equilibrada	Disponibilidade, flexibilidade, expansão, generosidade.	Vivacidade, atividade, força física, coragem, gentileza, alegria, clarividência.	Confiabilidade, senso prático, lealdade, autenticidade.	Astúcia, eficácia, dons esportivos, espírito empreendedor, integridade.	Lucidez, facilidade de comunicação, profundidade, sensibilidade energético-espiritual.
	Falta	Tendência à dispersão, caráter influenciável, ingratidão.	Pensa muito em si mesmo, falta de ânimo, inexpressivo, interioriza as emoções.	Apego, medo, receio, oportunismo, engano.	Falta de autocontrole, indecisão, não se expressa bem, engano, desorganização ou falta de critério.	Timidez, reserva, falta de lucidez, só se preocupa com seus problemas.
	Excesso	Muito metódico, rígido, intolerante.	Extravagância, tendência a dominar por seu carisma, imprudência, agressividade.	Obstinação, dogmático, pedantismo, moralismo.	Agressividade, inflexibilidade, dureza, frieza excessiva, manipulação.	Instabilidade, rancor, magoa-se facilmente.

116 | Feng Shui Clássico nos Novos Tempos

	Elemento	Madeira	Fogo	Terra	Metal	Água
Ciclos	Geração	Água-Madeira	Madeira-Fogo	Fogo-Terra	Terra-Metal	Metal-Água
	Desgaste	Fogo	Terra	Metal	Água	Madeira
	Controle	Metal	Água	Madeira	Fogo	Terra
Forma	Geral	Retângulo (na vertical)	Triângulo	Quadrado, retângulo (na horizontal)	Redondo	Fluida, orgânica
	Construção	Colunar	Pontiaguda	Plana, quadrada	Arredondada, abobadada	Irregular
Cor		Verde	Vermelho	Amarelo, areia	Branca, metálica (dourado e prateado)	Preto, azul
Meridiano		Xiao Yang	Tai Yang	Triplo Aquecedor	Xiao Yin	Tai Yin
Biotipos		Hepático	Cardíaco	-----------	Pulmonar	Renal
Sabor		Ácido	Amargo	Doce (não o açúcar)	Picante	Salgado
Animal Celestial		Dragão Verde	Pássaro Vermelho (não é a Fênix)	Serpente Amarela	Tigre Branco	Tartaruga Negra
Direção		Leste	Sul	Centro	Oeste	Sul
Estação		Primavera	Verão	Entre Estações	Outono	Inverno
Clima		Úmido, Fresco	Calor	Variável	Seco	Frio
Ramos Terrestres		Tigre, Coelho	Serpente, Cavalo	Búfalo, Dragão, Cabra, Cachorro	Macaco, Galo	Javali, Rato
Troncos Celestes		Ma+, Ma-	F+, F-	Me+, Me-	T+, T-	A+, A-
Energia e Forma		Yang dentro do Yin	Yang dentro do Yang	Neutro	Yin dentro do Yang	Yin dentro do Yin

Do Tai Ji à Formação dos 8 Trigramas

Em termos gerais, o princípio Yang é representado por uma linha cheia e o princípio Yin, por uma linha partida, sendo que as linhas Yang podem se transformar em Yin e vice-versa (o que é chamado de mutação de linhas).

O termo Yi denomina o estudo destas linhas quando são aplicáveis, como, por que e sob quais circunstâncias elas se alteram (fluxo do Yin-Yang).

Os números ímpares são considerados Yang e normalmente representados por um ponto claro ◯; os números pares são considerados Yin e representados por um ponto escuro ●.

É atribuído a Fu Xi o estudo dos primeiros princípios sobre o Yin e Yang, como também a formação das bases de uma linguagem poética específica, desenvolvida secularmente, compilada e denominada muito posteriormente como Yi Jing (I Ching).

Fu Xi utilizou um código para caracterizar o padrão das forças opostas. Foram elas:

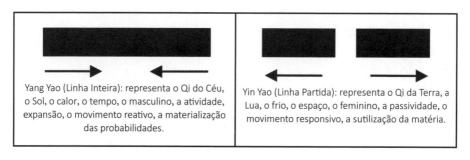

| Yang Yao (Linha Inteira): representa o Qi do Céu, o Sol, o calor, o tempo, o masculino, a atividade, expansão, o movimento reativo, a materialização das probabilidades. | Yin Yao (Linha Partida): representa o Qi da Terra, a Lua, o frio, o espaço, o feminino, a passividade, o movimento responsivo, a sutilização da matéria. |

Num primeiro momento, identificaram-se dois tipos de manifestação – as chamadas linhas da Terra (Di) e do Céu (Tian), determinando os 4 arranjos primais (Si Xiang) ou digramas.

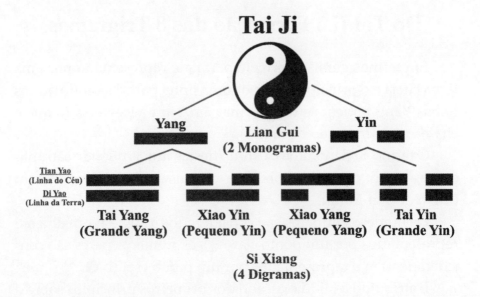

"Um produz dois, dois produz três, três produz dez mil coisas"
Lao Ze, obra Dao De Jing (Tao Te Ching)

Perceba que a próxima etapa é inserir a "perspectiva" do ser humano (Ren) nesse conjunto, estabelecendo o que se chama de San Cai (3 Princípios – Céu, Terra e Homem), e, por conseguinte, formando os oito padrões primários denominados de Trigramas. Nesse domínio, observa-se uma construção lógica de oito símbolos que, arquetipicamente, responderão por todos os fenômenos visíveis e comportamentais.

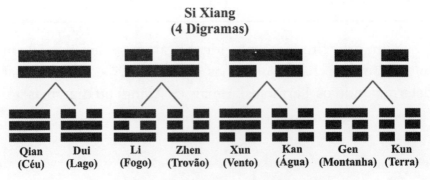

Fundamento e Teoria | 119

Existem duas formas para representar as forças do Céu, Terra e Homem. Uma delas é considerando a linha Ren entre a linha Tian e a Di (o Homem entre o Céu e a Terra). A outra é considerando a linha Ren abaixo das linhas Di e Tian (o Homem compreendendo as forças terrestres e celestes, sequencialmente). Os trigramas são sempre "lidos" de baixo para cima, em ambas as caracterizações. No livro, será utilizada a linha do Homem entre o Céu e a Terra.

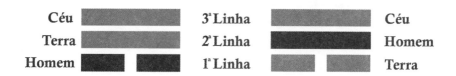

Trigrama	Visão Global	Referencial Humano
3ª Linha	Céu	Pensamento / Aspectos Conscienciais
2ª Linha	Homem	Comportamento / Aspectos Emocionais
1ª Linha	Terra	Matéria / Aspectos Práticos

FORMANDO OS 8 TRIGRAMAS

O 8 Trigramas

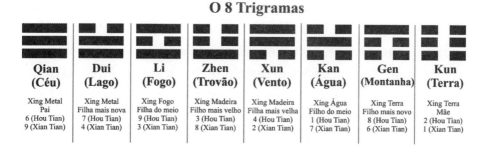

Qian (Céu)	Dui (Lago)	Li (Fogo)	Zhen (Trovão)	Xun (Vento)	Kan (Água)	Gen (Montanha)	Kun (Terra)
Xing Metal Pai 6 (Hou Tian) 9 (Xian Tian)	Xing Metal Filha mais nova 7 (Hou Tian) 4 (Xian Tian)	Xing Fogo Filha do meio 9 (Hou Tian) 3 (Xian Tian)	Xing Madeira Filho mais velho 3 (Hou Tian) 8 (Xian Tian)	Xing Madeira Filha mais velha 4 (Hou Tian) 2 (Xian Tian)	Xing Água Filho do meio 1 (Hou Tian) 7 (Xian Tian)	Xing Terra Filho mais novo 8 (Hou Tian) 6 (Xian Tian)	Xing Terra Mãe 2 (Hou Tian) 1 (Xian Tian)

Obs.: Os nomes dados aos trigramas, bem como Wu Xing associado, provavelmente se definiram por similaridade conceitual das teorias anteriores com a das 3 Linhas e 8 Arquétipos (montando assim uma composição de ideias). Para instigar a pesquisa, em vez de decorar aleatoriamente a sequência de linhas Yin-Yang ao nome do trigrama e com o elemento em questão, procure estabelecer um parâmetro referencial mais pessoal (recomenda-se utilizar a tabela da página anterior – a de Referencial Humano).

Ex: Trigrama Zhen

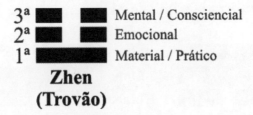

Averígua-se que o único Yang está situado na 1ª Linha. A linha da Terra, quando estudamos o padrão do homem, se refere à parte material da vida, o que denota que existe muita energia vigorosa e de ação imediata no tema realização e aspectos práticos, enquanto que a 2ª linha (aspectos emocionais) e 3ª (pensamento / reflexão) estão Yin, o que mostra uma condição muito mais responsiva e "tardia", enquanto manifestação, nesses tópicos. Se a intensidade está prioritariamente na matéria, pode-se dizer que existe uma atuação reativa e muito impulsiva nessa área, sem os aspectos reflexivos e internos que limitem tal ação, por vezes até desmedida.

Assim, fica muito coerente o nome Trovão escolhido pelos antigos como a representação poética encontrada na natureza para esse conceito. Agora, outra pergunta pode ser colocada: Qual o elemento que mais se aproxima dos aspectos acima, tendo em vista as características de velocidade, ação e movimento? Dentre as 5 opções do Wu Xing, provavelmente não se tem muita dúvida da Madeira, certo? (Com mais profundidade da Madeira Yang, naturalmente).

Seguindo o exemplo, procure estabelecer as relações com os demais trigramas. Isso poderá auxiliá-lo a entender um pouco mais as possíveis coerências e fundamentações dessa linguagem tão singela e ao mesmo tempo tão dinâmica.

He Tu e Xian Tian Ba Gua

He Tu (Mapa do Rio)

Diz a lenda que o sábio-xamã Fu Xi (considerado o padroeiro das artes divinatórias chinesas), ao andar pelas margens do rio He (Huang He – Rio Amarelo), viu sair das águas um Qi Lin (Cavalo-Dragão Mitológico) com inusitadas inscrições em seu dorso. Denominada de He Tu (Ho Tu) / Mapa do Rio, tratava-se de um código numerológico que representava o chamado Mapa do Corpo Celeste, um suposto padrão por trás de todo o surgimento da vida.

O mítico Fu Xi e o Qi Lin (Cavalo-Dragão).

Nas formações de Feng Shui, geralmente citam-se os parâmetros acima rapidamente, para praticamente não mais retomá-los, contextualizando-os apenas no "mito" metafísico. Na opinião do autor, o He Tu representa um código tão importante quanto o próprio conceito de formação do Qi, bem como a participação do ser humano no processo de construção da realidade física.

O He Tu é uma ordenação de números (lidos em par) que procura demonstrar, "matematicamente", o padrão de surgimento do Wu Xing. Assim:

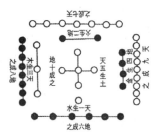

Padrão encontrado.

- 1-6 como potencial de nascimento do elemento Água;
- 2-7, do Fogo;
- 3-8, da Madeira;
- 4-9, do Metal.

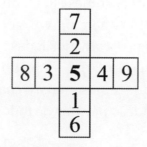

Perceba que a diferença entre os números sempre é 5, sendo este graficamente desenhado ao centro. Conforme tratado anteriormente, foi atentado que o Wu Xing (5 Elementos) provavelmente não representa aspectos da natureza em si, mas sim os procedimento de transformação do Qi em características fragmentadas e emocionalmente "catalogáveis" e entendíveis pelo filtro pessoal, assim realizadas por Consciências (no nosso escopo de estudo, o ser humano) que necessitam de um veículo físico para processarem com mais eficiência, a compreensão dos sentimentos no limite Tempo-Espaço.

Se participamos do "colapso da função de onda das probabilidades quânticas" ao interagirmos com a Energia Metalizada Neutra (criando o que denominamos de Realidade), ao se transpor esse conceito consciencial ao He Tu, pode-se concluir que esses "pares de números" retratam exatamente o caminho de "distorção" do Qi em potencial de experimentação kármica do homem. Se as combinações dos números em si (sob o viés da linguagem chinesa dos elementos) concebem os filtros de mundo criados, a diferença entre eles (o valor 5) representa o olhar do homem (ou ele próprio), no momento que essa energia neutra se modifica, transformando-se numa visão adensada e fracionada pela interação emocional.

Nas mais variadas culturas, o número 5 tem um valor metafísico destacado, sobretudo quando nos lembramos da estrela de cinco pontas, representando a figura do ser humano em si. Parece que nos escritos ancestrais chineses, isso não foge à regra, com o adendo que o 5, no He Tu, também está associado ao elemento Terra, talvez determinando o Ser manifestado fisicamente (com as tais limitações no Tempo-Espaço). Mais ainda, esse Xing não se mostra como sendo um elemento "original", mas sim uma mistura híbrida de várias condições, tendências e fatores (cocriador e participante da formação dos demais elementos, mas ele próprio um "simulacro", um fragmento dos outros Xings).

Assim, reforça-se a tese que o 5 é o homem, um ser em transformação constante. O que fica de questionamento é como entender que, em algumas técnicas de Feng Shui, vende-se a ideia de que o 5-Terra é a pior das energias (chamada metaforicamente de Estrela), devendo eliminá-la ou diminuí-la rigorosamente, com a inserção do Metal em imensas quantidades (vide Ciclo de Desgaste). Se o 5 representa o potencial caótico ou harmonioso desse ser (humano), a solução seria prendê-lo e enjaulá-lo a qualquer custo, se possível, jogando a chave fora? Ou aprender empaticamente com ele, controlando os efeitos nocivos (nossas fugas destrutivas e alienações) e estimulando (também pelo Metal, por que não?) a reflexão sobre a responsabilidade das escolhas e caminhos percorridos, já que este, o homem, é o cocriador das suas experiências e resultado, em parte, do seu próprio olhar?

Isso não tem nada a ver com o Kan Yu ou mesmo com as Estrelas Voadoras, podem dizer os mais puristas. Se isso é uma extrapolação, fica a pergunta: o que se está sendo feito atualmente em nome do Feng Shui está realmente coerente com o nosso *Geitzeist*? Mesmo que nos ancoremos em fontes seguras ancestrais, reproduzindo cada passagem dos clássicos como verdade ou mesmo seguindo fielmente um mestre nessa arte, não seria o momento de revitalizarmos ou averiguarmos outras funções das técnicas, além das óbvias como ganho financeiro, relacionamentos e saúde? Se a resposta se basear na condicionante de que os métodos não foram feitos para isso (gerar questionamento), acho que é exatamente o instante para refletirmos sobre a sobrevivência do Feng Shui como um canal de estímulos de possibilidades harmônicas em meio as mudanças tão estruturais que parece estarmos inseridos.

Xian Tian Ba Gua
(Sequência do Céu Anterior)

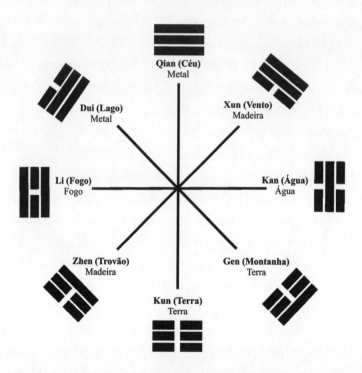

Pode ser considerado o símbolo do equilíbrio dinâmico, da ordem implícita entre os eventos. Alguns outros referenciais:

- Representa a natureza oculta e primordial de todas as coisas, o ponto de harmonia entre as forças antes da manifestação material;

- A estrutura simbólica dos "códigos do destino" (infraestrutura de possibilidades) e os padrões de funcionamento cósmico sob o viés local, a Terra;
- A Consciência através do veículo e do Corpo Mental, em processo de formação do Corpo Emocional, pela necessidade do "sentir comparado";
- Correlaciona-se com o referencial dhármico (enquanto meio e contexto, para o karma se manifestar);
- História secreta da Terra, podendo representar até as origens do ser humano no planeta por interferências externas.

Para facilitar o entendimento, e numa associação livre, se pudéssemos comparar o processo da vida em si a infraestrutura de um jogo de xadrez, o Xian Tian Ba Gua (Sequência do Céu Anterior) seria o tabuleiro, seus limites e a área de jogo propriamente dita. Já o He Tu seriam as regras desse tabuleiro, suas marcações e os quadrados pretos e brancos.

Luo Shu e Hou Tian Ba Gua

Segundo a lenda, Da Yu (Ta Yu) foi um dos grandes xamãs do antigo mundo chinês. Mesmo sendo aleijado, conseguiu controlar as enchentes que assolavam a região. Diz-se que Yu recebeu das mãos do seu pai Shu, o *Livro do Poder sobre as Águas*, sendo assim predestinado pelos céus para ser o líder do seu povo. Em pouco tempo, ele organizou diques e canais e, com seus poderes mágicos, abaixou as águas. Quando o curso normal do rio estava restabelecido, Yu viu uma tartaruga sair das margens do Rio Luo (afluente do Rio Amarelo). No casco havia um desenho que seria chamado de Luo Shu ou *O Livro de Luo*.

Tartaruga emergindo do Rio Luo.

O Luo Shu é considerado o Mapa do Mundo Manifestado, uma representação dos fluxos energéticos de causa e efeito. Posteriormente, esse sistema integrou-se não somente à agricultura, mas também à arquitetura sagrada da China, com o nome de Jiu Gong ou Jiu Shi (9 Palácios ou Salões). O Luo Shu revela um padrão matemático dos desdobramentos do Qi e, atualmente, é conhecido também como Quadrado Mágico.

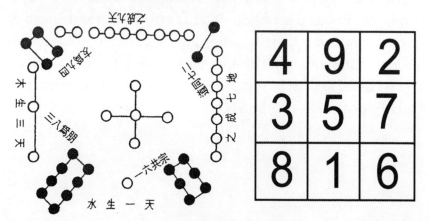

Padrão encontrado no casco.

Na maioria das vezes o Luo Shu é apresentado como um único diagrama. Entretanto, é necessário separar o ciclo do Céu (circunferência) do ciclo da Terra (Quadrado), para se explicitar os significados mais profundos. No desenho abaixo, observe que os números ímpares estão localizados junto às direções cardeais Norte, Leste, Sul, Oeste. Os números pares aparecem nas diagonais do diagrama e correspondem ao Nordeste, Sudeste, Sudoeste e Noroeste. É interessante observar ainda que as oposições somam sempre 10 e, incluindo-se o 5 no centro, em todas as direções atinge-se o padrão 15.

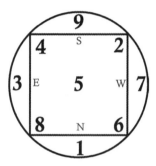

Algumas relações práticas a partir do Luo Shu:

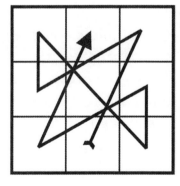

Evolução energética.

Fu Mu San Ban Gua
(Sequência dos pais ou dos 3 Ciclos).

Hou Tian Ba Gua
(Sequência do Céu Posterior)

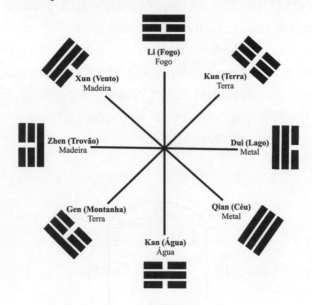

Pode ser considerado o símbolo da expressão dos ciclos da natureza. Alguns outros referenciais:

- Representa o dinamismo e as complexidades pós-manifestação material das probabilidades, a atuação das forças ora caóticas e ora ordenadas da experimentação da vida, com os limites no Tempo-Espaço exercendo um "ângulo" muito peculiar do sentir da Consciência pelo filtro físico;
- Regras, estruturas morais, papéis, constituição e perspectiva de mundo. Linguagem, aspectos pragmáticos e funcionais, fragmentação e olhar cotidiano, hábitos e normas. Pode representar também o limbo pessoal, as ilusões, as engrenagens funcionais que podem limitar a lucidez e manifestação da índole como guias referenciais de sabedoria;
- Pode se referir também ao reflexo milenar (ainda hoje parcialmente atuante) das possíveis influências ocorridas pós-surgimento do ser humano na Terra, com os efeitos

dhármico-kármicos envolvidos no processo, bem como a fundamentação da espiritosfera planetária (planos de manifestação não físicos que ainda se encontram no planeta) e suas influências diretas e indiretas no sentir individual, inclusive nas possibilidades de expansão das inter-relações corpo-espírito.

Continuando com o exemplo do xadrez, se o Xian Tian Ba Gua (Sequência do Céu Anterior) representa o tabuleiro e o He Tu as regras e marcações do mesmo, o Hou Tian Ba Gua (Sequência do Céu Posterior) seriam as peças desse jogo (peões, cavalos, bispos, torres, rei e rainha) e o Luo Shu (Quadrado Mágico), as regras de cada peça.

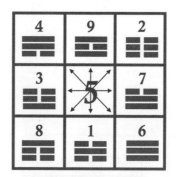

Hou Tian Ba Gua
Sequência do Céu Posterior

Assim, quando se coloca que a maioria das escolas básicas de Feng Shui Tradicional (sistema Ba Zhai – 8 Palácios e Xuan Kong Fei Xing – Estrelas Voadoras) utilizam muito mais as relações entre Hou Tian e Luo Shu, entende-se que a função primária desses métodos é estabelecer um parâmetro de causa e efeito no mundo, algo como focar-se nas peças do xadrez, tendo em vista apenas os movimentos básicos necessários para ser um vencedor (através dos papéis, funções particulares e estratégias de conquista). É interessante notar que nesse jogo, em que a perspectiva primordial está nas peças em si, geralmente não se observam com mais atenção, as interações sutis entre uma e outra, e suas consequentes posições dinâmicas no tabuleiro. Talvez a verdadeira arte do Feng Shui não esteja somente em dar mais força ao cotidiano das conquistas, mas também viabilizar meios que mostram as referências conscienciais do tabuleiro no "jogo da vida".

Comparações entre He Tu e Luo Shu:

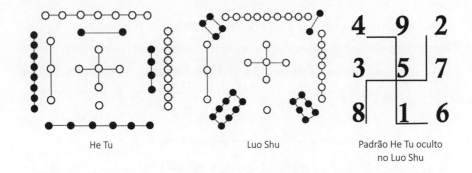

Algumas relações avançadas de Xian Tian, Hou Tian Ba Gua e Luo Shu:

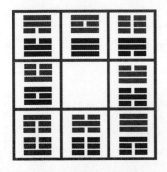

Xian Tian & Hou Tian (comparando as localizações).

Xian Tian Ba Gua
Sequência do Céu Anterior

"Tabuleiro sendo visto com a regra das peças" (Xian Tian no Luo Shu).

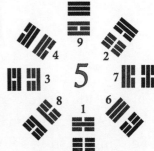

Relacionando Xian Tian, Hou Tian e Luo Shu.

Resumo dos 8 Trigramas – Características Gerais

ZHEN (Chen) - O Trovão

- Designação: o Incitar.
- Família: filho mais velho.
- Direção: E (Leste).
- Wu Xing: Madeira verde (Ma+).
- Número no Luo Shu (posição no Céu Posterior): 3.
- Partes do corpo: pés, garganta, cabelo, voz.
- Doenças: histeria, convulsões, problemas nos pés, instabilidades no meridiano do fígado.
- Estação do ano: primavera energética (não confundir com estação climática).
- Palavras-chave: movimento, excitação, vibração.

XUN (Sun) - O vento

- Designação: a Suavidade.
- Família: filha mais velha.
- Direção: SE (Sudeste).
- Wu Xing: Madeira madura (Ma-).
- Número no Luo Shu (posição no Céu Posterior): 4.
- Partes do Corpo: músculos, nádega, quadril.
- Doenças: resfriado, reumatismo, etc.
- Estação do ano: entre estações energéticas (primavera – verão).
- Palavras-chave: suavidade, flexibilidade, maleabilidade.

LI - O Fogo

- Designação: o Aderir.
- Família: filha do meio.
- Direção: S (Sul).
- Wu Xing: Fogo (F+ e F-).
- Número no Luo Shu (posição no Céu Posterior): 9.
- Partes do Corpo: olhos, coração, sangue.
- Doenças: problemas cardíacos, da língua e dos olhos.
- Estação do ano: verão energético.
- Palavras-chave: brilho, otimismo, dinamismo.

KUN - A Terra

- Designação: o Abranger.
- Família: a mãe.
- Direção: SW (Sudoeste).
- Wu Xing: Terra (T-).
- Número no Luo Shu (posição no Céu Posterior): 2.
- Partes do Corpo: abdômen, estômago.
- Doenças: sistema reprodutivo e digestivo.
- Estação do ano: entre estações energéticas (verão – outono).
- Palavras-chave: doação, maternidade, moderação.

DUI (Tui) - O Lago

- Designação: a Alegria.
- Família: filha mais jovem.
- Direção: W (Oeste).
- Wu Xing: Metal maleável (Me-).
- Número no Luo Shu (posição no Céu Posterior): 7.
- Partes do Corpo: boca, dentes, língua.
- Doenças: problemas na boca e nos dentes.
- Estação do ano: outono energético.
- Palavras-chave: gentileza, felicidade, alegria.

QIAN (Chien) - O Céu

- Designação: o Criativo.
- Família: o pai.
- Direção: NW (Noroeste).
- Wu Xing: Metal rígido (Me+).
- Número no Luo Shu (posição no Céu Posterior): 6.
- Partes do Corpo: cabeça, pulmões, pele, intestino grosso.
- Doenças: dor de cabeça, doenças pulmonares.
- Estação do ano: entre estações energéticas (outono – inverno).
- Palavras-chave: liderança, organização, justiça.

KAN - A ÁGUA

- Designação: o Abismal.
- Família: filho do meio.
- Direção: N (Norte).
- Wu Xing: Água (A+ e A-).
- Número no Luo Shu (posição no Céu Posterior): 1.
- Partes do Corpo: ouvidos, rins, bexiga, órgãos reprodutores.
- Doenças: problemas nos ouvidos e nos rins.
- Estação do ano: inverno energético.
- Palavras-chave: profundidade, comunicação, concentração, sensibilidade.

GEN (KEN OU KÊN) - A MONTANHA

- Designação: a Quietude.
- Família: filho mais novo.
- Direção: NE (Nordeste).
- Wu Xing: Terra (T+).
- Número no Luo Shu (posição no Céu Posterior): 8.
- Partes do Corpo: mãos, dedos, sistema linfático.
- Doenças: artrite, reumatismos.
- Estação do ano: entre o inverno – primavera energética.
- Palavras-chave: serenidade, autoconhecimento, equilíbrio.

Os trigramas sempre são lidos de baixo para cima. Entretanto, fica a dúvida quando a disposição não se baseia numa leitura horizontal-vertical, mas num posicionamento circular, na formação dos Ba Guas (tanto Xian Tian quanto Hou Tian). Nesse sentido, cada estudioso ou fonte desenha de uma maneira (a 1ª linha de fora para dentro ou vice-versa), dependendo do leitor a observação mais atenta do padrão estabelecido. No livro em questão, conforme se observou nos desenhos, será utilizada a maneira mais clássica, considerando a 1ª linha mais interna e a 3ª, externa (assim, de dentro para fora).

Repare que é possível relacionar o Luo Shu pelo posicionamento, tanto com os trigramas do Ceú Posterior (Hou Tian) quanto do Anterior (Xian Tian). É importante reforçar que as chamadas Estrelas (números do Quadrado Mágico) possuem o que chamamos de "personalidade" (representado pela cor da estrela, nome e pela qualidade energética), não tendo um padrão Wu Xing próprio. Quem possui elemento é o trigrama, sendo que, por associação de localização, é que se faz uma ponte entre as 9 estrelas e os elementos.

Qualidades do Luo Shu – Tabela Geral

4	9	2
Estrela: Verde **Nome:** Wen Qu **Significado:** A Ninfa Inteligente e Indecente. **Trigrama posterior:** Vento / Xun (Madeira) **Trigrama anterior:** Lago / Dui (Metal) **Qualidade:** Variável **Características:** Romance, amor, estudo / Adultério, separação. **Emoções positivas:** Confiança, honradez, tranquilidade. **Emoções negativas:** Teimosia, dispersão, manipulação. **Direção:** Sudoeste	**Estrela:** Púrpura **Nome:** You Bi **Significado:** O Anjo do Vigor. **Trigrama posterior:** Fogo / Li (Fogo) **Trigrama anterior:** Céu / Qian (Metal) **Qualidade:** Potencialmente favorável **Características:** Celebração, sucesso / Conflito, descontrole, alienação, doenças nos olhos. **Emoções positivas:** Carisma, iluminação, inteligência. **Emoções negativas:** Vaidade, impulsividade, nervosismo. **Direção:** Sul	**Estrela:** Preta **Nome:** Ju Men **Significado:** O Deus da Dança. **Trigrama posterior:** Terra / Kun (Terra) **Trigrama anterior:** Vento / Xun (Madeira) **Qualidade:** Muito desfavorável **Características:** Fertilidade, saúde / Desproteção, doença **Emoções positivas:** Delicadeza, amor incondicional, devoção. **Emoções negativas:** Carência, apego, dependência. **Direção:** Sudoeste
3	**5**	**7**
Estrela: Jade **Nome:** Lu Cun **Significado:** O Fantasma da Infelicidade. **Trigrama posterior:** Trovão / Zhen (Madeira) **Trigrama anterior:** Fogo / Li (Fogo) **Qualidade:** Desfavorável **Características:** Abundância, riqueza / Roubo, processo, disputa. **Emoções positivas:** Dinamismo, criatividade, iniciativa. **Emoções negativas:** Histeria, convulsões, explosões. **Direção:** Leste	**Estrela:** Amarela **Nome:** Lian Zhen **Significado:** O Diabo da Ferocidade **Elemento:** Terra **Trigrama posterior:** Não há **Trigrama anterior:** Não há **Qualidade:** Muito desfavorável e instável. **Características:** Sucesso / Catástrofe. **Emoções positivas:** Soberania, abertura, abundância. **Emoções negativas:** Destruição, isolamento, egocentrismo. **Direção:** Centro	**Estrela:** Vermelha **Nome:** Po Jun **Significado:** O Espírito da Pompa / O Deus da Guerra **Trigrama posterior:** Lago / Dui (Metal) **Trigrama anterior:** Água / Kan (Água) **Qualidade:** Desfavorável **Características:** Riqueza, fertilidade / Acidente, trapaça. **Emoções positivas:** Alegria, otimismo, sociabilidade. **Emoções negativas:** Influência externa, superficialidade, hipersensibilidade. **Direção:** Oeste
8	**1**	**6**
Estrela: Branca **Nome:** Zuo Fu **Significado:** O Anjo da Felicidade. **Trigrama posterior:** Montanha / Gen (Terra) **Trigrama anterior:** Trovão / Zhen (Madeira) **Qualidade:** Muito favorável **Características:** Solidez, progresso / Solidão, acidentes com jovens. **Emoções positivas:** Riqueza, consciência, persistência. **Emoções negativas:** Antipatia, estagnação. **Direção:** Nordeste	**Estrela:** Branca **Nome:** Tang Lang **Significado:** O Anjo do Nascimento. **Trigrama posterior:** Água / Kan (Água) **Trigrama anterior:** Terra / Kun (Terra) **Qualidade:** Muito favorável **Características:** Fama, sorte / Separação. **Emoções positivas:** Intuição, adaptação, fluidez. **Emoções negativas:** Excesso de pensamentos, emotividade descontrolada. **Direção:** Norte	**Estrela:** Branca **Nome:** Wu Qu **Significado:** O Anjo da Bravura e do Poder. **Trigrama posterior:** Céu / Qian (Metal) **Trigrama anterior:** Montanha / Ken (Terra) **Qualidade:** Muito favorável **Características:** Autoridade, força / Rigidez, despotismo. **Emoções positivas:** Liderança, dignidade, organização. **Emoções negativas:** Depressão, despotismo, moralismo. **Direção:** Noroeste

Nova Realidade e os Padrões do Xian Tian e Hou Tian Ba Gua

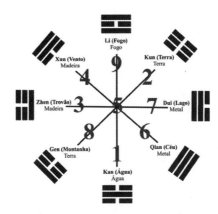

É comum nos pesquisadores e estudantes de Feng Shui responder rapidamente os elementos vinculados aos números do Quadrado Mágico como sendo: 1-Água, 2-Terra, 3-Madeira, 4-Madeira, 5-Terra, 6-Metal, 7-Metal, 8-Terra e 9-Fogo. Tal afirmação se baseia no relacionamento entre o Luo Shu (conforme exemplificado antes, as regras das peças do xadrez) e os trigramas do Céu Posterior (as peças em si), o que é totalmente relevante e justificável, no sentido de enxergar o mundo e os seus efeitos pragmaticamente.

Entretanto, nas páginas anteriores, levantou-se a ideia de uma possível mudança estrutural no Planeta (com pico em 2012), algo que se denominou de Sutilização. Um dos efeitos dessa alteração é a diminuição da densidade material, o que faz com que os aspectos físicos tenham menor capacidade de conter as flutuações ou processos emocionais e energéticos, estimulando a experimentação destes na vida (de maneira caótica ou construtiva).

Se nos códigos de metafísica chinesa a relação Hou Tian + Luo Shu representam os limites físicos, pode-se supor que num instante de mudança tão peculiar como essa, os aspectos do Céu Posterior (principalmente os elementos) estejam menos ancorados, dando mais espaço a um padrão que não é tão comum, mas muito utilizada nos métodos avançados, como no Xuan Kong Da Gua (Grande Hexagrama): a estrutura Xian Tian (Céu Anterior) + Luo Shu, o que mostra a linguagem do homem (Luo Shu) tendo acesso a estruturas muito mais sutis, ancestrais, e por que não dizer, de grande aceleramento energético-espiritual (Xian Tian).

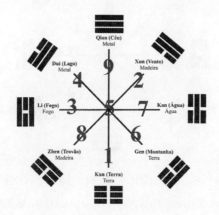

Assim, levanta-se um novo padrão de elementos e trigramas, mantendo apenas os mesmos números: 1-Terra (Kun), 2-Madeira (Xun), 3-Fogo (Li), 4-Metal (Dui), 5-Terra (sem trigrama associado), 6-Terra (Gen), 7-Água (Kan), 8-Madeira (Zhen), 9-Metal (Qian).

Teríamos então que abandonar o que aprendemos e começar a utilizar esse "novo" padrão a partir de agora? Eu não seria tão radical nesse sentido, já que mesmo com as mais impactantes sutilizações, a matéria, mesmo instável, ainda mantém uma mínima coesão que estabiliza a realidade (pelo menos por enquanto). Entretanto, levanta-se a hipótese que cada vez mais, tenhamos que abordar o uso dessa linguagem sob ambas as referências acima apresentadas, não somente (e cegamente) a primeira, simplesmente porque se aprendeu assim. O mais interessante é notar que o número 5-Terra (na nossa abordagem, o próprio ser humano), mantém-se igual (ou estruturalmente similar) em ambos os caminhos; o que se modifica seria o impacto externo nele (o que necessitaria de uma melhora na capacidade de reflexão sobre a vida, para não ser engolido pelo processo) e as novas perspectivas de mundo inspiradas, instigando nesse homem, outros caminhos de escolhas viáveis e possivelmente mais éticas.

Como isso se traduz nas técnicas? Perguntaria o pragmático. Mesmo não tendo a função de se criar novas regras absolutas (o foco aqui é estimular pequenos questionamentos provocativos), vamos inserir grande parcela dessas reflexões na parte prática, apresentada nos próximos capítulos.

Introdução a Luo Jin Pan
Bússola "Cosmogeomântica" Chinesa

Nos tempos imemoriais, os chineses encontravam as direções cardiais observando o movimento do Sol durante o dia e da Lua e estrelas durante a noite (principalmente da direção da Estrela Polar no momento de sua passagem meridional).

As noções primitivas encontradas no Huai Na Zi e Zhou Bi descrevem como sendo um quadrado a relação entre o nascer e o pôr do sol. Dessa maneira, considerava-se o Céu como um círculo (abóboda celeste) e a Terra na forma quadrada (conceito de terra plana / ordem e limite); esse casamento de formas pode ser vista nos sítios (resquícios) da cultura Hong Shan (~3500 a.C.), no jogo ancestral denominado Liu Bo (uma das possíveis raízes do xadrez) e no Templo do Céu em Beijing.

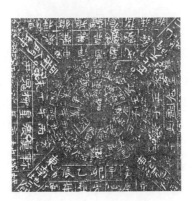

Há pelo menos 7.000 anos, os chineses desenvolveram domínios maiores para separar o céu – daí a tradição dos Animais Sagrados (Pássaro Vermelho, Dragão Verde, Tigre Branco e Tartaruga Negra). A partir desse rústico estudo foi possível estabelecer as bases dos 4 pontos cardeais e das 4 diagonais, que na posteridade relacionaram-se com os 8 Trigramas de Fu Xi.

Embora a agulha magnética seja conhecida na China por mais de 3.000 anos, foi no período dos Estados Litigantes (475-221 a.C.) que um astrolábio para cunho divinatório chamado Liuren foi inventado. Durante a dinastia Han (206 a.C. - 220 d.C.), surgiu um desenvolvimento da anterior (Shi) denominado Si Nan ou Shi Pan. Na sua base, uma colher imantada representava a Bei Dou (Ursa Maior) e variadas inscrições, com destaque aos anéis simbolizando as harmonias universais Di Pan – A Terra, e Tian Pan – o Céu. Os padrões observados nessa bússola ancestral formaram as raízes das Luo Pan hoje utilizadas.

Durante o período Song (960-1279), de acordo com o livro Ming Xi Bi Tan (Registro das Conversas de Ming Xi, ou A Primavera Sonhada), escrito pelo cientista Shen Kuo, existiam 4 principais diferentes tipos de agulhas magnéticas, dentre elas a "molhada e a seca".

No final dessa dinastia (a partir de 1127), o desenvolvimento da pesquisa marítima e o aumento da precisão das agulhas abriram margem à formação da bússola San-He. Mas foi durante a dinastia Ming e Qing (1368-1911) que os anéis da Luo Pan se tornaram detalhados e muito mais complexos. Clássicos como Qin Ding Luo Jing Jie Ding foram escritos, e serviram de pilares para entendermos a profundidade e sabedoria contida nas bússolas de Feng Shui, tanto modernas quanto ancestrais.

Estudar os anéis de uma bússola chinesa é um meio extraordinário para ir fundo nos significados astrológicos, matemáticos e mitológicos do universo chinês, e desmistificar, por completo, os conceitos superficiais que Vento (Feng) e Água (Shui), Céu (Kan) e Terra (Yu) adquiriram na atualidade. Assim, a Luo Pan, mesmo não sendo obrigatória numa consultoria, em muito auxilia o estudioso, principalmente nas técnicas mais avançadas da tradição San-He (3 Harmonias) e San-Yuan (3 Ciclos).

Os Principais Anéis de uma Luo Pan (existem variações)

- Posicionamento Central: agulha magnetizada, e uma linha-guia central desenhada na base;
- Primeiro Anel: posicionamento dos trigramas do Céu Anterior (antes da manifestação – representa os arquétipos de equilíbrio potencial das energias celestes);
- Segundo Anel: posicionamento dos Números do Quadrado Mágico (representa a dinâmica das energias terrestres);
- Terceiro Anel: posicionamento das 24 Montanhas – casamento entre os 8 Trigramas do Céu Posterior com os 5 Ciclos do Qi nas polaridades Yin e Yang e dos 12 Animais (Ramos Terrestres);
- Quarto Anel: posicionamento dos 12 Animais Terrestres (Rato, Búfalo, Tigre, Coelho, Dragão, Serpente, Cavalo, Cabra, Galo, Macaco, Cachorro e Javali – representando a dinâmica das fases da energia terrestre);

- Anéis Avançados: posicionamento dos 384 Yaos (identificam os graus precisos das direções benéficas ou maléficas para túmulos / Yin Zhai, e para construções – Yang Zhai), das 28 Mansões Lunares, dos 60 e 120 Dragões, dos 60 Binômios (posicionamento das Imagens Melódicas dos Binômios/Tronco Celestial + Ramo Terrestre), entre outros.

Diferenciando as bússolas

Bússola para mapas (recomendam-se as marcas Silva ou Suunto).

- Simples: são as mais conhecidas; possuem, além da agulha magnetizada, o anel referente aos graus. Para o uso no Feng Shui, principalmente nos métodos básicos do Ba Zhai e do Xuan Kong Fei Xing, recomenda-se a bússola para mapas (com base transparente);

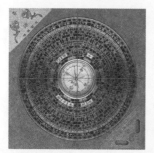
San He Luo Pan (3 Harmonias).

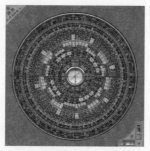
San Yuan Luo Pan (3 Ciclos).

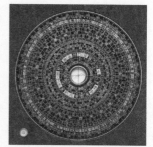
Zhong He Luo Pan (técnicas combinadas San He e San Yuan).

- San-He Pan: utilizada pela tradição das 3 Harmonias. Nessa bússola, observa-se 3 anéis de 24 Montanhas: a Di Pan (prato da Terra – equivalente ao Norte Magnético – mede a construção), a Ren Pan (prato do Homem – 7,5 graus à esquerda do Norte Magnético – mede o entorno) e Tian Pan (prato do Céu – 7,5 graus à direita do Norte Magnético – mede o movimento do Qi em direção à construção). Muitos estudiosos concluem que essa diferença de graus baseia-se no conceito de declinação magnética;

- San-Yuan Pan: utilizada pela tradição dos 3 Ciclos. Possui somente um anel de 24 Montanhas (Di Pan – prato da Terra). Escola baseada nos estudo das construções, possui como anéis específicos o posicionamento matemático dos hexagramas na escola Xuan Kong Da Gua Da Gua, e das 24 Quinzenas Solares (muito usada para se determinar as datas propícias para aberturas ou consagrações de acordo com a direção do imóvel);
- Zhong He Pan: associação das tradições San-He e San-Yuan numa única bússola. Possui tanto os 3 Anéis de 24 Montanhas e as 28 Mansões Lunares, como também a escola Da Gua;
- Luo Pan ocidentais: com um misto das duas maiores tradições, geralmente evidenciam os 8 Portentos da Escola Ba Zhai, o que não ocorre tanto nas similares orientais. Pode ser encontrada também em versões adaptadas para o Hemisfério Sul.

Uma das maiores fabricantes de Luo Pans de Hong Kong, a Thomson House.

Da esquerda para direita: os arquitetos pesquisadores Gyda Anders, Mestre Howard Choy, o proprietário da Thomson House, Sr. Ricky Tan e esposa, a arquiteta-consultora Renatha Dumond e Marcos Murakami, durante pesquisa na China (2007).

II

A Técnica em Feng Shui

Introdução e Proposta de Estudo

Compreender a função de cada método no Feng Shui tradicional não é tarefa fácil. É exigida, mesmo dos consultores experientes, uma capacidade de análise em múltiplos níveis, de um aprendizado e uso interativo das mais variadas técnicas atualmente disponíveis. Assim, harmonizar um local requer do estudioso um entendimento funcional (físico e metafísico) de cada ferramenta, uma exata noção da estrutura global das relações entre homem-casa.

Além disso, conforme abordado anteriormente, esperar que Feng Shui proporcione um incremento da prosperidade ou dos relacionamentos afetivos com total isenção dos fatores conscienciais (o comumente "curar" a dor de cabeça com uma aspirina apenas, em vez de se atentar também à causa) é uma visão errônea, limitada e ineficaz em longo prazo. Lembre-se: os métodos contidos no livro devem ser considerados como o início de um caminho (e não uma solução de felicidade pragmática), uma proposta que requer paciência, virtude pessoal, e obviamente, capacidade de olhar a si mesmo, dentro de um sistema holístico integrado com o mundo e as demais energias atuantes, sobretudo as sutis.

Para facilitar o entendimento geral, cada análise descrita nos capítulos subsequentes partirá de um exemplo comum (no caso, uma casa fictícia). Esse modelo servirá para ilustrar passo a passo, proporcionando uma continuidade, desde os aspectos gerais até as análises mais complexas. Não se preocupe em saber o significado dos dados abaixo nesse momento; todos eles serão explicados (e muitos outros serão acrescentados) no decorrer dos capítulos.

Exemplo de imóvel utilizado no livro

Medidas	
Ano da Construção	Abril de 2004
Face Energética	330º (Nw3)

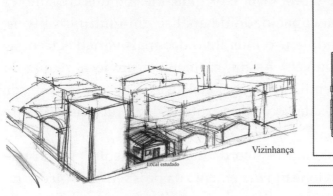
Croquis da região.

Implantação no lote.

Planta baixa

Vista Frontal (Face Energética)

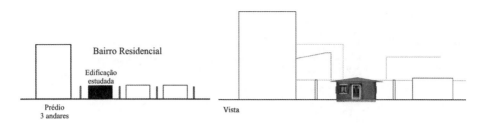

Entorno Imediato (vizinhos laterais).

Luan Tou Feng Shui

Relações Formais

Estudar os conceitos de Forma no Feng Shui pode se tornar tão complexo como entender os métodos de bússola. Muitos estudiosos consideram que do próprio estudo formal originaram-se as primeiras bases do Kan Yu, há mais de 4.000 anos.

Atualmente, as análises básicas podem ser chamadas de Luan Tou (Métodos Formais Simples) e mesmo sendo utilizadas pela maioria das escolas, tanto clássicas quanto modernas, podem ser consideradas fragmentos dos complexos conceitos de Xing Shi Pai da tradição San-He (Análise Complexa e Dinâmica do Qi pelas Formas da Natureza). Essa última engloba um estudo morfogeológico pormenorizado das montanhas, vales, lagos, fluxo de rios, etc., e as influências na construção. São supostamente baseadas em análises:

- Cognitivas: percepção das Veias do Dragão (curso da energia no interior das formações geográficas) e Pérolas do Dragão (pontos mais auspiciosos de uma região). Posicionamento, direção e distância dos marcos energético-geográficos em relação à construção (os conceitos de Dragão Estático e Dragão Chegando);

Complexo – Tumbas da Dinastia Ming.

- Estruturais / Geobiológicos: pesquisa e análise das qualidades do solo, tipos de elementos geológicos, etc.;
- Cosmológico / Formais: relações entre as cadeias de montanhas, o entorno próximo (geralmente denominado como 5 Animais) e as tendências energéticas da região, com as mudanças dinâmicas de acordo com o tempo (utilização de estudos como o Xuan Kong Da Gua, 28 Xius, etc.).

Compreender Forma é também conseguir adaptar as análises ancestrais ao mundo contemporâneo das cidades. Nesse contexto, alguns conceitos, como Ming Tang, Shui Kou e Luan Tou são reinterpretados e aplicados com razoável eficácia na urbe. Já o Xing Shi Pai apresenta uma transposição ao meio urbano praticamente impossível, já que não se trataria de reinterpretar os desenhos contidos nos clássicos e derivá-los a simulacros estéticos de prédios, casas e ruas, mas sim entender como um rio ou montanha é a expressão "final" de algo inato e imanente da energia da natureza, relação indissociável, não definida pelo viés configurativo apenas, e que necessitaria de uma sensibilidade energética apurada, muito além da capacidade intelectiva dedutiva.

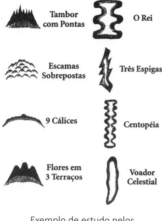

Exemplo de estudo pelos
8 Padrões Puros.

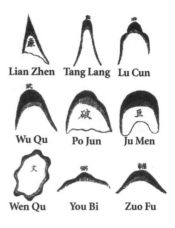

Exemplo de averiguação pelas Estrelas
da Bei Dou (versão do pesquisador
Derek Walters).

Wu Xing e Topografia Urbana

A topografia urbana pode ser analisada de muitas maneiras. De acordo com o Luan Tou, é possível fazer um estudo considerando os aspectos representativos simbólicos (formais, materiais e cromáticos) do Wu Xing. No sentido prático, isso permite estabelecer certas relações de favorabilidade entre o imóvel e o entorno, sendo muito utilizado para definir algumas indicações básicas sobre cores, formato da edificação e características de fachada para o imóvel.

Salienta-se que essa análise se fundamenta em referenciais tanto cognitivos quanto reforçados pela egrégora baseada no reforço dos padrões de memória (akash). Esse segundo aspecto, por estar em modificação, não estimulará a força de atuação por si só, sendo necessário internalizá-la e senti-la como possibilidade, não como uma regra a ser seguida cegamente ou dogma que define o que está péssimo ou excelente pelo Feng Shui. Essa perspectiva menos doutrinária e mais maleável dos métodos pode abrir margem para, ao menos, se refletir sobre os novos caminhos e utilizações dos métodos ancestrais.

Os Estímulos Primários e os Aspectos Externos

Estudo simplificado das formas pelo método Luan Tou (utilizando o parâmetro do Wu Xing).

Para analisar o elemento predominante na edificação e no entorno é necessário estabelecer prioridades referenciais, segundo os 5 Elementos:

- 1º: Formas;
- 2º: Cores predominantes;
- 3º: Materiais de composição em destaque.

Os tipos de construção de acordo com o Wu Xing podem ser identificados com as informações a seguir:

	Madeira
	Estímulo: dinamismo, movimento, rapidez. **Forma:** alta e vertical, como montanhas com picos altos e retangulares, árvores altas, prédios com muitos andares. **Cores:** todos os tons de verdes. **Materiais:** plantas vivas, madeira (qualquer material de origem vegetal). **Atividades:** relacionadas com criatividade (artesanato, design, pintura) ou saúde (nutrição, hospital, clínicas terapêuticas).
	Fogo
	Estímulo: imagem, sentido transcendental, vigor, presença, intensidade. **Formas:** piramidais, triangulares, pontiagudas, como montanhas em que os picos lembram as chamas, telhados muito inclinados com pontas, arquitetura gótica, etc. **Cores:** todos os tons de vermelhos, inclusive as cores quentes derivadas. **Materiais:** sintéticos (plástico, borracha) ou de origem animal (pele, couro). **Atividades:** relacionadas com imagem ou tendências sazonais (moda, estética), que envolvam calor (fábricas em geral, padarias), abate e venda de animais (açougue, matadouro), desempenho físico (academia de musculação, esportes), estímulo de insights e mudança interna (templos de meditação, espiritualidade ou expressão religiosa).

A Técnica em Feng Shui | 151

Terra
Estímulo: segurança, base, tradição, continuidade, manutenção. **Formas:** quadrado, plano, retangular (horizontal), como montanhas com platôs destacados, horizontes definidos e áridos, edifícios amplos e horizontais, casas quadradas ou geminadas. **Cores:** todos os tons de terra (incluindo o amarelo, mostarda, marrom, ocre). **Materiais:** barro, tijolo, cimento, pedras, cerâmica. **Atividades:** relacionadas com segurança e solidez, como locais que envolvam armazenamento, ou mesmo que se relacionem com construção em si.

Metal
Estímulo: organização, foco, critério, estratégia, exatidão, controle. **Formas:** circulares, arredondadas, arqueadas, como montanhas com picos abaulados, colinas suaves, construções com cúpulas, abóbadas ou arcos destacados. **Cores:** todos os tons metálicos (dourado, prateado, inox) e ainda o cinza e o branco. **Materiais:** que envolvam metal, como ligas metálicas. **Atividades:** relacionadas a valores (bancos, instituições financeiras), a processos de produção que envolvam metais ou precisão (lapidação de joias, ouro) e metodologia de ponta (pesquisas científicas, tecnologia).

Água
Estímulo: comunicação, profundidade, sensibilidade. **Formas:** formatos ondulados ou irregulares, como uma cadeia de montanhas com formatos inusitados e sem um pico em destaque, construções com formatos inusitados (ópera de Sidney, de Jorn Utzon, o museu Guggenheim em Bilbao, de Frank Gehry, etc.). **Cores:** preto e todos os tons de azul (sobretudo os mais escuros). **Materiais:** além da água em si, materiais como vidro, cristal. **Atividades:** relacionadas à comunicação, veiculação de ideias (música, literatura, rádio, TV), empresas que trabalhem basicamente com líquidos (água, sucos, refrigerante) ou rotas (transportadoras, delivery, ônibus). Locais que envolvam aspectos espirituais de cunho mediúnico, como centros espíritas, umbanda, etc.

Exemplos de construções compostas (quando pelo menos 2 elementos se destacam):

Criativo e Inusitado
(Edifício Madeira e Água).

Inspiração controlada pela tradição
(Colunas Madeira com arquitetura Terra).

Vigor, fé e manutenção
(Campanário Madeira e Fogo, e a nave / corpo Terra).

Analítico e fundamentado (Museu Metal e Terra) | Curioso, impactante, instável (Hotel Metal "invertido" e estrutura Madeira).

Relações entre Construção e Vizinhança

Inicialmente, existem duas maneiras de se utilizar o sistema Wu Xing para formas externas:

- Escala global ou ampliada (bairro);
- Força do lugar (possível ponto de concentração que se destaca energeticamente);
- Escala pontual ou específica (vizinhos que cercam a construção).

ESCALA GLOBAL

Primeiramente é necessário analisar que tipo de padrão energético o bairro apresenta enquanto 5 Elementos (mesmo que se tenham variações formais, por exemplo prédios e casas). Essa averiguação mostra que influência a região oferece para a construção estudada, trazendo estímulos e desafios às necessidades específicas dos moradores ou usuários. Assim:

Padrão do bairro	Exemplos (região)	Estimula	Não destaca
Madeira	Natureza / mata densa. Muitos prédios altos.	Movimento, criatividade, estímulo, dinamismo.	Segurança, estabilidade, manutenção, tranquilidade.
Fogo	Montanhas pontiagudas. Construções muito triangulares ou piramidais.	Imagem, intensidade, libido, força religiosa ou espiritual.	Reflexão, organização, autocrítica.
Terra	Casas tradicionais de poucos andares.	Tradição, estabilidade, segurança.	Profundidade, movimento, ousadia, transformação.

Padrão do bairro	Exemplos (região)	Estimula	Não destaca
Metal	Montanhas arredondadas. Construções com abóbodas em cúpula.	Reflexão, ordenação, fundamentação.	Liberdade, criatividade, ousadia, suavidade.
Água	Lagos, mar, rios. Construções com formatos irregulares ou ondulados.	Fluidez, amplitude, sensibilidade, inspirações, comunicação.	Solidez, foco, critério, controle.

Quando existe mais de uma energia em evidência, é necessário analisar caso a caso. Ex: bairro prioritariamente de prédios (padrão Madeira) à beira do mar (padrão Água). A edificação inserida nessa região teria estimulada as características de ambos os elementos, como também os aspectos não destacáveis. Caso os moradores no local priorizem tais referências, essa condição poderá ser favorável, dependendo assim, da construção em si e das pessoas, o incremento dos fatores não estimulados primordialmente pela energia das formas.

FORÇA DO LUGAR

Depois de se definir o padrão do bairro estudado, o segundo passo é averiguar se existe um marco nas proximidades, alguma construção que mesmo sendo um elemento formal isolado, acaba tendo uma forte influência na região, seja pelo hábito da comunidade (uma igreja, um templo, etc.), ou amplitude de escala (um museu, um estádio, um grande parque, etc.), o que pode ampliar ou modificar as características energéticas da vizinhança.

Pela ótica do Wu Xing, um exemplo de intervenção que modificou uma região inteira se deu em Bilbao, na Espanha. Uma região com padrão geral Terra e parcialmente Água (construções horizontais, atravessada por um fluxo marítimo), que no início dos anos 90 estava decadente, com fechamento de indústrias e problemas estruturais da cidade como um todo, incluindo estaleiros abandonados, etc. A proposta de revigoramento, além da despoluição dos rios, incluiu uma obra ousada: a construção de um complexo de arte no lugar de estaleiros abandonados, projetado por um dos mais famosos arquitetos deconstrutivistas da época, o canadense-americano Frank Gehry.

O assim chamado Museu Guggenheim (formato Água, material Metal), modificou completamente as energias da região. Em relação ao Luan Tou Feng Shui, a instauração de um ponto de força com esses elementos energéticos estimulou a organização (melhora das vias de acesso ao local e a infraestrutura regional), valorização e estratégia (traduzida como a melhora do turismo, comércio e serviços) – características do Xing Metal da construção – e, principalmente, o alcance global e a amplitude de ideias (tornando-se um ícone arquitetônico, artístico e cultural, agregando o nome Bilbao a esse marco) – fatores possivelmente associados ao Xing Água, proveniente das formas exuberantes e destacadas da obra.

Região de Bilbao (Espanha) antes e depois da intervenção.   O Museu Guggenheim de Bilbao.

Mesmo que não ocorra um impacto tão grande como no exemplo acima, caso houver, os pontos de força já estabelecidos devem ser checados com atenção.

Relações da vizinhança com a construção

Após constatar a energia do bairro e de possíveis pontos de força, compara-se a forma da construção com o padrão da área, estabelecendo um estudo pelo ciclo Wu Xing, que pode ser caracterizado (tendo como referência a edificação) como:

- Estimulado: quando a região gera o elemento da construção;
- Reforçado: quando a construção e a região possuem o mesmo elemento;
- Agressivo: quando a construção controla o elemento da região;
- Desafiador: quando a construção gera o elemento da região;
- Perigoso: quando o elemento da região controla o da construção.

Naturalmente, os potenciais favoráveis (Estimulado e Estável) ampliam as características inatas do elemento da edificação que deveriam ser alinhadas com as necessidades dos moradores ou usuários. Como exemplo, um apartamento numa região de muitos prédios estimulará o padrão Madeira (movimento, dinamismo, etc.) como potencial final; caso as pessoas estejam buscando excesso de estabilidade, passividade e segurança (qualidades Terra), provavelmente o feito será desafiador, mesmo que a relação externa até o local esteja otimizada.

Vide tabela de relações:

Bairro – Vide características gerais na tabela anterior					
Construção	Madeira	Fogo	Terra	Metal	Água
Madeira	Estável Bom para movimento, criatividade, saúde.	Desafiador Pode ser usado para locais relacionados com doação de vitalidade, como hospitais públicos.	Agressivo Bom para início de vida (solteiros ou recém-casados), rápida permanência.	Perigoso Ruim do geral, pode gerar agressividade, perda de vitalidade, limitação.	Estimulado Ótimo para criação, dinamismo, velocidade, estímulo artístico, sensibilidade e cura.
Fogo	**Estimulado** Ótimo para restaurantes, bares, danceterias. Bom também para escolas, locais de pesquisa, de arte ou centros de meditação.	**Estável** Bom para locais de estímulo rápido, efêmero ou com foco sazonal (local de férias, estética, moda). Traz vigor, mas com pouca permanência.	**Desafiador** Desgastante, mas pode ser adequado se estiver relacionado à fé ou serviço assistencial (restaurantes comunitários, igrejas, base escolar gratuita).	**Agressivo** Desgastante, mas pode ser utilizado caso o local seja baseado em concorrência, conflitos e especulações.	**Perigoso** Ruim e muito instável física, emocional e energeticamente. Pode representar influências espirituais indesejadas.

156 | Feng Shui Clássico nos Novos Tempos

Construção	Madeira	Fogo	Terra	Metal	Água
Terra	**Perigoso** Muito instável. Aumento das tensões, medos e inseguranças.	**Estimulado** Muito bom, sobretudo para aumento da estabilidade, sensação de bem estar, alegria e fé.	**Estável** Adequado para estabilidade, manutenção e que estimulem a segurança e permanência. Pode gerar estagnação.	**Desafiador** Perda, cansaço. Mas adequado para locais que respondam à segurança da região (posto policial, delegacias).	**Agressivo** Possível controle da situação pelo embate ou dogma, mas constantes brigas, argumentações ou manipulações.
Metal	**Agressivo** Controle das situações pela força ou imposição, mas pouco durável, sobretudo se houver manipulação financeira e agressividade.	**Perigoso** Ruim no geral. Acusações, problemas de imagens, perdas financeiras, perda de foco e referencial interno.	**Estimulado** Muito bom, principalmente para crescimento seguro financeiro, organização e critério.	**Estável** Bom para finanças e estratégia, mas pode gerar excesso de controle, *stress* e preocupações.	**Desafiador** Desgastante e sem muito retorno financeiro, mas pode ser adequado para escolas de línguas ou comunicação, centros filosóficos ou estudos conscienciais.
Água	**Desafiador** Desgastante, mas possível em caso de centros de cura energética, inspiração e benevolência.	**Agressivo** Cansativo e flutuante, mas adequado em locais que lidem com comunicação rápida, como produção de propaganda ou comércio virtual.	**Perigoso** Pode gerar repressão, censura limitações em geral, estagnação emocional.	**Estimulado** Muito bom, principalmente para valorização das ideias e pesquisas.	**Estável** Bom para comunicação, profundidade, estudo (centros de formação acadêmica, artística ou musical).

Obs.: É possível que muitas vezes o fluxo Wu Xing entre vizinhança e construção não esteja adequado. Entretanto, se existir um ponto de força na região é possível que a energia se torne adequada para o local, caso o marco em destaque esteja próximo e estimule uma relação de forma favorável à edificação. O oposto também pode ocorrer (região favorecendo a casa, mas a *força do lugar* drenando a energia da mesma).

Escala Pontual

Refere-se principalmente aos vizinhos nas proximidades da construção, sobretudo os posicionados nas laterais do lote estudado. Esse estudo pode auxiliar na recomendação das cores externas da casa, bem como nas intervenções pontuais realizadas nos arredores do terreno ou no próprio imóvel (quando possível), para minimizar algumas "incongruências de forma", talvez emanadas pelo entorno imediato.

Uma questão importante a ser esclarecida, é que uma análise se refere à condição global de forma energética do bairro (ou ponto de força) em relação à construção; a outra, mais focada, se fundamenta no Wu Xing do parâmetro específico pontual (as edificações imediatas), que podem exercer outras influências mais diretas. Um exemplo seria um apartamento localizado numa região com muitos prédios (assim, padrão Madeira-Madeira, o que seria adequado), mas um dos edifícios vizinhos está posicionado de forma angulada que, do ponto de vista do local analisado, emana um Sha Qi (energia cortante, agressiva) de Fogo (pela quina) ao ambiente estudado, o que pode modificar bastante as análises de Feng Shui.

Exemplo de Análise

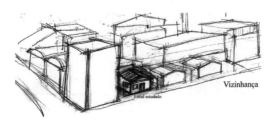

Relação Imóvel – Bairro

A partir do imóvel, tem-se a seguinte análise básica:

Percebe-se que o bairro em questão tem uma forma prioritariamente Terra. Isso denota uma energia estável, que incrementa nos moradores uma sensação de segurança e estabilidade. Essa configuração, entretanto, pode não gerar o crescimento esperado, caso o foco seja a rapidez e dinamismo; o êxito é possível, mas com pouco espaço à expansão pessoal. Os prédios nos arredores encontram-se muito longe para influenciar a edificação nessa análise de 5 Elementos.

Relação Imóvel – Vizinhos Imediatos

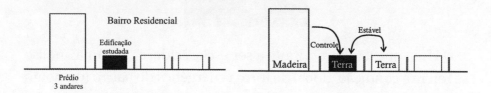

Verifica-se que tanto a construção estudada quanto os vizinhos à direita têm forma Terra (condição estável). Já o vizinho à esquerda possui formato Madeira. Pela teoria de forma do Wu Xing essa estrutura não é favorável, podendo gerar nos moradores uma sensação opressiva (Madeira controlando Terra).

Soluções Possíveis

- 1ª Opção: inserir cores e (ou) formas Fogo

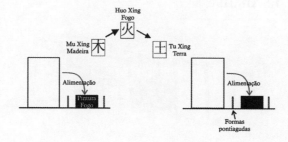

Pintura externa da casa em tons avermelhados ou quentes. Outra possibilidade é colocar uma grade pontiaguda (do tipo com lanças, por exemplo) entre as construções, no muro.

A qualidade Fogo transforma a ameaça Madeira num reforço à forma Terra da casa (vide figura acima).

- 2ª Opção: inserir cores e (ou) formas Metal.

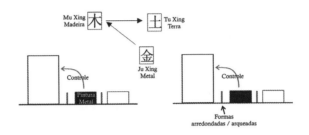

Pintura externa da casa em branco ou tons de cinza. Outra possibilidade é que o muro entre as construções tenham o topo com formas arredondadas ou em arco.

Mesmo não sendo ideal (pois existirá certa perda energética da casa Terra gerando a solução Metal), a qualidade Metal passa a controlar um pouco a construção Madeira, invertendo, assim, a condição inicial (vide figura acima).

Formas de Terreno

Quando o estudo é a partir do ponto de vista da construção em si, é momento para se averiguar as formas do terreno. Naturalmente, um estudo pormenorizado é sempre indicado, já que com o crescimento descontrolado do meio urbano e com o "boom" imobiliário, por vezes não é possível seguir muitas das indicações de escala energética entre um lote e a edificação, pois o foco acaba ficando no aproveitamento máximo das áreas em questão, e geralmente de maneira em que se limita, e muito, o fluxo energético entre os espaços, não havendo mais muita possibilidade de se estimular o Ju Qi (Energia Dinâmica Estável), ponto de partida de um Feng Shui adequado.

A análise abaixo se refere a um estudo formal básico de lote (mais San-He), não se levando em conta alguns aspectos complexos, como relações de declive, questões geobiológicas, relações específicas com o entorno, tendências de Face Energética de um lado diferente da rua (a ser discutida posteriormente), etc.

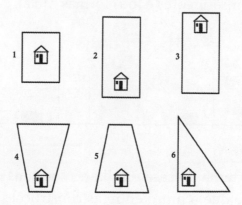

Algumas análises:

- **Lote 1:** a forma quadrada indica estabilidade e equilíbrio. Nesse caso, se a construção puder ficar localizada no centro do lote, isso será favorável, pois o Qi será capaz de fluir livremente, sem qualquer obstrução, por todos os lados do imóvel;

- **Lote 2:** a casa está posicionada na parte dianteira do lote. O Qi entra e se acumula na parte dos fundos, denotando que a chegada energética pode ser captada rapidamente e na área oposta (fundos) existe uma capacidade de se guardar e dinamizar alguns potenciais de mudança e manutenção;

- **Lote 3:** a situação é oposta (dificuldade de reter dinheiro), principalmente se não houver possibilidade de se inserir paisagismo;

- **Lote 4:** o trapézio com a casa posicionada na parte mais estreita (simbolicamente associado à boca de uma garrafa obstruída), mostra que o Qi pode ter dificuldade para entrar e se acumular no fundo. Por conseguinte, a configuração não é favorável (sobretudo se tiver muita sombra e umidade excessiva na parte de trás);

A Técnica em Feng Shui | 161

- **Lote 5:** fácil para o Qi entrar no lote, mas difícil permanecer (a imagem está relacionada com um funil). O Sheng Qi é incapaz de se acumular e se estabelecer, caso não seja possível criar um Ju Qi com água ou paisagismo;
- **Lote 6:** é tido como uma das formas mais desfavoráveis. São desorientadores, com poucas áreas para estabilizar adequadamente o Qi.

Exemplo estudado:

Percebe-se que no exemplo ao lado, o lote é um misto das condições 1 e 2, denotando que o Qi tanto consegue fluir livremente, quanto ser potencialmente acumulado de maneira adequada no fundo. Os estudos de bússola poderão indicar os melhores usos e aspectos pormenorizados.

Definindo a Face Energética de uma Construção

UM UNIVERSO MUITO COMPLEXO, COM INFINITAS INTERPRETAÇÕES

Por convenção, a Face de um local (seja ele uma casa ou mesmo um apartamento) é o lado mais energeticamente estimulado pelo potencial de entrada do Qi externo. Provavelmente essa frase denote uma grande obviedade, já que muitos poderão afirmar que isso significa dizer que tal condição se refere à frente de uma construção, certo? Talvez não.

Num universo tão pluralista como o Feng Shui Tradicional, com várias possibilidades de leitura e com tantas escolas, em muitos aspectos até mesmo fundamentais não se obtém um consenso entre os estudiosos e consultores. Isso se deve muito aos tipos de interpretações existentes dos clássicos ancestrais, que podem ser resumidos em duas abordagens:

- Escola / Linha de "Taiwan": são mestres e pesquisadores que em geral se fixam no fundamento dos clássicos, traduzindo e entendendo os textos, transpondo-os quase que

162 | Feng Shui Clássico nos Novos Tempos

integralmente aos tempos modernos. Muito voltada à continuidade da tradição;

- Escola / Linha de "Hong Kong": voltada à adaptação dos tratados à contemporaneidade, por vezes revisando e modificando a aplicação dos ensinamentos antigos de acordo com a complexidade atual, abrindo novas possibilidades de interpretação e renovação das técnicas.

Assim, o tema Face Energética não foge às abordagens acima. Nos clássicos, é comum encontrar a associação desse lado principal da construção com o conceito de Qi Kou (Boca do Qi – onde se encontram o portão ou porta principal de acesso à edificação). Seguindo ao pé da letra, os seguidores da visão taiwanesa procuram assim a porta externa mais utilizada na edificação como direção primária de entrada do fluxo energético no ambiente.

Por outro lado, os que se simpatizam com a perspectiva de Hong Kong provavelmente entendem que no tipo de construção chinesa antiga descrita nos clássicos, as aberturas primordiais de energia (portões, pátios internos, portas e janelas) estavam voltadas quase sempre para o mesmo lado, o que definia sem problemas a tal Face Energética. Entretanto, como isso não é regra nas expressões arquitetônicas atuais (já que a porta principal pode estar até escondida numa das laterais, enquanto que a maioria das janelas e varandas poderá estar voltada para o fundo do terreno ou mesmo para um lado com uma vista excelente), essa linha de pesquisa procura não se restringir apenas ao conceito de Boca do Qi para a definição da Face, levando-se em conta também outros fatores Yang.

Nesse sentido, o autor se alinha mais com a segunda perspectiva, procurando oferecer no livro alguns parâmetros menos estáticos que, se por um lado poderão aumentar a complexidade do estudo, por outro talvez, possam estimular outras dinâmicas de interpretação e questionamento além de uma doutrina pré-determinada.

Os estudiosos reconhecem que identificar o lado mais energético de uma construção é o ponto crucial dentro de uma análise. Alguns mestres utilizam até alguns métodos intuitivos ou sinestésicos para reconhecer exatamente esse lado mais energizado, mas no geral, existem algumas regras básicas que podem auxiliar a princípio. Note que para identificar a Face Energética, os tópicos baixo devem ser vistos de uma maneira conjunta e complementar, resultado das análises de movimento (Cheng Qi e Ju Qi) e também de qualidade (Sheng Qi, Sha Qi e Si Qi). Fatores a averiguar:

- Topografia;

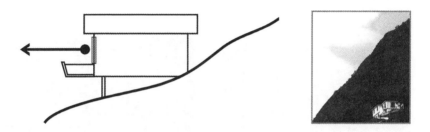

- Insolação *(iluminação e calor)*;

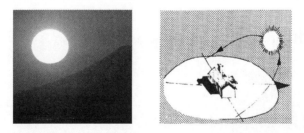

- Fluxo de vento;

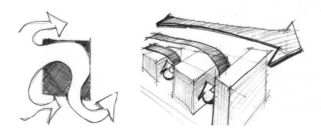

- Área total de aberturas *(janelas, portas, varandas, etc.)* num lado da construção;

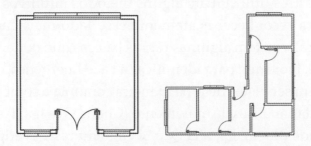

- Ju Qi e Ming Tang;

- Intensidade no fluxo de pessoas e acessos;

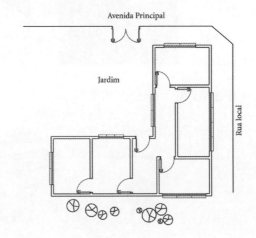

- Uso dinâmico dos cômodos da casa *(partes com mais movimento)*.

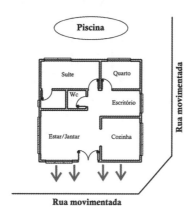

Cabe aqui uma observação importante: a Face sempre leva em consideração a chamada "parede externa guia" com maior potencial de entrada dinâmica de Qi (levando-se em conta a dinâmica de todos os andares, se houver). Assim, não é possível se obter um padrão energético de um lugar baseando-se apenas numa vista bonita de uma janela a partir de um ponto específico da edificação (um banheiro, quarto ou sala), pois é a "soma" dos aspectos energéticos potenciais de um dos lados da construção que é tomada como base.

Muitos também confundem uma paisagem externa abundante (Ming Tang – uma grande, benéfica e predominante concentração dinâmica de Qi) ou mesmo uma Boca d'Água (Shui Kou – pontos focais de acúmulo energético rápido, mas em menor escala) como definidores de uma Face, sem se ater às aberturas da construção de fato. Sem dúvida, ambos podem ajudar a definir a entrada principal de energia, mas somente se a parede externa tiver suficientes aberturas e as divisões internas dos cômodos forem estruturalmente direcionadas para esses pontos (permitindo assim, um bom fluxo de Qi vindo dessas direções).

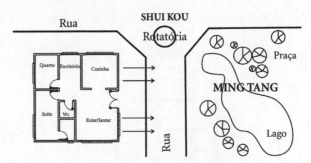

Exemplo de definição da Face Energética pela correlação dos aspectos externos com as dinâmicas de aberturas e fluxos da construção.

Prédio e casa – Complexidades em macro e microcosmo

Num estudo de uma casa é comum se utilizar o conceito de macro e microcosmo, que se refere à "transferência" do padrão geral de comportamento energético da construção (potencial da Face, estímulo, etc.) a uma escala menor, caso queira se estudar um ambiente interno (como por exemplo um quarto). Nesse sentido, usa-se a metáfora da casa como um corpo, e os cômodos fazendo parte do funcionamento global dessa unidade.

E como faríamos em caso de apartamentos num prédio? Seria utilizado o mesmo princípio acima? Novamente, a dialética entre as abordagens de Taiwan e Hong Kong entra em cena. Analisar Feng Shui em apartamentos, se por um lado é comum na atualidade, por outro pode significar um embate de interpretações ancestrais muito vorazes e "anatomicamente" díspares.

Obviamente, na época da produção de muito dos tratados, os exemplos se baseavam em construções basicamente horizontais (casas de poucos andares), não havendo a referência de prédios, o que acarretou numa adaptação das teorias aos edifícios verticais, independentemente da visão.

Nesse sentido, a linha de Taiwan costuma considerar cada unidade existente num prédio como tendo uma dinâmica similar à de um cômodo numa casa, ou seja, a Face Energética do

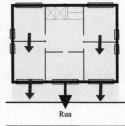

apartamento ou conjunto é o "rebatimento" da direção da entrada de energia do prédio (no caso, geralmente a porta de acesso principal ou hall predial), não havendo relações com a porta específica do imóvel em questão. Sob essa ótica, todas as unidades, em todos os andares, teriam o mesmo padrão de energia, seguindo o padrão macro / microcosmo do edifício.

Por outro lado, a visão mais dinâmica segue outras perspectivas. Uma possibilidade seria analisar as características do prédio como um todo (numa visão condominial); para isso, se encontraria a Face Global da construção (utilizando-se os parâmetros de entrada de Qi em potencial – não considerando apenas a porta principal). Outra análise seria voltada apenas à unidade, sendo que cada uma poderia ter um potencial exclusivo de Face Energética, tendo em vista o lado das aberturas de cada apartamento e as vistas que poderiam ser otimizadas de acordo com o andar estudado. Essa visão (também compartilhada pelo autor) se baseia na premissa de que cada apartamento tem uma dinâmica e vida energética própria, não sendo similar a um cômodo para uma casa.

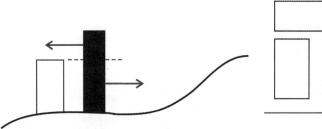
Exemplo de vista lateral de um prédio em que os apartamentos / conjuntos podem ter Faces Energéticas distintas, de acordo com a vista obtida nos andares.

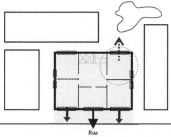
Exemplos de plantas baixas de um prédio compostas por diferentes Faces Energéticas de acordo com o apartamento.

Assentamento de uma Construção

Se a Face Energética representa o lado mais "Yang" da construção, o potencial de maior entrada e uso dinâmico do Qi, por outro o Assentamento Energético provavelmente seria o inverso, o lado mais "Yin", estável e onde se acumula a maior quantidade de energia do ambiente, certo? Bem, essa seria a aplicação da teoria ancestral, na qual primeiro se escolhia uma montanha atrás da casa para "ancorar" o Qi, instaurando nesses setores a localização dos quartos, para somente depois disso encontrar, no lado oposto, uma boa direção para a abertura de janelas e portas para se definir a Face. Entretanto, o que se encontra hoje é, em geral, muito diferente.

Atualmente, em edificações já prontas, a única garantia é a constatação do lado mais Yang, assim determinando a Face Energética. Por conseguinte, o oposto disso (sempre 180°) é o chamado Assentamento, este último não sendo, necessariamente, o padrão mais Yin do local (apenas o lado contrário à Face – por esse motivo, será evitado o termo Assentamento Energético no livro).

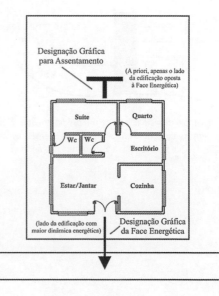

Da Face Energética ao Pássaro Vermelho e do Assentamento à Tartaruga Negra

Introdução ao conceito de Shan

Antes de se iniciar esse tema, recomenda-se esclarecer uma terminologia que será levada em consideração em praticamente todas as análises daqui para frente, o conceito de Shan. Traduzido como Montanha, possui muitos significados no Feng Shui Tradicional; mas abordaremos nesse momento dois deles:

- Montanha Real ou Verdadeira: é a montanha natural de fato (seja um pico, elevação, colina, cordilheira, etc.), sendo vinculada à própria energia vital da natureza. Além de estabilizar o Qi da área, emanam características próprias baseadas no Di Qi (Energia Terrestre).

- Montanha Virtual: são as edificações externas, que influenciam no comportamento energético da construção estudada. Dependendo das características físicas (altura, largura, formato) podem concentrar o Qi, ou modificar a qualidade energética da área (estabelecendo harmonia ou caos) pelo uso, hábito ou comportamento dos usuários e moradores (Ren Qi / Energia Humana). Não podem ser considerados iguais a uma Montanha Real, pois não dispõe da energia inata da terra (Di Qi).

DEFINIÇÕES BÁSICAS

Após as definições da Face Energética e do Assentamento, é interessante averiguar os conceitos de Pássaro Vermelho (não confundir com Fênix) e Tartaruga Negra, como introdução aos famosos 5 Animais Celestiais, que serão tratados com detalhes posteriormente. Assim:

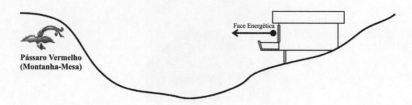

- Pássaro Vermelho: considerando o ponto de vista de dentro de uma casa ou apartamento (olhando para fora), é o Shan Verdadeiro ou Virtual, alinhado na direção externa da Face Energética (onde o olhar "para"). No primeiro caso, também é chamado de Montanha Mesa.

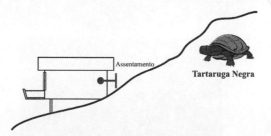

- Tartaruga Negra: seguindo a premissa similar acima, trata-se do Shan Verdadeiro ou Virtual, alinhado na direção externa do Assentamento. Referencialmente, a Tartaruga deveria ser mais alta e "estável" que o imóvel (seja uma casa ou o ponto de vista do apartamento).

Atenção: é comum que, tanto no caso do Pássaro quanto na Tartaruga, possam-se observar várias "camadas em que o olhar para". No exemplo de uma Face Energética, num primeiro foco pode-se constatar uma edificação exatamente à frente, mas posteriormente uma cadeia de montanhas ao longe; nesse sentido, teríamos o que alguns estudiosos chamariam de:

- Pássaro Vermelho Imediato (a construção à frente): a referência primária de estabilidade energética, representa as influências mais diretas e rápidas.

- Pássaro Vermelho Ancestral (as montanhas no horizonte): as atuações indiretas, secundárias. De qualquer maneira, como a cadeia em questão (ainda ao longe) atua como uma Montanha Mesa vigorosa, e as influências, mesmo sendo sutis, acabam tendo um impacto muito relevante.

Obs.: A análise pode e deve ser feita também para a Tartaruga.

Dinamismo na escolha de Face / Assentamento

Em alguns casos, quando se há dúvidas quanto ao posicionamento da Face Energética, a Tartaruga Negra é utilizada como um segundo indicativo para se obter a direção primordial da casa.

Vejamos alguns princípios:
- Definição pelo meio externo (Situações de Assentamento explícitas).

- Definição pelo meio externo ("Tartaruga Instável").

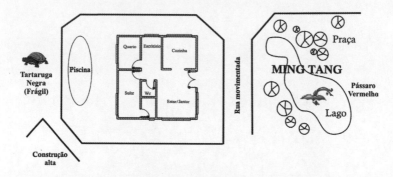

Perceba que o Assentamento, nesse caso, é definido pelo posicionamento da Face Energética (sendo o mesmo, lado contrário – 180° da Face), independentemente da falta de Tartaruga na parte de trás da casa.

- Definição pelo meio interno (Uso dinâmico dos cômodos).

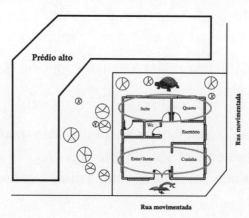

No exemplo, perceba que a Face poderia estar voltada para ambas as ruas, já que a área referente às aberturas é similar dos dois lados. Averígua-se também uma dúvida pelo Assentamento explícito, pois o prédio preenche todos os lados possíveis para o posicionamento da Tartaruga. Por conseguinte, a definição se dá pelo uso dinâmico dos cômodos (o lado mais "Yang", como a sala e cozinha), define a posição da Face Energética.

Os 5 Animais Celestiais

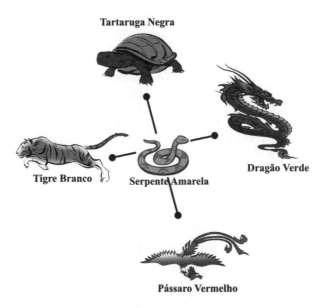

As pesquisas referentes aos 5 Animais Celestiais, para possibilitarem referenciais relevantes para os Novos Tempos, deveriam ser entendidas, tendo-se em vista o seu processo de fundamentação teórica até a aplicação nas análises que, provavelmente, se fundamentam dentro de enfoques arquetípicos (englobando as origens dentro da cultura e metafísica chinesa), astrológicos, astronômicos, e por fim geomorfológicos (aplicações práticas nos estudos formais e suas variações interpretativas de acordo com as tradições San-He Xing Shi Pai e Luan Tou).

174 | Feng Shui Clássico nos Novos Tempos

Primeiramente, é necessário desmistificar que esse universo não é uma temática tão simples, já que os Animais Celestiais não fizeram parte somente do Feng Shui, mas também da construção do mundo metafísico chinês. Na maioria das indicações ancestrais, tais simbolismos se relacionavam com um dos mais sagrados princípios da Cosmologia Chinesa: o fator direcional. Os antigos acreditavam que os homens deviam seguir os códigos celestiais para obter a fartura necessária; assim, posicionar túmulos ou construir cidades na orientação N-S era uma característica comum nas dinâmicas de Qing Niao Shu (vide história do Feng Shui, no capítulo I). A associação de cada animal a uma direção (N-S / E-W) foi incrementada com o Wu Xing e com outros aspectos mitológicos.

Associações Gerais - Animais Celestiais						
Animal	Nome	Constelação Chinesa (Si Xiang)	Rei Mítico	Wu Xing	Direção / Sazonalidade Arquetípica	Características
Pássaro Vermelho	Zhu Que / Feng Huang	Ling Guang	Shen Nong	Fogo	Sul / Verão	Abertura, atividade, expressão.
Tartaruga Negra	Xuan Wu / Gui	Zhi Ming	Juan Xu	Água	Norte / Inverno	Segurança, coesão, diálogo, saúde.
Serpente Amarela	--------	(Bei Dou)	Zhuan Xu / Huang Di	Terra	Centro	Coesão, sentido de vida, base e infraestrutura.
Dragão Verde	Qing Long	Meng Zhang	Fu Xi	Madeira	Leste / Primavera	Nascimento, expansão, criatividade.
Tigre Branco	Bai Hu	Jian Bing	Shao Hao	Metal	Oeste / Outono	Objetividade, organização, ritmo.

Arquétipo, Mito e Organização

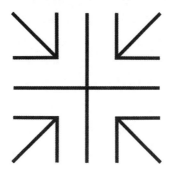

1. Padrão Liu Bo.

No tabuleiro Liu Bo (figura 1), os fatores direcionais já se destacavam. Beijing, a Cidade Proibida foi projetada como sendo um diagrama do universo (figuras 2 e 3). O Imperador entrava pelo Portão Sul / Pássaro Vermelho, ao passo que os funcionários civis e militares entravam pelos Portões Leste (Dragão Verde) e Oeste (Tigre Branco). A fria região do Norte, que ficava às costas do homem, era simbolizada pela figura da Tartaruga Negra. O Palácio Central (Ming Tang) era considerado o Centro do Mundo, o encontro entre o Céu e a Terra, a posição sagrada em que o imperador entrava em contato com as "Forças Celestes"; a referência a Huang Di / Imperador Amarelo para esse ponto (Serpente Amarela) torna-se, por conseguinte, muito condizente (figura 4).

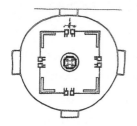 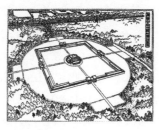 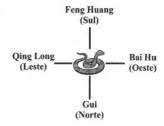

2 e 3. Padrão de Beijing (Cidade Proibida).   4. Onfalo / Umbigo do mundo.

Indícios Ancestrais

Muito se especula sobre a origem dos 5 Animais. Na maioria dos livros encontram-se belos desenhos de Dragões, Tigres, Tartaruga e Fênix, geralmente rodeando uma casa, e com os dizeres: *"Uma das bases fundamentais da Escola da Forma"*. Mas o que realmente significa essa teoria, além de genéricos princípios alegoricamente resumidos como verdades essenciais do Kan Yu?

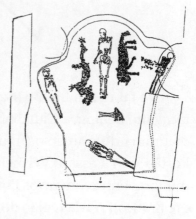

Segundo alguns estudiosos, o conceito de Animais Celestes teve origem provável durante o período neolítico chinês, muito antes das histórias mitológicas referentes aos 3 Reis e os 5 Imperadores. Contextualizando arqueologicamente o fato, podemos considerar a tumba encontrada em Xishuipo (proximidades de Puyan) e datada em pelo menos 7.000 anos de idade (ou seja, mais de 500 anos antes de Yao). Nesse local encontraram conchas de rio espalhadas em forma de Dragão e Tigre e alguns ossos foram empilhados em formato inusitado, indicando, provavelmente, a Bei Dou (Ursa Maior).

Parece que o sentido de Cosmologia Chinesa (e posteriormente o Feng Shui) está intrinsecamente conectado ao posicionamento das estrelas na abóbada celeste e o seu "reflexo", evidenciado pelos pontos cardiais na Terra. Feng Huang, Gui, Long e Hu eram, na verdade, megaconstelações (e não algo ligado somente à forma geográfica); o Animal Central (Serpente Amarela ou Dragão Dourado) simbolizava o pilar onde tudo "girava" (Estrela Polar), e cada um dos 4 Animais continha 7 Constelações, totalizando, assim, as chamadas 28 Xius (Hsius) ou Mansões Lunares (o termo lunar refere-se ao reconhecimento de cada Xiu quando a Lua passa pelo respectivo portento no céu).

Os Animais Celestiais e as 28 Mansões Lunares

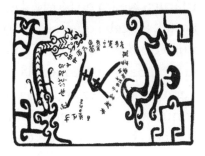

O conceito de 28 Xius (provavelmente uma das mais antigas formas de astrologia que se tem notícia) remonta a base da construção do mundo chinês. Por esse sistema, o céu era separado em 4 Palácios (Sul – Pássaro Vermelho; Norte – Tartaruga Negra; Leste – Dragão Verde; Oeste – Tigre Branco), contendo cada um deles sete constelações de tamanhos diferentes e qualidades variadas. As citações na obra astrológicas *Tian Wen Xing Zhan*, por Gan De e astronômica *Tian Wen*, do autor Shi Shen, ambas de 400 a.C., comprovam que nesse período o uso das Xius estava bem estabelecido (uma figura pintada na tampa de uma caixa encontrada na província Hubei e datada de 430 a.C. revelava as 28 Mansões com o Dragão e o Tigre em cada lado; no centro, caracterizava-se a palavra Dou).

O Céu na Terra – Os 5 Animais no Estudo das Formas

Segundo a lenda, havia um perfeito equilíbrio entre a Cúpula Celeste e a Terra Plana. As 8 Majestosas Montanhas (correspondendo a cada uma das 8 Direções e aos 8 Pilares que sustentavam o Céu) separavam esses dois reinos, que se mantiveram em harmonia até a chamada Guerra dos Mundos entre o Demônio da Água (Gong Gong) e o Deus do Fogo (Zhu Rong). Durante a batalha, o Monte Buzhou (o Pilar Noroeste) desmoronou e o Tian (Céu) caiu sobre Di (Terra), causando um impacto tão imensurável que elevou a parte Sudeste e ruiu com o Noroeste do mundo. Assim, de alguma maneira, as megaconstelações transformaram-se em formas terrestres relacionadas com uma das 4 direções cardiais (Pássaro Vermelho no Sul, Tartaruga Negra no Norte, Tigre Branco no Oeste e Dragão Verde no Leste). Perceba que esse mito também se alinha com a passagem do uso do Xian Tian Ba Gua (Sequência do Céu Anterior) para o Hou Tian Ba Gua (Sequência do Céu Posterior).

Embora o conto acima possa ter alguma relevância no estudo prático, desenvolver qualquer teoria em cima do ocorrido seria mera conjectura. No *Livro dos Enterros*, de Guo Po, enfatizava-se o uso das formas e proporções entre os animais para a escolha de um bom lote (provavelmente para túmulos), mas isso nunca foi explicado minuciosamente. O que se evidencia, entretanto, é a sua importância nas dinâmicas do Luan Tou Feng Shui.

Identificando os Animais na construção

Exemplo de 5 Animais no meio natural / rural.

Exemplo de 5 Animais no meio urbano.

Mesmo tendo uma ligação intrínseca com as direções e o clima, a aplicação dos animais (como fator de proteção à construção) deve ocorrer paralelamente às descrições fixas direcionais e sazonais, já que não se trata apenas de clima propriamente dito, mas de aspectos arquetípicos e cognitivos, que estimulariam aspectos psicoemocionais nos moradores ou usuários.

Já foi averiguada a relação da Face Energética de uma edificação com o Pássaro Vermelho e do Assentamento com a Tartaruga Negra anteriormente. As demais representações se encontram na tabela a seguir, que inclui ainda o fator de proporção e distância com relação ao local estudado e os significados gerais associados às pessoas.

Atribuições formais				
Animal	Localização (lado da casa)	Condição favorável	Variantes	Psiquismo
Pássaro Vermelho	Extensão externa da Face Energética.	O Shan mais baixo que a construção e não tão perto, para haver a possibilidade de se armazenar o Qi.	Proteção mais alta que a construção, mas bem mais longe (se possível na condição de Montanha Real).	Consciência, metas pessoais e objetivos de vida.
Tartaruga Negra	Oposto ao Pássaro Vermelho.	Montanha Real, mais alta que a construção e não muito engastada.	Montanha Virtual mais alta que a edificação.	Inconsciente proteção, segurança.
Serpente Amarela	A construção (o centro energético do ambiente).	Estar localizado na Pérola do Dragão, a melhor área de concentração do Sheng Qi pelos demais Animais.	Evitar locais com anomalias geológicas. Importante ainda que o centro não esteja fora da construção, por um formato inusitado da planta baixa (vide cap. 3).	O Ser, o momento presente, o potencial de imanência. Representa o próprio homem.
Dragão Verde	Lado esquerdo externo (olhando de dentro para fora, tendo como referencial a Face).	Proteção mais alta, que a construção, porém menor que a Tartaruga.	Um pouco mais baixo e alongado, se o Tigre for da altura ou mais alto que a casa.	Criatividade, espiritualidade, maleabilidade.
Tigre Branco	Oposto ao Dragão.	Proteção mais baixa que a construção e alongada.	Um pouco mais alto e robusto, se o Dragão for mais baixo que a casa.	Pensamento, diretriz, ação no mundo, estratégia.

Existem algumas maneiras distintas de interpretar os Animais no estudo de um local. Pode-se separar em 2 grupos o seu uso:

- **Tradição San-Yuan:** dá ênfase ao Pássaro Vermelho e Tartaruga, como extensões qualitativas da Face Energética e Assentamento. O Tigre e o Dragão, se não ignorados, possuem posições dinâmicas, ligados tanto ao Xuan Kong Fei Xing / Estrelas

Voadoras (no conceito de anfitrião e convidado numa combinação) quanto no Xuan Kong Da Gua / Grande Hexagrama (no sentido de "Água Saindo" e "Montanha Estática"), entre outros. Não aborda as perspectivas psicoemocionais desse estudo.

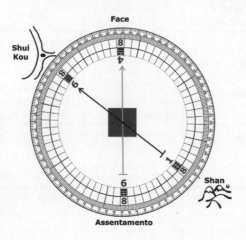

Exemplo de padrão dinâmico pelo Xuan Kong Da Gua (técnica Puro Gua).

- **Tradição San-He:** costuma averiguar com cuidado os Animais ao redor da construção, de acordo com a proporção, distância e os arquétipos existentes. Algumas análises possíveis:

Animal Celestial	Conotações Poéticas	Possíveis interpretações
Pássaro Vermelho	**Bloqueando** Edificação externa mais alta e perto da Face Energética.	Vida difícil, falta de perspectiva, sensação de limitação.
Pássaro Vermelho	**Agressivo** Construção referencial muito baixa ou inexistente, com muito Sha Qi chegando à Face.	Pode trazer muita disputa e concorrência em locais comerciais, sendo ruim para residências (aumento da agressividade, foco exagerado nas finanças).
Tartaruga Negra	**Baixa ou furada** Shan externo inexistente, com menor altura que a construção ou fragmentada, vão entre dois edifícios gerando um Sha Qi.	Medo constante, solidão, tendência à fechamento emocional, depressão, somatizações.
Tartaruga Negra	**Incrustada** Construção externa exageradamente alta e praticamente engastada.	Muita preocupação com relacionamentos ou saúde.

Animal Celestial	Conotações Poéticas	Possíveis interpretações
Serpente Amarela	**Expulsa** Centro energético localizado fora da construção.	Céu e Terra não se fixam. Instabilidades constantes, perdas gerais.
Dragão Verde	**Baixo ou furado** Shan externo inexistente, com menor altura que a construção ou fragmentada.	Vida sem poesia, possíveis instabilidades energético-espirituais.
	Incrustada Construção externa exageradamente alta — altura superior à Tartaruga e praticamente engastada.	Gênio incompreendido, excesso de distrações / alienações, hipersensibilidade.
Tigre Branco	**Inexistente** Falta de uma edificação externa que limite a chegada de um Qi mais agressivo nessa lateral.	Pouca praticidade e ação no cotidiano. Desconexão com os aspectos práticos da vida.
	Muito alto Altura igual ou maior que a construção, se estiver mais alto que o Dragão, pode ser até pior.	Agressividade, *stress*, excesso de pensamentos e pragmatismo.

Possibilidades de questionamento, não definições de caminho

Essas análises em muito auxiliam a avaliar as condições globais da construção, com destaque às possíveis influências psicoemocionais nos moradores. Naturalmente, esses estudos deveriam passar também pelo crivo das técnicas de bússola, como o Xuan Kong Fei Xing (Estrelas Voadoras), e principalmente o Ba Zhai (8 Palácios), já que essa última lida, sobretudo, com as tendências comportamentais e potenciais de aprendizado emocional.

Entretanto, um dos perigos dessas avaliações formais (e do Feng Shui em geral) se baseia em interpretar tais condições como certezas e regras absolutas às construções, definindo muitas vezes caminhos de conduta moral (*"o certo é que a construção seja dessa ou daquela maneira"*), sugestionando tendências (*"se o problema não aconteceu ainda, se prepare"*) ou reforçando as justificativas para as mazelas pessoais (*"estou me sentindo / sou assim por causa dessa condição da casa"*).

Como foi abordado anteriormente, reforça-se que nenhuma tradição, escola ou técnica de Feng Shui define o seu caminho, o que você precisa e, sobretudo, quem você é!

Deixando isso claro, algumas questões podem ser feitas a partir das análises:

1. As constatações (possivelmente favoráveis ou desfavoráveis) condizem, razoavelmente, com algum padrão repetitivo que é reconhecível na sua vida (ou na dos seus familiares), nesse período ou em algum momento de sua história na construção?

2. Se as informações forem realmente relevantes, existe a possibilidade de se levar em consideração de que talvez as condições externas não representem aspectos invasivos negativos nem positivos *per si*, mas sim reflexos de experimentação pessoal, atraídos pela sua própria necessidade consciencial de efetuar escolhas fora da zona de conforto ou do hábito, sendo que a construção pode ser a agregadora de tais condições?

3. A sua expectativa se baseia apenas em atingir eficientemente resultados concretos sem se ater a uma mudança pessoal? Caso não exista a possibilidade de minimizar os impactos, quais os meios internos para se manter um equilíbrio dinâmico abarcando a incerteza como pano de fundo?

4. Independentemente das harmonizações possíveis, surgem percepções intrapessoais a partir dos estudos? Os possíveis incômodos emocionais gerados são reprimidos, se tornam reativos ou geram reflexões?

5. Se as condições preconizadas estiverem excelentes no entorno da sua edificação, mas mesmo assim não se sente bem no local (no sentido geral ou num viés específico de um dos Animais), o que isso pode significar?

Exemplo de Análise pelos Animais

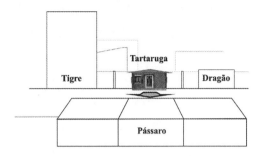

- **Pássaro Vermelho:**
  - Referencial: amplitude visual, construções mais baixas e razoavelmente distantes da edificação;
  - Condição estudada: distância razoável, peca um pouco por ser da mesma altura e não possuir muita capacidade de estabilizar a energia (Ju Qi);
  - Conclusão: adequado, mas com provável sensação de instabilidade financeira.

- **Tartaruga Negra:**
  - Referencial: grande, estável, com altura superior à construção;
  - Condição estudada: altura média, mas não tão enfática e forte (um pouco afastada e talvez até um pouco "vazada");
  - Conclusão: razoável para instável. Algumas sensações de frieza ou distanciamento nos relacionamentos e possíveis percepções de receios na saúde.

- **Dragão Verde:**
  - Referencial: comprido, mais alto que a construção e mais baixo que a Tartaruga;
  - Condição estudada: mesma altura da construção;
  - Conclusão: inadequado. Pode representar falta de referencial sensível, criativo ou consciencial. Seria recomendado priorizar tais temas, realizando escolhas pessoais nesse sentido, caso sinta-se tal carência.

184 | Feng Shui Clássico nos Novos Tempos

- **Tigre Branco:**
  - Referencial: longo e mais baixo que a construção;
  - Condição estudada: mais alto que a construção, a Tartaruga e o Dragão;
  - Conclusão: ruim. Pode reforçar as preocupações, aumentando o *stress* e o foco na visão pragmática do cotidiano, o que pode, direta ou indiretamente, afetar a criatividade, sensibilidade e, sobretudo, gerar desgastes na saúde e relacionamentos. Se tal condição já se manifesta, talvez seja necessário refletir profundamente se a ambição para se atingir as metas pessoais ou profissionais é mais importante que a própria manutenção da vida em si, bem como questionar se talvez não fosse o momento de priorizar outros temas referenciais, como os de autoconhecimento ou artísticos.

- **Serpente Amarela:**
  - Referencial: centro energético do local estudado. Importante que esteja estável, dentro dos limites da edificação;
  - Condição estudada: pela planta baixa e formato geral, o centro da construção está bem estruturado (mais detalhes no próximo capítulo);
  - Conclusão: adequado. Mais do que a aspectos relativos apenas à edificação, a Serpente "ancorada" representa a capacidade energético-estrutural dos moradores em experienciarem, de forma ampla, o potencial kármico, com capacidade de reflexão e possibilidade de mudança na condição de vida pelas escolhas pessoais.

Estudos Cognitivos utilizando os 5 Animais

Os Animais Celestiais e o Corpo Humano

Comparando as propriedades dos dois hemisférios cerebrais, parecem existir similaridades marcantes com as características do Yin-Yang (enquanto padrão de Forma). As propriedades do hemisfério esquerdo seriam similares às características do Yang, enquanto que as do direito, às do Yin. Sob esse ponto de vista:

- O hemisfério direito influenciaria principalmente o lado esquerdo do corpo, lidando com as atividades espaciais e simultâneas, assim como as artísticas. Está relacionado com a Forma Yin, relacionando-se com o Dragão Verde: anima, intuição, sensibilidade, criatividade, etc.;

- O hemisfério esquerdo influenciaria principalmente o lado direito do corpo, a linguagem e as atividades lógicas. Está relacionado com a Forma Yang, portanto, com o Tigre Branco: *animus*, agressividade, conhecimento, produtividade, praticidade, etc.;

Mesmo tendo suas especializações, os lados cerebrais não são independentes um do outro e estão em constante comunicação entre si para coordenar as atividades do corpo. Isso poderia indicar que, empiricamente, os antigos talvez constatassem que a visão humana, a percepção do mundo cósmico (interno e externo), estaria dividida num ponto de vista ao mesmo tempo receptivo e ativo, tendo esse fato um papel importante na aplicação do Feng Shui.

As influências do ambiente sobre o comportamento humano são relacionadas com frequência às impressões recebidas pelo cérebro humano. Possivelmente, os textos sagrados englobavam um estudo indireto do comportamento do homem baseado também na orientação esquerda / direita do cérebro.

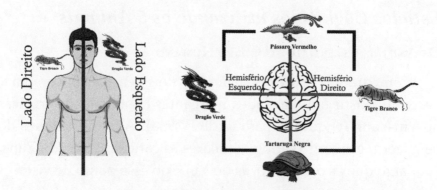

Uma colocação interessante é a do mestre Lam Kam Chuen, que usa os Animais Celestiais como um modelo pessoal, ajudando, por conseguinte, o indivíduo a se relacionar dinamicamente com os ambientes, diminuindo assim os possíveis impactos exercidos por condições não tão favoráveis dos Animais fixos externos à construção.

Uso Prático

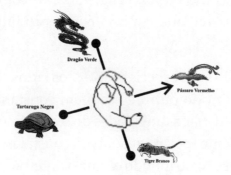

Considerando o indivíduo como a Serpente Amarela (o ponto central), ao se adentrar em qualquer ambiente é possível determinar o posicionamento dos animais e interpretar o local a partir de um ponto de vista cognitivo. O sistema nervoso está sempre ciente de que o campo visual exclui o reconhecimento dos movimentos e objetos que estão atrás da pessoa. Assim, esse é o ponto mais vulnerável e, por isso, a proteção requerida seria a Tartaruga Negra (nas mesmas características anteriores, somente considerando agora a escala humana).

Ao se olhar para frente, uma visão panorâmica e desobstruída é sempre procurada pelo ser humano. Essa necessidade cognitiva está relacionada ao Pássaro Vermelho.

À direita do observador está a região do Tigre Branco. Os antigos descreviam que esse estímulo, por ser dotado de muito vigor, destreza e ferocidade, deveria ser controlado com cuidado (como um felino numa coleira repousando sobre controle), podendo indicar, no uso prático, que a concentração de objetos grandes, pesados e altos, situados no lado direito do ambiente, tendo como referencial o posicionamento da pessoa numa cadeira, sofá ou cama de permanência cotidiana e de razoável para grande duração, poderiam estimular, subliminarmente, as características psicoemocionais nocivas desse Animal.

À esquerda do observador, posiciona-se o Dragão Verde, símbolo da visão sábia, da mente tranquila, aberta e criativa. Por isso, recomenda-se, dentro de um ambiente, referenciais com maior altura (ou estímulo) que o Tigre Branco.

Durante a viagem de pesquisa à China, o autor participou de conversas com mestres e estudiosos, que discorreram muito sobre as questões formais e o psiquismo. Numa delas, o prof. Howard Choy (Cai Hong) explicou que aplicou numa das consultorias, a teoria dos 5 Animais sob o referencial cognitivo pessoal. Tratava-se de uma empresária de sucesso, solteira, que na conjuntura da época tinha muitas responsabilidades e se via sempre muito atarefada. Ela o procurou porque sentia a necessidade de melhorar a qualidade de vida (sobretudo nos relacionamentos afetivos). Após estudar com cautela o apartamento da mulher, o especialista recomendou algo peculiar: que durante um período, por mais estranho que pudesse parecer, a empresária colocasse os principais mobiliários móveis do lado esquerdo da sala (tendo como referência a primeira perspectiva visual da porta de entrada), deixando praticamente livre o lado direito. Segundo o mestre, em poucas semanas essa pessoa mudou a maneira de olhar as experiências cotidianas, dando mais ênfase às necessidades internas, estabelecendo novas prioridades e por fim, abrindo-se para um novo relacionamento. Perceba que a recomendação foi meramente oferecer uma mudança de foco, nesse caso pelo "choque" cognitivo na atenção espacial interna, dando mais ênfase ao Dragão (sensibilidade, abertura) do que ao Tigre (que já estava muito estimulado pelo trabalho e ritmo de vida da empresária).

Exemplo de Análise Cognitiva

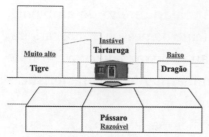

Aspectos globais da construção.

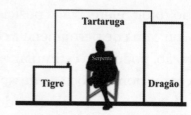

Exemplo de minimização de impacto pelo uso interno (homem como referencial).

Como se averiguou anteriormente, existe um desequilíbrio entre os estímulos do Dragão Verde (muito baixo) e do Tigre Branco (muito alto) na construção. Por isso, recomenda-se que nos ambientes de maior permanência (sala e quarto), exista, dentro do possível, menos quantidade de mobiliário pesado e alto ao lado direito do posicionamento da pessoa (nos sofás, cadeiras com muito uso, etc.) e mais estímulo cognitivo formal na vertente esquerda (principalmente no quarto, na cama), para assim equilibrar um pouco as fortes tendências da construção nos moradores, proporcionando aos mesmos um auxílio sutil durante o processo de reflexão e mudança referencial. Como a Tartaruga Negra apresenta-se também um pouco instável, reforçar a cama (através de uma cabeceira firme, mais alta e não vazada, evitando colocá-la embaixo de janelas) é recomendado, bem como não se posicionar de costas (quando estiver sentado) para aberturas ou intensos fluxos de vento em locais de permanência (caso não seja possível mudar a posição, usar cadeiras com espaldar evidenciado e mais alto que a cabeça).

III

A Prática em Feng Shui

Usos Básicos de Bússola e Direções de Face Energética

Para assimilar o conceito de direcionamento, antes é necessário entender em detalhes o uso de uma bússola comum. Recomenda-se, inicialmente, uma do tipo para mapas (vide figura), devido à facilidade de manuseio, leveza, valor mais acessível, e principalmente, por causa da base de acrílico fixa embaixo da bússola, que servirá como comparação de alinhamento da parede guia da Face.

Caso o estudante aperfeiçoe-se nos estudos, uma Luo Pan (bússola especial para Feng Shui) é recomendada, principalmente para as técnicas mais avançadas, como Xuan Kong Da Gua (Grande Hexagrama) e Shan Shui Long Pai (Métodos dos Dragões de Água e Montanha).

Encontrando o Norte Magnético in loco

1. Direções de medição: Face Energética.

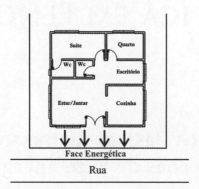

2. Recomenda-se fazer várias medições em locais diferentes, para se confirmar o ângulo. A questão aqui não é fazer uma média dos valores obtidos, mas sim estabelecer um grau exato através de um padrão de repetições em vários lugares. O alinhamento da direção medida deve estar 90° com a parede referencial.

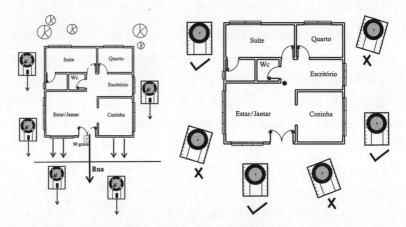

Atenção: recomenda-se que a averiguação seja feita a pelo menos um metro da construção, e num local sem grande quantidade de metal (como portão, carros, etc.) ou interferências eletromagnéticas. A pessoa que está aferindo também deve estar desprovida de anéis metálicos e colares grandes que possam modificar a leitura.

3. Alinhar a marcação 360° (0°) com o Norte indicado na bússola.

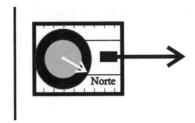

4. Marcar o grau em que se encontra a linha respectiva à face da casa procurada.

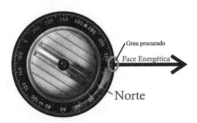

5. Se possível, aconselha-se fazer as diversas medições tanto fora quanto no interior da construção. Cabem algumas observações:

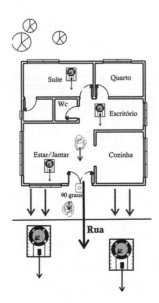

– Quando efetuado do lado de dentro do local, sugere-se que a pessoa segure a bússola para mapas, alinhando para a parede interna referente à Face Energética, com o grau em questão sendo lido na parte da frente do círculo. Essas medições internas são válidas, sobretudo nos locais onde não é possível obter com precisão o grau no nível térreo (apartamentos), devido às instabilidades magnéticas existentes pelo excesso de estrutura metálica (geralmente por causa das garagens com muitos carros situados embaixo das áreas sociais dos prédios.).

– No caso de uma residência, é provável que as medições mais estáveis sejam encontradas externamente. Nesse sentido, recomenda-se que os dados sejam obtidos com a pessoa do lado de fora da edificação de frente para à Face Energética, com o grau sendo averiguado na parte de trás do círculo da bússola para mapas.

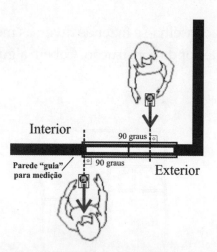

Obs.: Uma das questões mais intrigantes se apresenta no processo de averiguação. Muitos professores de Feng Shui ensinam os alunos a ficarem olhando a direção da Face (mas de costas para o lugar), nas medições externas. Isso provavelmente se deve ao fato de alguns manuais antigos representarem nos desenhos o posicionamento do consultor sempre numa mesma direção (no caso, referindo-se mais aos estudos internos, em que se observa a parede da entrada predominante de Qi); pelo hábito, geralmente se repete a mesma maneira do lado de fora. Na opinião do autor, tal condição fica sem sentido, pois se perde ai o potencial de alinhamento principal (o paralelismo) entre a parede guia externa e a base da bússola, pois não se está olhando o fator mais importante nesse instante: a construção!

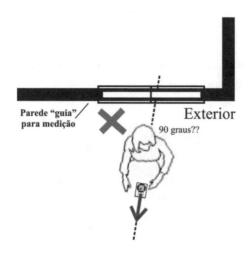

Exemplo de Análise

1. Identificar a face energética da construção (já determinada no capítulo anterior).
   Lembre-se que a Face do Qi não se encontra, necessariamente, na parede onde está situada a porta de entrada;

2. Alinhar paralelamente a parede referente à Face com a base da bússola. A segunda tem que estar perfeitamente alinhada com a parede guia;

3. Rodar o anel, alinhando o Norte marcado (360° / 0°) com a ponta da agulha magnética;

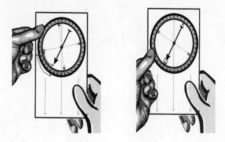

4. Realizar a leitura, tendo em vista a linha central marcada na base acrílica;

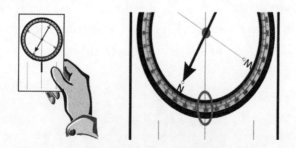

Lembrete: a medição é feita na perpendicular voltada ao consultor (no caso de medições externas). No exemplo, a Face Energética está situada a 330°.

O Centro Energético do Imóvel

Antes de se aplicar a técnica requerida, é necessário determinar as áreas do imóvel que estabilizam a energia circundante. Numa construção, o Tian Qi, no geral, fica impedido de se encontrar diretamente com o Di Qi após a edificação finalizada, ficando posteriormente condicionado a um fluxo predeterminado, controlado por direções específicas e predominantes. Assim, um sistema é determinado pela construção, um microcosmo interagindo com o todo.

O primeiro passo é saber qual é o centro da construção, pois esse será o ponto inicial para se relacionar o imóvel com as direções e as diversas interações energéticas globais.

É sempre bom salientar que se existirem três ou quatro paredes e mais um teto (não vazados), isso será considerado como parte integrante da área que condiciona a energia, sendo essa área respectiva levada em conta para se encontrar o centro de massa da construção.

A técnica para se descobrir o centro energético de um imóvel é chamada de Li Ji. Alguns métodos:

FORMAS REGULARES:

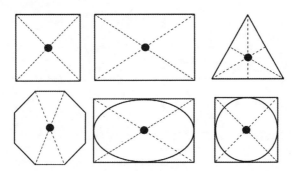

Formas Irregulares (método das compensações / descartes):

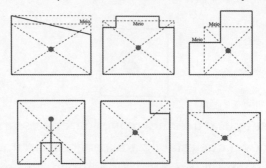

Obs.: É bom frisar que o sistema acima não identifica, necessariamente, o centro real (pois se baseia em aproximações). Assim, quando se utilizam técnicas de Feng Shui que necessitem de uma precisão maior (como no caso do Xuan Kong Fei Xing), não é recomendado o uso em plantas baixas muito recortadas.

Formas em "L"

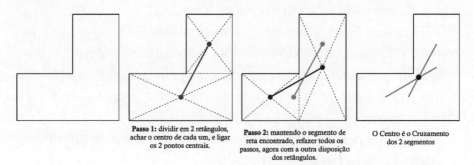

Exemplo de Análise

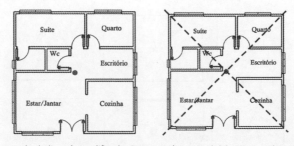

O exemplo do livro é simplificado. Recomenda-se aos iniciantes, praticar o Li Ji em variadas plantas baixas, principalmente na própria edificação.

Transferindo as Medidas de Campo para a Planta-Baixa

Vide Template (Transferidor Base) para cópia em transparência:

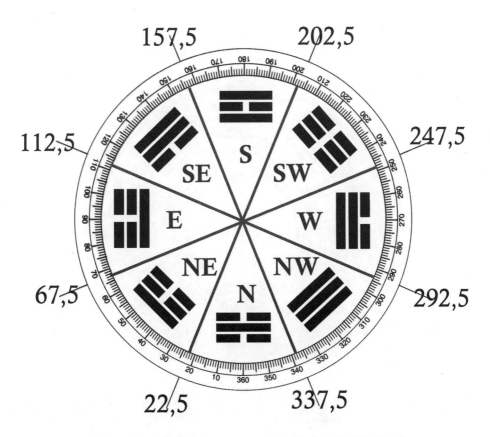

Modelo padrão, recomendado para usos gerais e método Ba Zhai (8 Palácios).

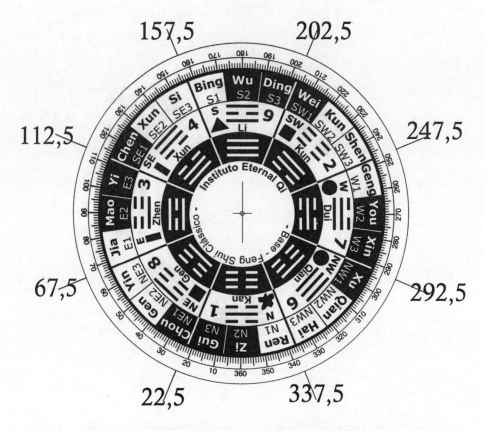

Modelo com 24 Montanhas, recomendado para o uso do método Xuan Kong Fei Xing (Estrelas Voadoras).

1. Traçar uma reta com origem no centro energético da construção e perpendicular à parede da Face medida. Colocar o transferidor no grau encontrado e em cima da reta desenhada. O local onde se encontra o 360° (ou 0°) é o Norte procurado;

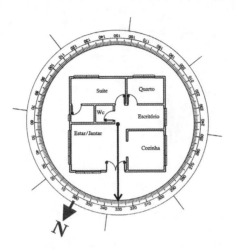

2. Desenhar os 8 Palácios a partir do Norte (lembrar que 0° está no meio do Palácio, ou seja, entre 22,5° e 337,5°). Para achar os demais setores, basta acrescentar 45° a partir dos 22,5° (ou seguir o padrão do transferidor fornecido);

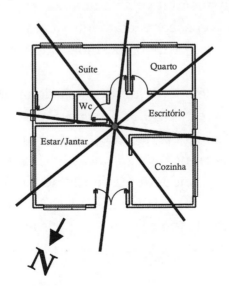

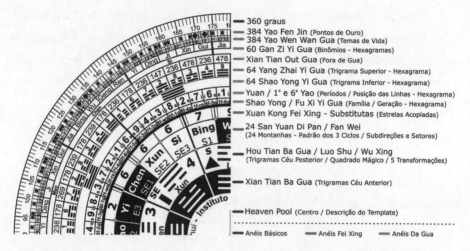

Exemplo de Transferidor Especial para Métodos San-Yuan (3 Ciclos) utilizado no Instituto Eternal Qi.

Separação dos Setores – Quadrado ou Fatia

Existem 3 formas conhecidas de se dividir as áreas de um imóvel. Talvez a mais popular seja a que divide a construção em 9 áreas retangulares ou quadradas de igual proporção, relacionada com o Luo Shu. Esse método é muito impreciso quando se tem formas irregulares de planta-baixa.

A segunda maneira (explicitada anteriormente) é mais acurada, pois é possível saber exatamente qual a relação do imóvel com as direções. Esse método, mesmo sendo o mais trabalhoso, é o mais indicado.

Um terceiro método de divisão relaciona-se com o sistema japonês 9 Star Ki. Nesse caso, as direções Sul, Norte, Leste e Oeste são fixas em 30°, e as outras direções (intercardinais), em 60°. Alguns autores usam-no para aplicação em planta, mas como esse método não corresponde a uma fundamentação tradicional do Feng Shui, não é recomendado o seu uso. O mesmo ocorre com a última figura a direita (pois requer uma visão mais aprofundada e muito específica).

A Prática em Feng Shui | 201

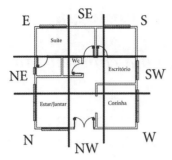

Pelos 9 setores do Luo Shu
(maneira simplificada / genérica).

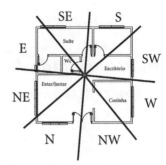

Pelos 8 setores do Ba Gua (mais preciso e
recomendado – método utilizado no livro).

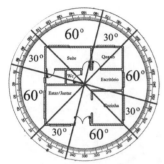

Pelo 9 Star Ki (método japonês adaptado /
não recomendado o uso).

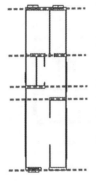

Maneira inusitada
de separar as áreas
(às vezes utilizada em
plantas baixas muito
compridas – método
Ba Zhai).

Observações da Metodologia

Perpendicularidade da parede guia com relação à Face Energética.

No geral, a regra da Face ser sempre perpendicular à parede energética principal tem suas observações. Vide alguns casos inusitados:

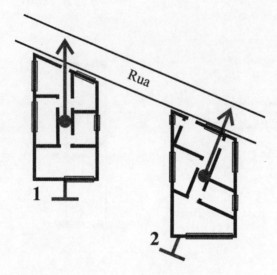

Na verdade, o fato do princípio da Face Energética ser sempre perpendicular à parede guia está implícita uma condição mais ampla, baseado também em como o Qi se "molda" internamente, através dos paralelismos e perpendiculares das demais paredes em relação à principal. Quando isso não ocorre (casa 1, em que apenas a parede guia está inclinada), a Face Energética estará baseada no padrão das demais divisórias internas). Na casa 2, a Face está perpendicular à parede externa, pois pelo menos algumas, internamente, a acompanham.

Centros Energéticos em mais de um andar

Em locais com dois ou mais andares (com a ligação entre ambos ocorrendo por uma escada interna), cada um poderá ter um centro independente (de acordo com a área específica), não havendo a necessidade de estarem "alinhados" verticalmente. De qualquer maneira, mesmo que cada andar seja distinto em análise, a Face Energética será sempre a mesma em todos os níveis estudados.

No caso de mezanino aberto (sobretudo se na região averiguar-se um pé-direito duplo a partir do térreo), o centro seguirá a estrutura global da edificação, sendo que as áreas do Ba Gua relativas ao andar de cima corresponderão à sobreposição do térreo.

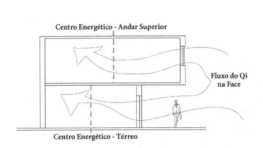
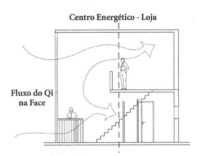

Extensão de Gua em anexos

Conforme citado anteriormente, cada infraestrutura com 3 paredes (conectadas) e cobertura fixa (engastada) conta como área calculável para se encontrar o Centro Energético de uma construção.

Exemplo de tipos de varandas que podem ou não contar como área calculável, dependo da quantidade de paredes (considerando que todas possuem teto).

Em caso de anexos ou edículas, têm-se algumas considerações. Vide situações de implantação possíveis:

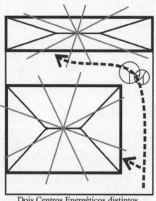

Dois Centros Energéticos distintos, em caso de acessos independentes.

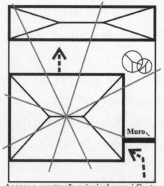

Apenas a construção principal possui Centro Energético (sendo a edícula a extensão dos Guas da casa), se não houver acessos independentes.

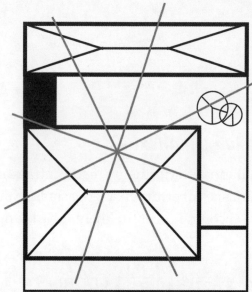

Se for colocada uma cobertura com fechamento lateral (corredor) entre a casa e a edícula, o Centro será modificado (pois será considerado um corpo único)

Diferenças entre Fan e Wei

Uma das dúvidas comuns no iniciante, é compreender as diferenças entre Fan (Setor, Área ou Localização) e Wei (Direção).

Como Fan, entende-se uma área definida numa planta-baixa, a partir do método de separação utilizado. Relativo à Wei, entende-se o ângulo pelo qual se incide a energia num determinado ponto ou lado da construção, independente do setor.

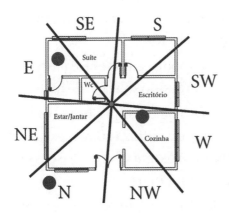 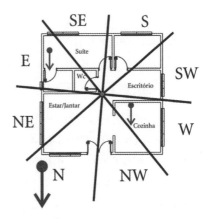

Exemplo de Fan (localização). Os pontos cinzas estão situados nas áreas Leste, Oeste e Norte.

Exemplo de Wei (direção). Mesmo estando situados nas áreas Leste, Oeste e Norte, a direção especificada é Noroeste, para todos os casos.

Introdução ao Ming Gua
Número do Destino Pessoal

A Questão dos Calendários na China

- Calendário Lunar: desenvolvido sobretudo para a compreensão do povo comum e da atuação na agricultura. Baseia-se na contagem de noites entre duas Luas Novas; é composto por 12 meses lunares de 29 ou 30 dias, com um mês complementar adicional passado um período de 2 anos e meio (o chamado mês interpolado), formando um ciclo total de 60 anos.

  - Por esse sistema, o início do ano pode se dar entre janeiro e março, exatamente na segunda lua após o solstício de inverno.

  - Muito utilizado nos sistemas cosmológicos específicos, como o simplificado zodíaco dos animais (que utiliza somente o ano); a técnica Yue Shu Ming Li (Numerologia Chinesa) e o complexo Zi Wei Dou Shu (Astrologia Polar).

- Calendário Solar: desenvolvido por monges que possuíam grande conhecimento astronômico. Relaciona-se ao momento exato em que a energia Yin da Terra se transforma em Yang, ou seja, entre o solstício de inverno e o equinócio de primavera. Em termos astrológicos, refere-se à passagem do sol pelo 15° grau do signo de Aquário (naturalmente, sob ótica geocêntrica). É considerado muito mais preciso que o calendário lunar, nos meios de estudo da metafísica chinesa.

  - Muito utilizado nos sistemas cosmológicos avançados, como o Jiu Gong Ming Li (9 Constelações) e o Ming Shu e Zi Ping Ba Zi (nas técnicas de 4 Pilares do Destino, envolvem tanto os Arquétipos dos Animais quanto o Wu Xing).

  - No Feng Shui, mesmo que haja alguns professores que utilizem o sistema lunar, prioriza-se o calendário solar pela sua maior acuidade.

O Conceito de Ming Gua Anual

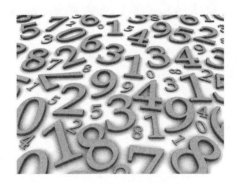

Estudar o Feng Shui tradicional requer muito mais do que uma visão pragmática da construção. Por conseguinte, torna-se essencial averiguar como cada morador interage com a energia predominante na edificação. Para isso, utilizam-se comumente duas escolas cosmológicas:

- Jiu Gong Ming Li (Astrologia das 9 Constelações).
- Zi Ping Ba Zi (4 Pilares do Destino).

No momento, será estudada uma pequena parte da primeira técnica, denominada de Ming Gua (Número Pessoal). Esse cálculo pessoal serve para:

- Autoconhecimento intra e interpessoal, através do estudo dos trigramas (Hou Tian e Xian Tian) correspondentes ao Número Pessoal, suas características e seu universo simbólico.
- Tendências de reação a estímulos externos, máscara comportamental e filtro de mundo.

No Feng Shui, os principais aspectos visados são:

- Conhecer as direções pessoais favoráveis que auxiliam a pessoa a se sintonizar com o fluxo de energias mais construtivas no código emocional pessoal (Método Ba Zhai / 8 Palácios).
- Avaliação da compatibilidade dos moradores com a residência.

Cálculo Geral

- Como o calendário solar na China se inicia entre 3 e 4 de fevereiro, se o indivíduo nasceu (pelo calendário gregoriano) até 2 de fevereiro, considera-se o ano anterior (ex: 01/02/1976 – acerto anual: nascimento em 1975).

Obs.: Para nascimentos entre 3-4 de fevereiro, é necessário observar o dia e horário exato referente ao ponto entre o solstício de inverno e equinócio de primavera, ou seja, 45° do Signo de Aquário (pelo meridiano 45° W - Brasil). Vide tabela com alguns exemplos:

Ano	Início do Ano (fevereiro)	Hora de abertura	Ano	Início do Ano (fevereiro)	Hora de abertura
1965	3	21h47min	1993	3	16h38min
1966	4	15h55min	1994	3	16h38min
1967	4	03h42min	1995	4	04h13min
1968	4	15h08min	1996	4	04h10min
1969	3	15h11min	1997	3	10h05min
1970	4	20h59min	1998	3	21h57min
1971	4	08h26min	1999	4	21h08min
1972	4	08h29min	2000	4	09h41min
1973	3	20h05min	2001	3	15h29min
1974	4	02h01min	2002	3	15h28min
1975	4	02h06min	2003	4	03h06min
1976	4	13h40min	2004	4	08h57min
1977	3	13h45min	2005	3	08h46min
1978	4	19h39min	2006	3	20h28min
1979	4	07h13min	2007	4	20h18min
1980	4	07h17min	2008	4	01h59min

Ano	Início do Ano (fevereiro)	Hora de abertura	Ano	Início do Ano (fevereiro)	Hora de abertura
1981	3	13h06min	2009	3	13h50min
1982	4	00h46min	2010	3	13h47min
1983	4	00h48min	2011	4	01h33min
1984	4	12h19min	2012	4	07h23min
1985	4	12h17min	2013	3	07h15min
1986	4	18h13min	2014	3	19h04min
1987	4	05h52min	2015	4	18h56min
1988	4	05h47min	2016	4	00h44min
1989	4	11h35min	2017	3	12h34min
1990	3	23h15min	2018	3	12h28min
1991	4	23h13min	2019	4	00h15min
1992	4	10h49min	2020	4	06h04min

Atenção: muitas tabelas utilizadas por consultores e professores de Feng Shui se baseiam numa adaptação dos horários do meridiano 120° (China) para o 45° (Brasil), ou seja, 11 horas de fuso. Constatou-se, entretanto, que tais não eram compatíveis com as efemérides astronômicas, estando, por conseguinte, errados em sua base original. Observar, portanto, as referências publicadas em livros nacionais e importados sobre o tema.

Após a averiguação acima:

1. Somar todos os dígitos do ano do nascimento, até sobrar um dígito.
   (ex: 1975 = 1+9+7+5 = 22 = 2+2 = 4)

2a. Para homens: a partir do número fixo 11, subtrair o dígito do ano. (Ex: 11-4 = 7). O Ming Gua Anual é o número resultante desse cálculo.

2b. Para mulheres: a partir do número fixo 4, somar o dígito do ano. (Ex: 4+4= 8). O Ming Gua Anual é o número resultante desse cálculo.

De acordo com cada escola de Feng Shui, o uso do Ming Gua se baseará em um aspecto (seja no trigrama associado ao número – Ba Zhai, ou no próprio elemento – Xuan Kong Fei Xing). Voltaremos a esse tema quando adentrarmos à aplicação específica, dada por cada método.

IV

XUAN KONG

(Vazio Misterioso)

Conceitos Gerais

Originária da tradição matemática San-Yuan, a Escola do Vazio Misterioso é uma das mais importantes e complexas do Feng Shui, pois leva em conta os conceitos de Luan Tou (Forma) e os aspectos de Tian Qi existentes. Entenda Energia do Céu como sendo o enfoque dado ao fator Tempo, a maneira como o homem pode melhor utilizar os potenciais que a construção oferece, tendo em vista o estudo de probabilidades favoráveis e desfavoráveis que mudam de acordo com os períodos.

Nesse sentido, é importante relembrar as funções de cada tradição, evidenciando as abordagens primordiais das escolas Xuan Kong, bem como o que elas não oferecem enquanto dinâmica de reequilíbrio energético.

212 | Feng Shui Clássico nos Novos Tempos

Tradição	Abordagem	Enfoque	Escola em destaque	Metodologia Primordial	O que esperar	O que não esperar
San-Yuan (3 Ciclos)	Matemática	**Tempo** Aproveitamento dos potenciais da construção de acordo com os ciclos energéticos.	Xuan Kong Fei Xing (Vazio Misterioso das Estrelas Voadoras).	Destaque ao Luo Shu (Quadrado Mágico), com referenciais do He Tu e dos trigramas Xian Tian e Hou Tian Ba Gua.	Estudo pormenorizado das probabilidades de ocorrência de eventos específicos pelo estímulo da construção.	Referenciais baseados em leituras emocionais, como a sensação de bem ou mal estar que o local proporciona.
San-He (3 Harmonias)	Poética	**Espaço** Estudo baseado na percepção da Força do Lugar e aspectos sinestésico-emocionais.	Ba Zhai (8 Palácios).*	Destaque ao uso dos trigramas do Hou Tian Ba Gua (Sequência do Céu Posterior), com o uso possível de outras dinâmicas, como o Luo Shu.	Avaliação das tendências psicoemocionais que a edificação estimula nos moradores.	Conclusões sobre a qualidade energética do ambiente tendo em vista somente os eventos probabilísticos baseados no fator tempo.

* Lembrando sempre que a escola Ba Zhai possui interpretações tanto San-Yuan quanto San-He (vide capítulos anteriores). O alinhamento dos 8 Palácios a essa segunda tradição se refere às bases do método, sobretudo pelo Da You Nian Ge (Canção dos Grandes Ciclos Anuais), o pergaminho ancestral de mudança dos trigramas.

Existem muitas Escolas de Feng Shui baseadas no Tempo-Espaço, tais como:

- Xuan Kong Zi Bai (Escola da Púrpura Branca);
- Xuan Kong Fei Xing (popularmente conhecida como Estrelas Voadoras);
- Xuan Kong Da Gua (Escola do Grande Hexagrama);
- San-Yuan Shui Long Pai / Qian Kun Guo Bao (Escola dos Dragões de Água dos 3 Ciclos).

Nesse livro, será abordada uma parte básica, porém essencial, da Escola Fei Xing (Estrelas Voadoras), sobretudo voltado ao enfoque dos Novos Tempos. Mesmo sendo uma introdução ao tema, esse tipo de Feng Shui pode se tornar muito complexo, dinâmico e profundo. Provavelmente, será necessário aos iniciantes, paciência e, possíveis aprofundamentos futuros; aos pesquisadores já atuantes, um desafio possivelmente maior: deslocamento paradigmático referencial e desapego às verdades e princípios absolutos.

Escola Xuan Kong Fei Xing (Estrelas Voadoras)

Cálculos do Momento Energético

O tempo ocidental tende a se basear numa visão linear. Os anos são contados a partir de uma hipótese ou data aproximada do nascimento de Cristo – ano zero, sendo que não há, necessariamente, uma sincronia dos costumes e celebrações com os chamados fluxos cósmicos. Já para o oriental, em particular o chinês, tudo se fundamenta em ciclos energéticos que se repetem infinitamente e que procuram refletir a própria natureza. Assim, tanto o povo quanto os sábios calculavam as "probabilidades do destino" observando o movimento lunar e solar na esfera celestial.

O complexo calendário utilizado na China foi construído levando-se em conta o casamento de três fatores simbólico-temporais:

Tian Gan – Os 10 Troncos Celestes

Com o desenvolvimento da astronomia e da agricultura, os antigos chineses começaram a usar esse parâmetro para registrar a evolução temporal. Representam expressões "puras" do Wu Xing nas polaridades Yin e Yang, agregando assim 10 arquétipos primordiais do "tempo no céu", denotando o padrão simbólico do movimento celestial sob ótica humana.

Tian Gan Troncos Celestiais		Wu Xing / Sigla	Ideograma
Nº	Pin Yin		
1	Jia	Madeira Yang (Ma+)	甲
2	Yi	Madeira Yin (Ma-)	乙
3	Bing	Fogo Yang (F+)	丙
4	Ding	Fogo Yin (F-)	丁
5	Wu	Terra Yang (T+)	戊
6	Ji	Terra Yin (T-)	己
7	Geng	Metal Yang (Me+)	庚
8	Xin	Metal Yin (Me-)	辛
9	Ren	Água Yang (A+)	壬
10	Gui	Água Yin (A-)	癸

Di Zhi - Os 12 Ramos Terrestres

Energias dinâmicas e híbridas, demonstram o posicionamento da Terra em relação ao Sol, o padrão do movimento do Qi terrestre que, para facilitar a compreensão da população, eram associados às estações do ano. Inicialmente, essas estruturas simbolizavam os meses do ano (Dinastias Yin e Shang) e as 12 horas duplas existentes num dia; posteriormente, o significado foi ampliado, evidenciando padrões mais complexos. Já a representação dos animais, na verdade, foi incorporada aos Ramos, séculos depois, provavelmente importada das nações turcas.

Di Zhi Ramos Terrestres Nº	Di Zhi Ramos Terrestres Pin Yin	Animal Chinês	Wu Xing (elemento principal*)	Ideograma	Mês Solar	Horas Chinesas
I	Zi	Rato	A-	子	Dezembro	23h à 1h
II	Chou	Búfalo	T-	丑	Janeiro	1h às 3h
III	Yin	Tigre	Ma+	寅	Fevereiro	3h às 5h
IV	Mao	Coelho	Ma-	卯	Março	5h às 7h
V	Chen	Dragão	T+	辰	Abril	7h às 9h
VI	Si	Serpente	F+	巳	Maio	9h às 11h
VII	Wu	Cavalo	F-	午	Junho	11h às 13h
VIII	Wei	Cabra	T-	未	Julho	13h às 15h
IX	Shen	Macaco	Me+	申	Agosto	15h às 17h
X	You	Galo	Me-	酉	Setembro	17h às 19h
XI	Xu	Cachorro	T+	戌	Outubro	19h às 21h
XII	Hai	Javali	A+	亥	Novembro	21h às 23h

* Alguns animais possuem até três elementos na sua infraestrutura, o que é comumente chamado de elementos ocultos, sendo imprescindíveis no estudo do Ba Zi (4 Pilares do Destino).

Luo Shu (Quadrado Mágico) e as Qualidades das Estrelas

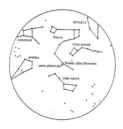

As 9 Estrelas da Ursa Maior.

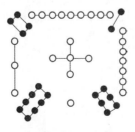

Os 9 Números do Luo Shu.

As 9 Estrelas pelo padrão de cores.

Os 9 números do Luo Shu são denominados como Estrelas (pois se ligavam metaforicamente às próprias estrelas da Bei Dou – Ursa Maior). Geralmente são designadas pelo nome ou mesmo por uma "bandeira" (uma cor representativa que simboliza uma tendência de ação ou personalidade – mas que não está relacionada com os tons dos 5 Ciclos especificamente). Sobre o Wu Xing, lembre-se que cada número tem uma personalidade e não um elemento por si mesmo (quem traz esse segundo é o trigrama – tanto do Hou Tian quanto Xian Tian, sendo que apenas por associação é que podemos nos referir ao elemento pela Estrela). Vide tabela nas páginas 218 e 219.

Os Ciclos Maiores e Menores

Conforme o próprio termo San-Yuan, o estudo pelas Estrelas Voadoras se baseia em influências probabilísticas das Estrelas de acordo com ciclos temporais, sendo os principais os movimentos existentes a cada 60, 20 anos e as análises anuais. Nesse último aspecto, salienta-se que o ano solar chinês inicia-se nos dias 3 ou 4 de fevereiro, ou seja, quando o Sol passa a 15° graus do signo de Aquário (acredita-se que esse é o momento cósmico-terrestre em que o Yin se transforma em Yang).

De qualquer maneira, é possível avaliar ainda, desde tendências específicas (a cada mês) ou até mesmo muito grandes, segundo os padrões abaixo:

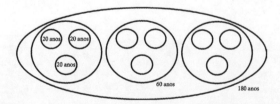

- 1 Período = 20 anos (avaliações das tendências probabilísticas que abrangem a escala temporal cotidiana da vida humana e as percepções concretas das mudanças, através do ato de morar);

Xuan Kong (Vazio Misterioso) | 217

- 1 Ciclo = 3 Períodos = 60 anos (avaliações com tendências menos específicas, num foco mais amplo e baseado num índice referencial do aprendizado geral de uma vida);
- 1 Era = 3 Ciclos = 9 Períodos = 180 anos (análises numa escala muito ampla, com intuito de avaliar aprendizados comparados entre gerações e sua história);
- 1 Época = 20 Eras = 60 Ciclos = 180 Períodos = 3.600 anos (estudo em parâmetro cósmico-global, possivelmente relativos a uma escala de alguma das Superconsciências, como a Terra).

Para essa escola, a influência mais importante se baseia em blocos de 20 anos (Períodos), sendo que cada ciclo desses é regido por uma das Estrelas do Luo Shu (1 a 9).

Ciclos (3 períodos)		Em Anos*	Regência (Estrela)
Era	Superior	1864 ~ 1884	1
		1884 ~ 1904	2
		1904 ~ 1924	3
	Médio	1924 ~ 1944	4
		1944 ~ 1964	5
		1964 ~ 1984	6
	Inferior	1984 ~ 2004	7
		2004 ~ 2024	8
		2024 ~ 2044	9

* blocos de 20 anos iniciando e terminando em fevereiro.

| Estrela (Bandeira) | Nome | Wu Xing associado | | Tendência inata | Quando estimulado, pode trazer... | Observações |
		Céu Posterior (elemento primário)	Céu Anterior (influência sutil)			
1 Branca	Tang Lang O Anjo do Nascimento	Água	Terra	Favorável	Profundidade, inspiração, diálogo coeso, ritmo.	3ª melhor estrela para ativações (efeitos em longo prazo). Estimula a sensibilidade espiritual.
2 Preta	Ju Men O Rei da Doença	Terra	Madeira	Muito desfavorável	Somatizações em geral, doenças abdominais.	Ruim, começa a gerar menos problemas a partir de 2024. Evidencia os apegos pessoais.
3 Jade	Lu Cun O Fantasma da Infelicidade	Madeira	Fogo	Desfavorável	Assalto, processos, disputas, brigas, agressividade. Instabilidade nas partes dos pés e pernas.	Até pode estimular aberturas e conquistas pela força, mas tende a ser inconsequente.
4 Verde	Wen Qu A Ninfa Inteligente e Indecente	Madeira	Metal	Variável	Sedução excessiva, desafios conjugais, dificuldades em estudo, pesquisa e excesso de argumentações. Problemas musculares ou respiratórios.	Encontra-se ruim nos próximos dois períodos, necessitando do controle pela lucidez e parâmetro pessoal.
5 Amarela	Lian Zhen O Diabo da Ferocidade	Terra	Terra	Muito desfavorável e instável	Perdas em geral, somatizações, instabilidades emocionais e energético-espirituais (sobretudo em picos de sutilização material).	Muito instável, se refere à manifestação ou aceleramento do caos pessoal interno. Estrela muito desafiadora, porém a mais profunda em termos de aprendizado consciencial.

Xuan Kong (Vazio Misterioso) | 219

Estrela (Bandeira)	Nome	Wu Xing associado		Tendência inata	Quando estimulado, pode trazer...	Observações
		Céu Posterior (elemento primário)	Céu Anterior (influência sutil)			
6 Branca	Wu Qu / O Anjo da Bravura	Metal	Terra	Favorável	Segurança, foco e critério, exigência.	Muito atuante até 2044, estimula o empenho e responsabilidade perante às escolhas pessoais. Pode trazer certa solidão e fechamento, caso esteja na presença de estrelas nocivas.
7 Vermelha	Po Jun / O Espírito da Pompa / Rei da Guerra	Metal	Água	Desfavorável	Roubo, fofoca, acidentes, problemas de tecnologia, com automóveis ou doenças na boca ou nos dentes.	Instável e exagerado até 2044, testa os possíveis processos de distração e alienação pessoal.
8 Branca	Zuo Fu / O Anjo da Felicidade	Terra	Madeira	Favorável	Estabilidade, harmonia, equilíbrio, qualidade de vida.	A melhor estrela para ativações e principalmente harmonizações (efeitos favoráveis a curto prazo). Fica menos eficiente após 2024.
9 Púrpura	You Bi / O Anjo do Vigor	Fogo	Metal	Favorável, mas instável	Alegria, encontros, festas, comemorações. Pode estimular exageros e problemas com fogo.	2ª melhor estrela para ativações (efeitos favoráveis a médio prazo). Estimula a pesquisa espiritual. Torna-se mais importante após fevereiro de 2024.

Obs.: Perceba que as Estrelas mais favoráveis são as denominadas como Brancas (ou Anjos). De qualquer maneira, é sempre bom frisar que uma série de fatores pode modificar (para melhor ou pior) as características de um número, recomendando-se não assumir como verdade absoluta a tabela acima. Alguns desses estudos serão apresentados no decorrer do livro, e outros dependem de uma pesquisa pormenorizada.

Gan Zhi (Os 60 Binômios)

Nas páginas anteriores, abordou-se o tema Tian Gan (10 Troncos Celestes) e Di Zhi (12 Ramos Terrestres). Quando se correlaciona ambas as estruturas, surge a denominação Gan Zhi (60 Binômios), um sistema que é a base do calendário chinês. Ao se inserir ainda mais a visão dos 9 Períodos nessa condição, tem-se o seguinte esquema:

1. Cada um dos 60 Binômios, representando um ano solar chinês completo (de fevereiro a fevereiro);

2. Cada Período se relaciona com 20 anos do ciclo de 60 Binômios;

3. Para o término do ciclo de 60 Binômios, levam-se três períodos completos (3x20 anos), repetindo-se novamente o padrão depois do término dos 60 anos;

4. Esse modelo de repetição gera o padrão 1-4-7, 2-5-8 e 3-6-9, encerrando 3 ciclos binomiais, ou seja, 180 anos totais.

(Vide tabela ilustrativa na página a seguir.)

Mesmo que não se utilize diretamente esse arranjo no livro, acaba sendo importante entender conceitualmente o diagrama acima (já que se trata da base metafísica chinesa utilizada tanto para os calendários lunares / populares, quanto solares / eruditos, como linguagem comum aos sistemas astrológicos Zi Ping Ba Zi / 4 Pilares do Destino e Zi Wei Dou Shu / Astrologia Polar).

Aplicação

AS ESTRELAS E O NASCIMENTO ENERGÉTICO DE UMA CONSTRUÇÃO

Qualquer construção (fechada, estabelecida com 3 paredes pelo menos e um teto) possui um padrão específico de assinatura energética, baseada no período (20 anos) em que foi edificada. Em outras palavras, cada moradia tem um Mapa de Estrelas Voadoras fixo, uma "marca de probabilidades" que continua através das

Período			Sistema Gan Zhi (Os 60 Binômios)*									
Estrela	Ano	Binômio										
1 / 4 / 7	01º-10º	01º-10º	Ma+ Rato	Ma- Búfalo	F+ Tigre	F- Coelho	T+ Dragão	T- Serpente	Me+ Cavalo	Me- Cabra	A+ Macaco	A- Galo
	11º-20º	11º-20º	Ma+ Cachorro	Ma- Javali	F+ Rato	F- Búfalo	T+ Tigre	T- Coelho	Me+ Dragão	Me- Serpente	A+ Cavalo	A- Cabra
2 / 5 / 8	01º-10º	21º-30º	Ma+ Macaco	Ma- Galo	F+ Cachorro	F- Javali	T+ Rato	T- Búfalo	Me+ Tigre	Me- Coelho	A+ Dragão	A- Serpente
	11º-20º	31º-40º	Ma+ Cavalo	Ma- Cabra	F+ Macaco	F- Galo	T+ Cachorro	T- Javali	Me+ Rato	Me- Búfalo	A+ Tigre	A- Coelho
3 / 6 / 9	01º-10º	41º-50º	Ma+ Dragão	Ma- Serpente	F+ Cavalo	F- Cabra	T+ Macaco	T- Galo	Me+ Cachorro	Me- Javali	A+ Rato	A- Búfalo
	11º-20º	51º-60º	Ma+ Tigre	Ma- Coelho	F+ Dragão	F- Serpente	T+ Cavalo	T- Cabra	Me+ Macaco	Me- Galo	A+ Cachorro	A- Javali

* A sigla acima do animal (Ramo Terrestre) representa o elemento do Tronco Celeste.

décadas (ou até da vida útil do local como um todo). Entenda por "fixo" um molde de tendências próprio, tal qual o corpo de um bebê que nasce com características genéticas que carregará durante a sua história. Assim, o que se modifica são as leituras possíveis das tendências probabilísticas desse molde, de acordo com a mudança de um período a outro e de ano em ano, bem como as influências do entorno na atuação das probabilidades.

As 24 Montanhas da Luo Jin

Averiguou-se no capítulo anterior como localizar e medir a Face Energética de acordo com o norte magnético. Os dados obtidos *in loco* foram passados para a planta-baixa do imóvel, e os trigramas localizados de acordo com as orientações cardeais e intercardinais. Reforçou-se ainda que a construção é dividida em oito partes com 45° cada.

Agora, para determinar que tipo de probabilidade encontra-se em determinado setor pelo método Fei Xing, é importante ainda averiguar em que "subsetor" (chamado de Montanha) se encontra o grau da Face estudada.

As 24 Montanhas da Luo Pan correspondem às relações entre os 10 Troncos Celestes, os 12 Ramos Terrestres e os 8 Trigramas, distribuídas uniformemente pelos 360° da bússola. Perceba que o Norte se alinha com o 0° / 360°, e cada Montanha possui respectivamente 15°.

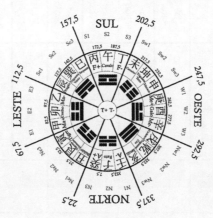

Como o intuito do livro é mostrar uma introdução a esse sistema, entender o posicionamento das colunas em destaque na tabela é suficiente para se montar um mapa básico de análise.

Setor	Trigrama (Hou Tian)	Montanha	Graus	Identificação	Pin Yin
Norte	Kan (Água)	N1	337,5º ~ 352,5º	Tronco Água Yang	Ren
		N2	352,5º ~ 7,5º	Ramo Rato	Zi
		N3	7,5º ~ 22,5º	Tronco Água Yin	Gui
Nordeste	Gen (Montanha)	Ne1	22,5º ~ 37,5º	Ramo Búfalo	Chou
		Ne2	37,5º ~ 52,5º	Trigrama Montanha	Gen
		Ne3	52,5º ~ 67,5º	Ramo Tigre	Yin
Leste	Zhen (Trovão)	E1	67,5º ~ 82,5º	Tronco Madeira Yang	Jia
		E2	82,5º ~ 97,5º	Ramo Coelho	Mao
		E3	97,5º ~ 112,5º	Tronco Madeira Yin	Yi
Sudeste	Xun (Vento)	Se1	112,5º ~ 127,5º	Ramo Dragão	Chen
		Se2	127,5º ~ 142,5º	Trigrama Vento	Xun
		Se3	142,5º ~ 157,5º	Ramo Serpente	Si
Sul	Li (Fogo)	S1	157,5º ~ 172,5º	Tronco Fogo Yang	Bing
		S2	172,5º ~ 187,5º	Ramo Cavalo	Wu
		S3	187,5º ~ 202,5º	Tronco Fogo Yin	Ding
Sudoeste	Kun (Terra)	Sw1	202,5º ~ 217,5º	Ramo Cabra	Wei
		Sw2	217,5º ~ 232,5º	Trigrama Terra	Kun
		Sw3	232,5º ~ 247,5º	Ramo Macaco	Shen
Oeste	Dui (Lago)	W1	247,5º ~ 262,5º	Tronco Metal Yang	Geng
		W2	262,5º ~ 277,5º	Ramo Galo	You
		W3	277,5º ~ 292,5º	Tronco Metal Yin	Xin
Noroeste	Qian (Céu)	Nw1	292,5º ~ 307,5º	Ramo Cachorro	Xu
		Nw2	307,5º ~ 322,5º	Trigrama Céu	Qian
		Nw3	322,5º ~ 337,5º	Ramo Javali	Hai

ADAPTAÇÕES E FORMAS DE LEITURA

Muitos livros sobre o tema costumam dar ênfase à descrição das chamadas 81 combinações, tratando quase como certeza de ocorrência (e não como probabilidade) as análises, selando a "sorte" de uma construção somente pelo mapa, fora o pragmatismo evidenciado na inserção de "curas prontas" para se deliberarem as questões de prosperidade, relacionamento e saúde, sem ao mínimo questioná-las em real necessidade e fundamento.

Como o intento não é mostrar listas com resoluções e ativações rápidas e sem critério (pois não é possível levar em consideração a característica de cada local individualmente), e compreendendo que o dinamismo e complexidade existentes estão além dos propósitos do momento, optou-se por destacar a aplicação em seus pontos fundamentais, ou seja, nas tendências probabilísticas principais pelo uso, bem como os aspectos reflexivos conscienciais.

Os diagramas com os Mapas de Estrelas Voadoras serão organizadas por períodos de 6 a 9 (compreendendo edificações feitas entre 1964 e 2044) e por direções (Montanhas).

Os Estudos de Probabilidades num Mapa de Estrelas Voadoras

Referencial Fundamental

No método Xuan Kong Fei Xing, é comum se avaliar a prosperidade e pessoas (saúde e relacionamentos). Entretanto, adaptando-se aos Novos Tempos, serão utilizadas novas terminologias para as condições acima, mudando-se também o enfoque interpretativo para uma visão mais ampla e menos condicionada aos resultados habituais da vida. Assim, o assunto:

- Prosperidade (enquanto tema riqueza) será modificada para o conceito de *Efeito Dinâmico* (incluindo nesse sentido também,

o potencial de mudança financeira, para melhor ou pior). Refletem os possíveis eventos harmoniosos e desafiadores;
- Pessoas (enquanto tema saúde e relacionamentos) será modificada para o conceito de *Efeito Intrapessoal* (incluindo, nesse ponto também, as avaliações relativas à qualidade de vida provenientes da presença ou ausência da saúde e das dinâmicas interpessoais). Reflete o potencial de equilíbrio ou desequilíbrio pessoal, tanto no sentido de bem estar e cura, quanto em possibilidades de somatização e desafios emocionais.

As 3 Estrelas Principais numa Combinação

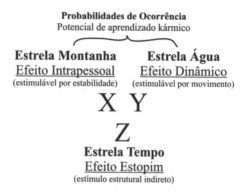

Cada setor de uma construção é identificado com pelo menos 3 números, que são posicionados de maneira específica e são responsáveis pelos temas acima. São eles:

- Dragão do Tempo ou Estrela Tempo: é o número inferior central, que reflete as possíveis influências diretas e indiretas que estimulam uma probabilidade a se manifestar enquanto evento, num sentido global (para qualquer um dos moradores) ou específico (apenas para quem estiver sendo estimulado por tal indicativo);
- Dragão da Montanha ou Estrela Montanha: número posicionado no lado esquerdo superior, é responsável pela avaliação do tema *Efeito Intrapessoal*;

- Dragão da Água ou Estrela Água: número posicionado no lado direito superior, é responsável pela avaliação do tema *Efeito Dinâmico*;

O termo Combinação se refere à leitura conjunta dos dois números superiores (Estrela Montanha e Água), sendo que ambos determinam as linhas de probabilidade atuantes numa determinada área ou até na construção inteira.

A Estrela Tempo costuma ser estudada em níveis mais complexos, sendo que no livro em questão, serão abordados os temas mais gerais dessa análise.

Vide exemplo de diagrama Fei Xing para uma casa edificada entre 2004 e 2024 com fachada energética a 183°.

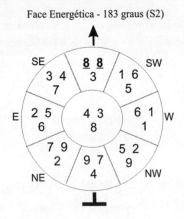

O Conceito de Anfitrião e Convidado

Numa combinação de Estrelas Voadoras (Dragão da Montanha + Dragão da Água), salienta-se que as probabilidades estão parcialmente "congeladas", ou seja, não se chega a conclusões evidentes somente olhando um mapa Fei Xing sem analisar a construção em si (mesmo que muitos consultores assim induzam, o que é um erro).

Levando-se em conta a regra Yin-Yang, não é possível (sob um mesmo parâmetro), estimular ambas as características ao mesmo tempo. Sob o referencial de movimentação do Qi, é importante esclarecer que quando há prioridade no estímulo energético (Cheng Qi), naturalmente o acúmulo estável (Ju Qi) está desfavorecido ou minimizado, e vice-versa. Ambos os princípios devem ser avaliados em duas escalas:

- Externa: responsável por 70% dos efeitos diretos das probabilidades, de acordo com as influências globais de estímulo estrutural (Face Energética, aberturas, acessos) e de estabilidade (Shan – Montanha Real ou Virtual / construções nos arredores);

- Interna: responsável por até 30% dos efeitos diretos das combinações, representam a ativação pelo potencial de uso dos cômodos, seja de maneira Yang (entrada, sala, cozinha[7], caminhos entre as áreas, etc.) e Yin (quarto de dormir, escritório familiar, local de meditação). Alguns locais podem ser neutros por natureza, pois acabam diminuindo a influências da combinação em geral (lavabos, banheiros simples – sem uso de banheiras de hidromassagem, etc.).

A partir das dinâmicas acima, já se torna possível evidenciar alguns conceitos importantes:

1. Nos setores, quando se observa grande estímulo energético pelo movimento de Qi (seja por condições externas que conseguem adentrar a construção ou mesmo internas), a Estrela Água estará em evidência, sendo responsável primordial pela tendência probabilística (a chamada Ocorrência Direta ou Imediata), ganhando assim a designação Anfitrião.

   - A Estrela Montanha terá menor influência, sendo denominada como Convidada (podendo gerar Ocorrências Indiretas, Sutis ou Tardias);

   - Os eventos possíveis serão percebidos pelo homem através da interface *Efeito Dinâmico.*

---

7 Pode variar, dependendo do tipo de uso.

2. Nos setores, quando se observa estabilidade energética pelo acúmulo de Qi (seja por condições externas que estabilizam a construção ou mesmo internas), a Estrela Montanha estará em evidência, sendo responsável primordial pela tendência probabilística (a chamada Ocorrência Direta ou Imediata), ganhando assim a designação Anfitrião.
   - A Estrela Água terá menor influência, sendo denominada como Convidada (podendo gerar as chamadas Ocorrências Indiretas, Sutis ou Tardias);
   - Os eventos possíveis serão assimilados pelos moradores através do *Efeito Intrapessoal.*

No escopo do livro, priorizaremos as tendências principais das Estrelas vinculadas ao Anfitrião, dando ênfase aos efeitos diretos ou imediatos possíveis.

Por conseguinte, perceba que enxergar uma combinação probabilística considerando-a boa ou ruim somente pela presença de um número favorável ou por uma estrela nociva (sem avaliar quem é Anfitrião e Convidado) acaba sendo um reducionismo muito grande, levando possivelmente a interpretações incongruentes com a história familiar no local e, em casos mais graves, a uma manipulação indireta e alarmante por parte do consultor aos clientes mais sugestionáveis (o famoso *"é por isso que a sua vida não está boa!"*).

O Conceito de Estrela Wang

Wang é o termo utilizado para se designar a estrela mais atuante no período estudado (ou seja, são aquelas que estão em seus próprios períodos). De fevereiro de 2004 a fevereiro de 2024, o mais importante a ser analisado são as condições da Estrela 8-Branca (chamada também de Zuo Fu), em suas polaridades Yin (Dragão da Montanha) e Yang (Dragão da Água). A maneira como a construção está disposta (aberturas, fechamentos, etc.) e o uso dos cômodos de acordo com a localização dessas duas Estrelas Wang, definirão as probabilidades concretas e do potencial de favorabilidade, tanto do *Efeito Dinâmico* quanto do *Efeito Intrapessoal*.

Funções da Estrela 8 – Dragão da Água
(designação sintetizada 8-Água)

Situação até fevereiro de 2024:

- Ampliar a capacidade de mudanças benéficas na vida, possibilitando novos caminhos e estimulando eventos que ampliem a abrangência de experiências pessoais (*Efeitos Dinâmicos* construtivos);
- O mais importante – função que somente as Estrelas "Wang d'Água" possuem (agora o 8-Água) – é a capacidade de harmonizar dinamicamente as combinações ou demais estrelas nocivas, equilibrando alguns padrões instáveis e incrementando o potencial de neutralidade no sistema geral. Isso é minimamente atingido ao se estimular tal Estrela quantitativamente pelo movimento e fluidez interna e externa (Cheng Qi), ampliando-se a influência do setor onde ela se encontra para o restante da construção, através da circulação energética e de caminhos entre os ambientes e estratégia de uso;
- Caso o setor dessa Estrela esteja qualitativamente otimizada, sobretudo englobando uma ótima condição e paisagem externa (Ming Tang, ou seja, Ju Qi+Sheng Qi) com um potencial interno compatível (situado na Face Energética ou pelo menos uma região da edificação em que se consiga captar essa energia vibrante exterior, por meio de janelas ou portas, e fluxos que consigam direcionar o Qi favorável para pontos estratégicos da casa), tal condição excepcional poderá até ampliar as oportunidades financeiras.

Funções da Estrela 8 – Dragão da Montanha
(designação sintetizada 8-Montanha)

Situação até fevereiro de 2024:

- Auxiliar no estímulo de reflexões ou revisões internas saudáveis, possibilitando um acesso mais equânime aos referenciais intrínsecos (índole) que podem culminar em escolhas mais sábias em momentos de crise ou desafio, diminuindo assim os impactos energético-espirituais que reforçam os processos de somatização física e crises emocionais (*Efeitos Intrapessoais* equilibrantes);

- Recomenda-se que a área dessa Estrela esteja qualitativamente estável, sobretudo pelo reforço da paisagem (Shan Real / Montanha Verdadeira) ou pelo menos a existência de um Shan Virtual externo (construções na direção) e com o potencial interno compatível (região da edificação em que se consiga absorver e utilizar essa energia favorável através da permanência, como em quartos de dormir, áreas de encontros e celebração (sala de jantar, etc.) ou cômodos que sejam utilizados para reflexão, trabalho interno (meditação, bioenergia, etc.) ou pesquisa e estudo;

- Caso a condição acima possa ser atingida eficientemente, a qualidade de vida baseada na manutenção da saúde e harmonia nos relacionamentos poderia ser mantida, não por um fator externo transcendental, mas sim pelo estímulo dos potenciais ético-imanentes do próprio homem, caso este esteja aberto e minimamente lúcido para utilizar beneficamente tais probabilidades equilibrantes;

- O autor levanta ainda a hipótese de que uma Estrela Wang Montanha bem estruturada possa até auxiliar no fator equilibrante (ou pelo menos no aprofundamento sensível e espiritual) dos processos relativos às instabilidades físico--emocionais ampliadas durante os picos de sutilização da matéria (aspecto não controlável, globalmente determinante e atuante cada vez mais após 2012).

Vide resumo:

Estrela 8-Branca (Zuo Fu)		Características gerais: sabedoria, crescimento seguro, conscientização, espiritualidade, segurança interna, escolha.		
Elemento Primordial (Hou Tian): Terra				
Qualidade: Muito favorável				
Para o Período 8 (até 2024)	**Estrela Wang**	Influências ambientais externas e internas		
		Ativação (através de)	Perda de Eficiência Aumento das Instabilidades	
Se bem localizada e utilizada de maneira consciente, as Estrelas 8-Água e 8-Montanha estimularão *Efeitos Dinâmicos e Intrapessoais* favoráveis, baseados na coerência, na capacidade de perceber "janelas de possibilidades" construtivas, equilíbrio da saúde pela conscientização do corpo e espírito, e uma harmonia nos relacionamentos, baseada no respeito mútuo e diálogo equidistante.	**8-Água** (Efeitos Dinâmicos)	Movimento, atividade, fluidez, amplitude energética no setor.	8-Água situada em locais fechados, sem movimento (Si Qi) ou isento de aberturas para receber o Qi de fora. Vista externa do setor bloqueado por construções mais altas e (ou) paisagens com baixa qualidade energética (rio poluído, edificações velhas, caóticas, abandonadas, etc.).	
	8-Montanha (Efeitos Intrapessoais)	Estrutura, estabilidade, equilíbrio na área ou direção em questão.	Região do 8-Montanha com movimento desordenado, locais sem estabilidade, com muitas aberturas ao exterior e (ou) com pouco uso. Vista externa totalmente aberta; sem apoio formal das construções no entorno, excesso de ativação energética (Sha Qi) pelo fluxo de vento ou movimentação excessiva de autos e pessoas.	

O Conceito de Energia Sheng

Sheng pode ser entendido como uma energia em ascensão, próximo do ápice (Wang). Na dinâmica do Fei Xing, se referem especificamente aos Números 9 e 1 durante o Período 8 (até 2024), ou seja, são os mais importantes, em ordem decrescente de influência, após o 8-Água e o 8-Montanha.

Assim, mantendo os movimentos cíclicos, entende-se que, a partir de fevereiro de 2024, quando adentrarmos ao 9º Período, as Estrelas 9-Água e 9-Montanha serão as "âncoras probabilísticas" mais eficientes (e não mais as Estrelas 8) para se estimular os *Efeitos Dinâmicos* e *Efeitos Intrapessoais* em harmonia com as necessidades conscienciais dos moradores ou usuários. Isso demonstra como os aspectos temporais possibilitam uma mudança no potencial dhármico-kármico "oferecido" pela construção e vivenciado pelas pessoas. Em outras palavras, a cada 20 anos, um local nascido sob influência de um Período e que tem um Mapa de Combinações predominantemente fixo, pode se alterar completamente as tendências e leituras das probabilidades, o que demonstra que nada será sempre estático, ideal e absolutamente bom ou ruim.

Interessante observar que um dos efeitos mais dinâmicos disso é a crescente mudança das características destrutivas de uma Estrela predominantemente ruim (ex: 5-Lian Zhen) para tendências boas e reflexivas (quando adentram a escala Sheng), e até excelentes, quando se encontram no ápice energético (Wang).

Estrelas Estimulantes e Desafiadoras nos Períodos 8 (até 2024) e 9 (2024 a 2044)

Existem diversas interpretações e métodos que alinham as qualidades das Estrelas no fator tempo. Especifica-se que a proposta abaixo se baseia na opinião do autor, tendo em vista pesquisas teóricas e práticas realizadas na última década, destacando-se algumas adaptações realizadas, levando-se em conta aspectos mais amplos e não necessariamente pragmáticos.

Uma observação importante: em tabelas anteriores, talvez seja possível evidenciar termos como *favorável* ou *desfavorável* no que tange a qualidade de uma Estrela. Entretanto, salienta-se que o primeiro termo não significa, necessariamente, garantia de ocorrências benéficas e confortáveis apenas, e o segundo não representa que deva ser considerado como sendo um mal total, culpado absoluto das ocorrências nefastas em direção às pessoas inocentes e magnânimas como nós, honestos moradores. Portanto, não é possível sequer desgastar ou minimizar o impacto de uma Estrela dita nociva prendendo ou eliminando-a, já que ela não é a causadora do problema, mas somente (e no máximo) um amplificador dos potenciais caóticos que existem no ser humano. Caberia a este último resolver a questão ou ao menos refletir sobre tais condições.

Desta forma, nesse momento, será substituído o termo favorável ou benéfico por *Estimulante* (potencial de oferecer *Efeitos Dinâmicos* e *Intrapessoais* construtivos) e a palavra desfavorável ou maléfico por *Desafiador* (no sentido de requerer reflexão, conscientização e responsabilidade em lidar com as consequências das escolhas efetuadas cotidianamente).

Vide tabela (para maiores detalhes sobre as características de cada Estrela individualmente, revise as páginas anteriores):

234 | Feng Shui Clássico nos Novos Tempos

Período	Dragão da Água e Montanha				
	Estrelas Estimulantes			Estrelas Desafiadoras	
	Wang (Estruturais)	Sheng (Importantes)	Neutras	Incertas	Instáveis
8 (até fev. 2024)	8	9, 1	6	3, 4	5, 2, 7
9 (2024 a 2044)	9	1	6, 8	3, 4, 2*	5, 7
Efeitos Dinâmicos e Intrapessoais	Direto, ocorrências em curto prazo. Atuam nas possibilidades de harmonização sistêmica.	Indireto, em médio-longo prazo.	Indireto, sutil.	Efeitos diversos, podem estimular conquistas ou adequações funcionais, mas também suscitam posturas monoideicas, impulsivas e /ou alienadas.	Efeitos caóticos e variados, necessitam de reflexão e sabedoria pessoal. Estrelas de grande impacto em sutilizações.

* A Estrela 2 no Período 9 será originalmente Sheng (Ascendente), que a tornaria naturalmente favorável. Entretanto, tal condição dependerá, na visão do autor, da maneira como a sociedade lidará com os aspectos da doença e cura não apenas como resultados físico-comportamentais do homem moderno, mas também relativos ao potencial de equilíbrio intrínseco pelo Sentir (incluindo a autocura), através do alinhamento dos Veículos da Consciência pela compatibilidade com o Momento Dinâmico Planetário. Parece-me que isso ocorrerá prioritariamente até o final de 2023.

O Mapa de Estrelas Voadoras

A RESPEITO DAS DIREÇÕES DA FACE ENERGÉTICA
E SEUS RESPECTIVOS SETORES

Setores		Graus	Setores		Graus
N	N1	337,5º ~ 352,5º	S	S1	157,5º ~ 172,5º
	N2 ~ N3	352,5º ~ 22,5º		S2 ~ S3	172,5º ~ 202,5º
NE	Ne1	22,5º ~ 37,5º	SW	Sw1	202,5º ~ 217,5º
	Ne2 ~ Ne3	37,5º ~ 67,5º		Sw2 ~ Sw3	217,5º ~ 247,5º
E	E1	67,5º ~ 82,5º	W	W1	247,5º ~ 262,5º
	E2 ~ E3	82,5º ~ 112,5º		W2 ~ W3	262,5º ~ 292,5º
SE	Se1	112,5º ~ 127,5º	NW	Nw1	292,5º ~ 307,5º
	Se2 ~ Se3	127,5º ~ 157,5º		Nw2 ~ Nw3	307,5º ~ 337,5º

Note que das 24 subdivisões, as Montanhas 2 e 3 de todos os setores estão juntas, pois terão um mesmo Mapa de Estrelas Voadoras. Reforçando que pela proposta do livro, não será abordado o passo a passo referente à montagem dos diagramas, sendo apresentadas as probabilidades prontas dos Períodos 6 a 9 (construções realizadas entre fevereiro de 1964 a fevereiro de 2044).

Diagramas Gerais – Construções edificadas entre 1964 e 2044

Período 6 (Entre fevereiro de 1964 e fevereiro de 1984)

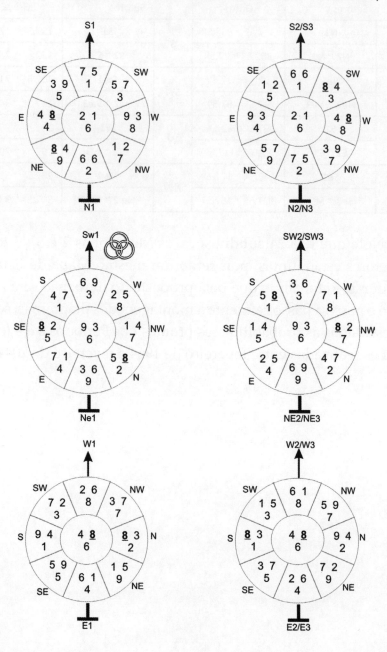

Xuan Kong (Vazio Misterioso) | 237

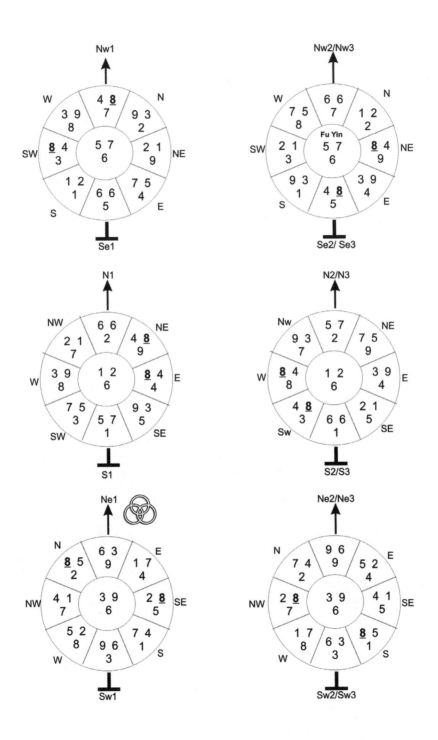

238 | Feng Shui Clássico nos Novos Tempos

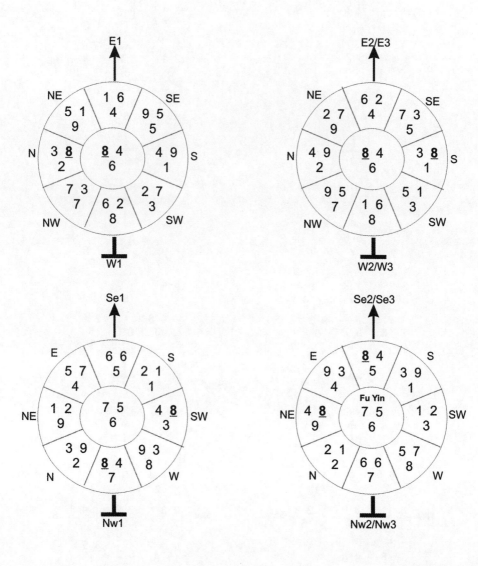

Xuan Kong (Vazio Misterioso) | 239

Período 7 (Entre fevereiro de 1984 e fevereiro de 2004)

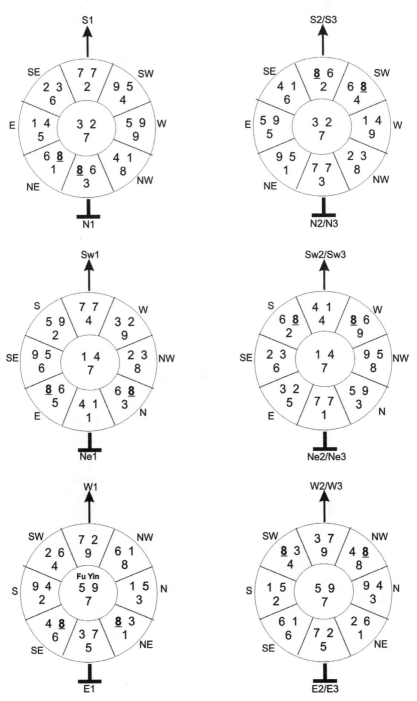

240 | Feng Shui Clássico nos Novos Tempos

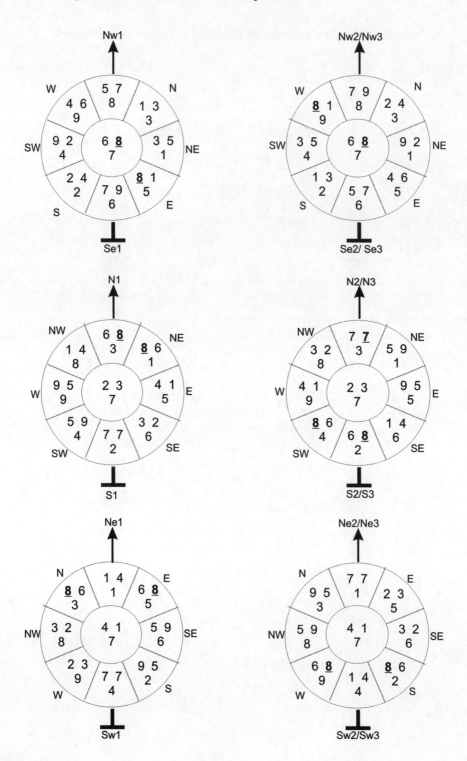

Xuan Kong (Vazio Misterioso) | 241

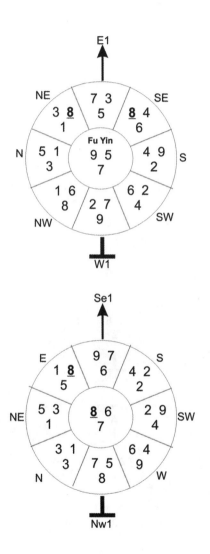
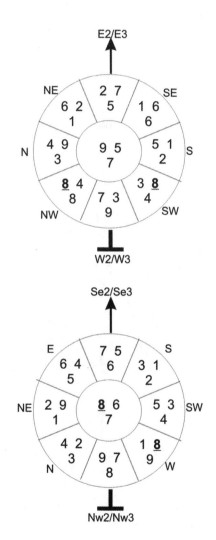

Período 8 (Entre fevereiro de 2004 e fevereiro de 2024)

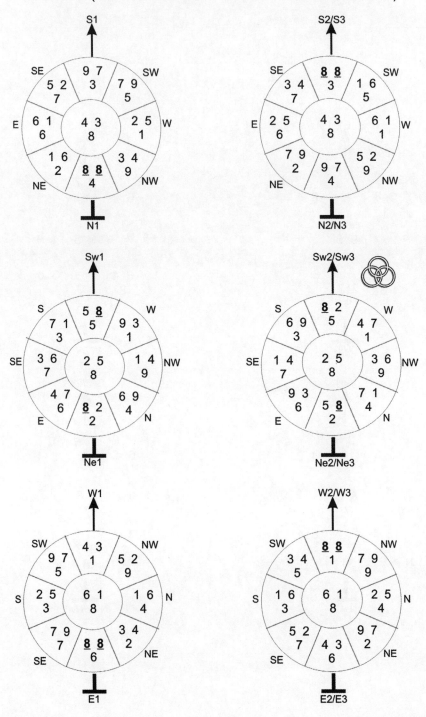

Xuan Kong (Vazio Misterioso) | 243

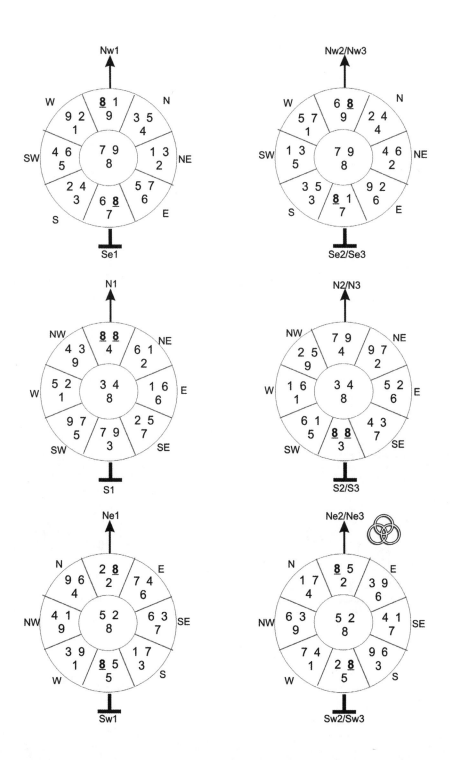

244 | Feng Shui Clássico nos Novos Tempos

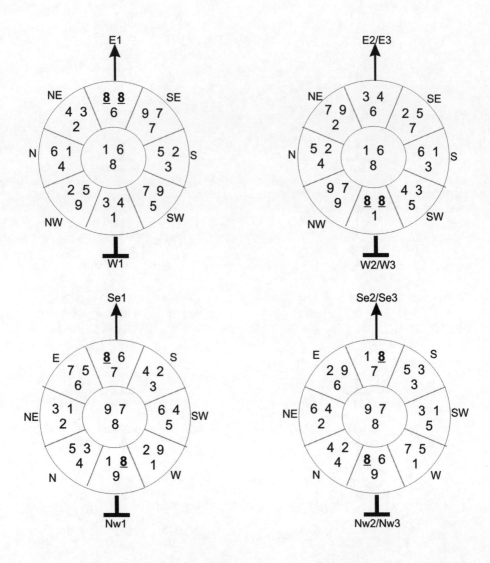

Período 9 (Entre fevereiro de 2024 e fevereiro de 2044)

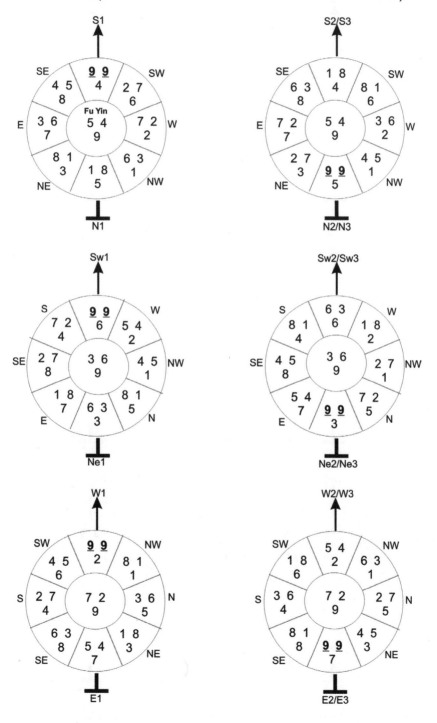

246 | Feng Shui Clássico nos Novos Tempos

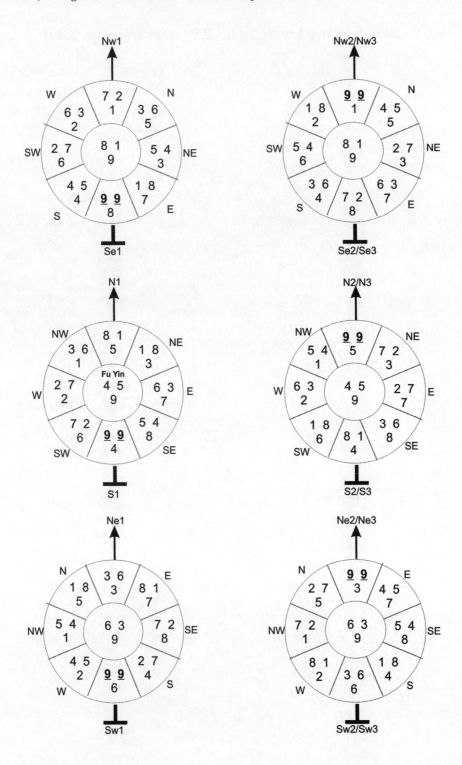

Xuan Kong (Vazio Misterioso) | 247

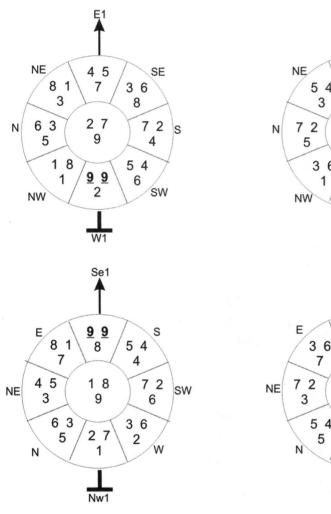
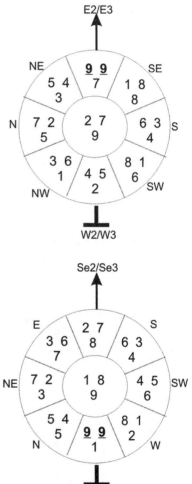

Os 4 Tipos de Mapas Básicos

Referem-se a padrões preestabelecidos que supostamente influenciam um lugar até o fim do bloco de 20 anos em que o mesmo foi construído, ou seja, para edificações levantadas durante o Período 8 (a partir de 4 fevereiro de 2004), os aspectos abaixo seriam relevantes até fevereiro de 2024. Salienta-se que, energeticamente, uma construção pode ser considerada "viva" quando se consegue "prender o Qi" no ambiente (teoricamente, quando já se tem a presença das paredes externas, internas e do teto – no caso de prédios, ao se instalar os elevadores de uso do condomínio). Na prática, pode-se considerar a época da finalização da obra.

Assim, os 4 Padrões seriam, com as interpretações aproximadas:

- **Wang Shan Wang Shui** (Bom para Pessoas e Bom para Prosperidade).

Ex: construção de Período 8 faceada a 315° (Nw2)

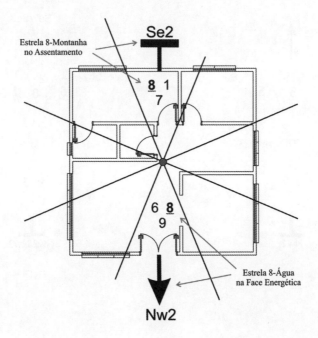

- **Shuang Ling Xing Dao Xiang** (Bom para Prosperidade e Ruim para Pessoas / comumente denominada "Dupla na Frente").

  Ex: construção de Período 8 faceada a 340° (N1)

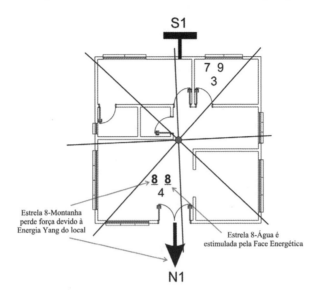

- **Shuang Ling Xing Dao Zuo** (Bom para Pessoas e Ruim para Prosperidade / comumente denominada "Dupla Atrás").

  Ex: construção de Período 8 faceada a 91° (E2)

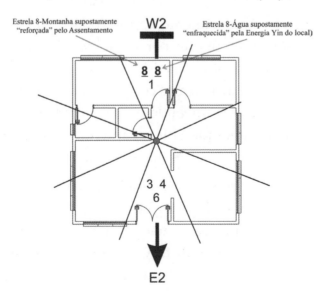

- **Shan Shan Xia Shui** (Ruim para Pessoas e Ruim para Prosperidade / comumente denominado "Mapa Reverso").
Ex: construção de Período 8 faceada a 45° (Ne2)

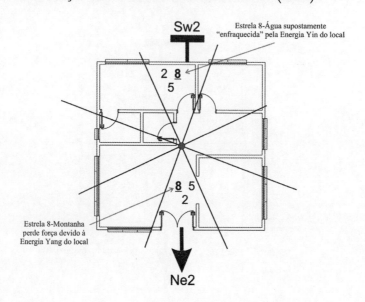

O pressuposto desses padrões se baseia nas posições mais ou menos favoráveis levando em conta as Estrelas Wang do Período. Ou seja, a melhor condição para se definir uma Prosperidade abundante seria a Estrela 8-Água estar na região da Face Energética e o 8-Montanha, no Assentamento, certo? Todas as demais possibilidades representariam fatores parcialmente ou totalmente ruins (8-Água no Assentamento e/ou 8-Montanha na Face).

Seria importante avaliarmos com muita cautela os 4 padrões nos tempos atuais, não assimilando-os como verdades somente por virem de clássicos ou porque assim se aprendeu. Vejamos algumas constatações e desmistificações desses princípios:

- O único que poderia ser considerado razoavelmente coerente é o 2º padrão (Shuang Ling Xing Dao Xiang / Dupla na Frente), já que, positivamente, a Face Energética (lado da construção com maior potencial de entrada de Qi) estimularia constantemente a Estrela 8-Água, possibilitando uma dinâmica benéfica das probabilidades (mesmo que haja uma generalização no sentido da Riqueza, pois para isso ser "garantido" seria necessária uma condição externa excelente – Ming Tang, bem como fluxos internos favoráveis e uso compatível dos cômodos). No sentido inadequado, como ambas as Estrelas Wang estão na Face (combinação 8-8), o estímulo da Estrela Água naturalmente desestabiliza a Estrela 8-Montanha, pelo excesso de energia (como essa última refere-se ao tema Pessoas, conclui-se a possibilidade de gerar impactos desfavoráveis nesse sentido).

- Conforme averiguado nos capítulos anteriores, a afirmação de que o Assentamento é prioritariamente o lado mais Yin e estável de uma construção só foi fato mesmo na antiguidade, em que se escolhiam primeiro as melhores montanhas para "ancorarem" uma edificação (Shan Real). Atualmente, o único ponto "garantido" é a Face Energética (e mesmo assim com ressalvas, já que existem várias linhas para tal definição), sendo o Assentamento somente o lado oposto à Face. Nesse sentido, o Mapa:

  - Shuang Ling Xing Dao Zuo (Dupla Atrás) não garante ser nem *"Bom para Pessoas"* e nem *"Ruim para Prosperidade"*, pois essa consideração só seria válida se realmente houvesse uma grande Tartaruga (Montanha Verdadeira ou Virtual) na direção do Assentamento. Na realidade, essa condição pode ser até oposta, caso neste último existam aberturas ou acessos, com uma vista ampla e estímulos externos variados (mesmo que estes sejam menos intensos que a Face);

  - Wang Shan Wang Shui (Melhor Mapa) talvez não seja tão favorável assim para Pessoas, caso exista uma condição de Assentamento inadequada (como no exemplo acima);

  - Shan Shan Xia Shui (Mapa Reverso) pode não ser tão ruim, caso seja possível dinamizar uma entrada de Qi (por não haver um Assentamento muito estável), ou seja, estimular minimamente a Estrela 8-Água na parte oposta à Face Energética, através do movimento, fluxos, acessos e caminhos externo-internos pelo setor.

- Além dessas 4 estruturas referenciais necessitarem de averiguações *in loco*, é importante relembrar que tais condições dependem exclusivamente da posição das Estrelas regentes do momento (no caso, 8-Água e 8-Montanha), sendo que, no próximo período, essas condições perdem força, já que, quem responderá pelos estímulos primários, serão as Estrelas 9 (que estarão em outras posições ou setores do Ba Gua). Nesse sentido, é interessante notar como por vezes assume-se uma postura muito dogmática e reverencial ao que um mestre diz ou se lê e entende num tratado explicitado como "verdadeiro", "a real fonte de conhecimento", etc. Um exemplo comum (supostamente vindo de manuscritos antigos) é a afirmação de que uma construção jamais perderia as características relativas aos 4 tipos de mapas básicos, mesmo quando houvesse a evolução de um período a outro. Essa ideia ou interpretação (errônea, na visão do autor) foi divulgada por alguns professores no ocidente, sendo que é possível encontrar "consultores formados" que no Período 8 ainda estimulam, por exemplo, as perigosas Estrelas Lian Zhen (5-Água e Montanha) em construções antigas de 5º Período. Sem dúvida, cada construção sempre terá uma característica inata do momento em que foi construído, mas isso não significa a estagnação em um dos padrões básicos, como definição de uma "sorte" absoluta que, se já é genérica e reducionista em demasia, atualmente está imersa na incerteza e instabilidade de processos globais que questionam o homem em sua infraestrutura mais profunda, e não apenas no reforço das crenças maniqueístas.

Xuan Kong (Vazio Misterioso) | 253

- Mesmo sendo improvável, se as condições externas (Luan Tou) realmente reforçarem as condições das 4 Estruturas Originais, sob o ponto de vista consciencial, teríamos:
  - Wang Shan Wang Shui (Melhor Condição): *Efeitos Dinâmicos* e *Intrapessoais* construtivos (harmônicos);
  - Shuang Ling Xing Dao Xiang (Dupla na Frente): *Efeitos Dinâmicos* estimulados e *Efeitos Intrapessoais* desafiadores (reflexivos);
  - Shuang Ling Xing Dao Zuo (Dupla Atrás): *Efeitos Intrapessoais* profundos (imanentes) e *Efeitos Dinâmicos* desafiadores (instáveis);
  - Shan Shan Xia Shui (Mapa Reverso): *Efeitos Dinâmicos* e *Intrapessoais* instáveis, incertos e desequilibrantes.

As condições acima não deveriam se fundamentar sob um aspecto estanque e estático (o bom e o ruim), sendo cada infraestrutura dessas um fator atrator (ferramenta dhármica) de necessidades da Consciência para gerar experimentação e proporcionar um leque de escolhas a partir dos mais variados estímulos e probabilidades, colapsadas em eventos cotidianos de potencial kármico. Assim, talvez a questão aqui não seja fugir disso, mas aprender a viver nisso, e a lidar com isso.

Reconhecendo os Padrões Especiais

Após a averiguação sobre o momento da construção (o que possibilita a primeira análise sobre os 4 Padrões Básicos, caso a construção esteja sobre influência do período atual – no caso, o 8), é importante constatar se o Mapa de Estrelas possui algum padrão peculiar, e se tal condição é realmente fato.

Em teoria, os Diagramas Especiais não se limitam somente ao período da edificação, mas abrangendo também os demais ciclos. Será?

Vide alguns modelos:

SOMA 10

Referem-se a um esquema numerológico específico de somatória 10 entre a Estrela Tempo e a Estrela Água ou entre a primeira e a Estrela Montanha, em todos os setores. Quando esse arranjo se dá pelo Dragão da Montanha, isso supostamente estimula *Efeitos Intrapessoais* benéficos e duradouros, e quando a condição ocorre envolvendo o Dragão da Água, *Efeitos Dinâmicos* favoráveis estariam otimizados. Alguns exemplos:

1. Soma 10 para Efeitos Intrapessoais (Estrelas Montanha + Tempo);

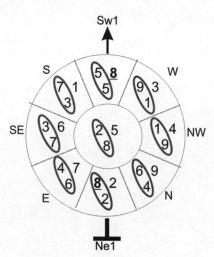

2. Soma 10 para Efeitos Dinâmicos (Estrelas Água + Tempo).

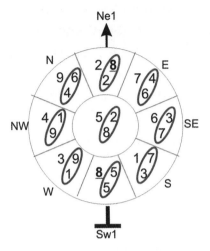

O padrão 10 conceitualmente advém da oposição existente entre os números do Luo Shu (vide figura). Interessante notar que, de maneira similar ao que ocorre no He Tu, o 5 se encontra no meio, sendo que no Quadrado Mágico ele representa o ponto central das forças 9-1, 8-2, 7-3, 6-4 e, implicitamente, 5-5 (se considerarmos o início e o retorno nesse mesmo número). Assim, metaforicamente, a soma 10 provavelmente se refira ao ponto de equilíbrio dinâmico resultante do processo cocriativo do homem (5) na sua rotina de vida e no mundo, algo como uma mescla saudável entre presença, capacidade de ação, escolha lúcida e responsabilidade dos resultados na *práxis*.

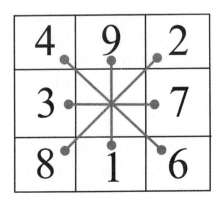

256 | Feng Shui Clássico nos Novos Tempos

Entretanto, se a teoria é bem aceitável, na prática esses padrões só seriam realmente abundantes (no tema ou efeito estimulado) e contínuos, quando as Estrelas Wang estão incitadas, seja a da Água (estimulando os Efeitos Dinâmicos) ou a da Montanha (aprofundando os Efeitos Intrapessoais). Caso isso não ocorra (seja por uma condição característica ou pela mudança de um período para outro), tais mapas deveriam ser tratados como estruturas razoavelmente comuns (alguns estudiosos se empolgam perpetuando uma excelência "eterna" para esses mapas, o que é uma hipérbole exagerada e sem sentido), tendo que se levar em conta a problemática existente quando as Estrelas do período não conseguem equilibrar dinamicamente o sistema de probabilidades.

A única condição que parece ser relevante nesse sentido é que realmente os Mapas Especiais diminuem os impactos da Estrela 5 na combinação do centro energético (Fu Yin e Fan Yin – a serem abordados nas próximas páginas).

Fu Mu San Ban Gua (Cordão de Pérolas – Sequência dos Pais)

É considerado um dos Mapas mais favoráveis, pois, segundo os clássicos, representa uma relação harmoniosa entre as Estrelas d'Água, Montanha e Tempo de cada um dos setores (sempre uma relação 1-4-7, 2-5-8 e 3-6-9). Esse padrão se baseia no referencial de sincronia obtido na montagem do Gan Zhi (60 Binômios) com os Períodos (vide páginas anteriores).

Metafisicamente, pode-se considerar que esse diagrama representa indícios de sabedoria intrínseca, espiritualidade e meditação, devido ao arranjo "temporal", baseado no acesso dos potenciais de memória ancestral e capacidade de reforçar a índole pela profunda *Lembrança de Si*, sobretudo no experienciar lúcido dos arquétipos emocionais no dia a dia.

No geral, essa condição não significa facilidade de vida e aberturas de caminhos, mas sim tende a "atrair" pessoas que conseguem lidar com mais desafios, que são mais conscientes dos processos energético-espirituais ou necessitam de reflexões mais profundas e menos lineares. Além de teoricamente diminuir os impactos da Estrela 5 na combinação do centro energético (Fu Yin e Fan Yin), os *Efeitos Dinâmicos* ou *Efeitos Intrapessoais* estarão mais destacados sempre de acordo com os estímulos respectivos das Estrelas Wang d'Água ou Montanha do período analisado.

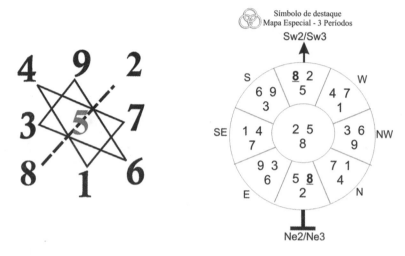

Introdução à Análise de um Mapa Fei Xing

Condicionantes Analíticos

No estudo de um Mapa de Estrelas Voadoras, existem algumas condicionantes que estabelecem grande parte dos parâmetros ou tendências probabilísticas atuantes num local. Adequando ao modelo construtivo e na forma de morar em geral encontrado na contemporaneidade, tende-se a analisar inicialmente os seguintes tópicos:

1. Combinação do Centro da construção: considerado a experimentação primordial (a "pedra essencial" de aprendizado, o corpo das probabilidades), não possui uma área em si (tendo assim uma condição virtual), pois na verdade representa o nascimento das demais Estrelas Água e Montanha que entrarão em potencial de realização nos outros setores;

2. Estrela Água que se encontra na Face Energética: considerado o *Efeito Dinâmico* primordial, a linha de eventos primários em tendência de manifestação. Por ser estimulado pelo padrão de Qi mais efetivo enquanto movimento, não é possível barrar a sua influência sem modificar as aberturas da construção e (ou) do entorno imediato e do paisagismo. Assim, o primeiro passo seria estudar as probabilidades geradas e se possível ou necessário (em caso de uma estrela desafiadora), tentar modificar alguns de seus efeitos, dinamizando a Estrela Wang d'Água do período em questão (atualmente o 8-Água) e ampliando a observação pessoal quanto a posturas reativas advindas provavelmente dessas implicações;

3. Estrela Água do setor da porta de acesso mais utilizada: segunda influência mais atuante do quesito *Efeito Dinâmico*, é menos intensa que a da Face, porém adquire uma condição mais sutil e ao mesmo tempo importante, que é a tendência de fluxo energético pela movimentação das pessoas, de fora para dentro da edificação e reforçando as rotinas e hábitos da circulação interna;

4. As Estrelas Montanha situadas nos quartos principais: averigua quais probabilidades são relativas aos *Efeitos Intrapessoais*. É importante verificar de duas maneiras:

   a. Se na extensão externa do setor analisado existe um Shan Verdadeiro ou Virtual dando suporte a esse Dragão da Montanha. Se isso ocorrer, a influência dessa Estrela para as pessoas será de pelo menos 70% (sendo ela *Estimulante* ou *Desafiadora*);

   b. Se o entorno externo imediato ao setor é muito aberto, mas se utiliza a área interna como quartos ou em uso predominantemente Yin, o efeito da Estrela Montanha nas pessoas será de até 30% (*Estimulante* ou *Desafiadora*).

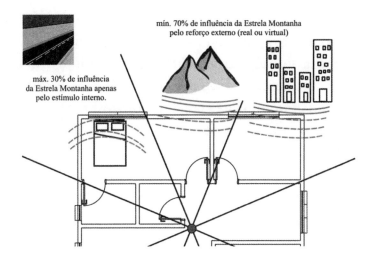

Condicionantes Equilibrantes

Se os aspectos analíticos mais relevantes se baseiam no posicionamento das Estrelas Água na Face Energética e nos acessos principais, das Estrelas Montanha nos setores de permanência Yin mais utilizados (quartos, escritórios, etc.) e do centro da construção como fator de avaliação das tendências de aprendizado primárias, os condicionantes equilibrantes mais importantes, como já explicados anteriormente, se referem às funções das Estrelas Wang como potencial de melhora dinâmica em cada período, independendo do momento em que a construção foi realizada. Assim, tendo em vista os conceitos qualitativos sobre as Estrelas 8-Água e 8-Montanha abordados nas páginas anteriores, as harmonizações probabilísticas que, em teoria, favoreceriam uma experimentação benéfica dos *Efeitos Dinâmicos* e *Intrapessoais*, se baseariam nas condições abaixo (em ordem de eficiência):

1. A Face e o Assentamento da habitação possuem respectivamente as Estrelas 8-Água e 8-Montanha, e a estrutura da habitação (paredes, caminhos, uso dos cômodos, etc.) respeita essa qualidade (a primeira Estrela consegue fluir diretamente até o Centro Energético e logo depois chegar sem muitos obstáculos até o 8-Montanha), sendo que nessa segunda Estrela estão

localizados os quartos de repouso – e estes bem reforçados pelo paisagismo externo.

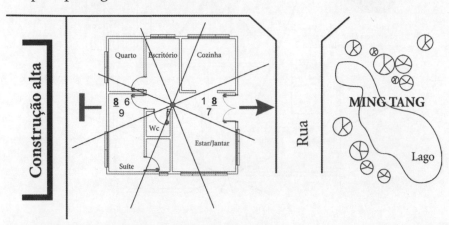

2. A porta externa mais utilizada está situada sobre o setor 8-Água, e a estrutura da habitação (paredes, caminhos, uso dos cômodos, etc.) respeita essa qualidade (a primeira Estrela consegue fluir diretamente até o Centro Energético e logo depois chegar sem muitos obstáculos até o 8-Montanha), sendo que nessa última estão localizados os quartos de repouso ou locais relevantes de convívio e permanência – e estes bem reforçados pelo paisagismo externo.

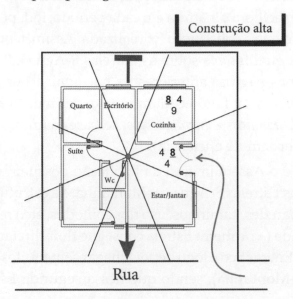

Nota: condicionar uma Wang d'Água bem estimulada externamente (se possível com Ming Tang) ao Centro Energético, representa induzir um efeito dinamicamente equilibrante no início de todas as probabilidades, por uma estrela que possui na sua infraestrutura o fator de harmonia mais eficiente no momento (o que se costuma chamar de Cura Estrutural). Otimizar ainda uma continuidade dessa Estrela Água do centro até o Wang Montanha significa que o responsável pelo *Efeito Dinâmico* mais coeso, após "reiniciar" qualitativamente o sistema de eventos prováveis, chega à estrela responsável pelo *Efeito Intrapessoal* mais estável, com grandes potenciais reflexivos e referenciais internos saudáveis (atualmente o 8-Montanha), gerando assim uma qualidade de vida pelo entendimento ou pela compreensão em relação aos resultados dos eventos como processos naturais de experimentação que levam à sabedoria, mas sem ser engolido pelos desafios do cotidiano ou peso das escolhas pessoais que poderiam diminuir a lucidez.

Alguns estudiosos consideram que não seria necessário fazer intervenções, caso se tenha as condições acima (e, naturalmente, se observe concretamente tal harmonia).

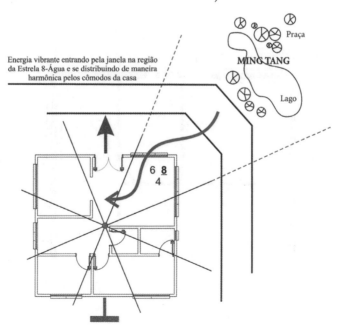

3. Mesmo não ocorrendo um dos tópicos anteriores, é possível obter relativo benefício se uma janela grande estiver situada sobre o setor da Estrela Wang d'Água (atualmente o 8-A), e a estrutura da habitação (paredes, caminhos, uso dos cômodos, etc.) respeitar a qualidade de fluxo e estrutura acima mencionada. Se essa estrela não estiver otimizada pelo Qi externo nem conseguir fluir internamente pelo menos até o Centro Energético (perdendo energia atravessando vários setores antes), a eficiência global equilibrante estará bem limitada, fazendo com que as probabilidades dos setores (sobretudo os desafiadores) possam "colapsar" em eventos variados e muitas vezes de maneira instável. Até 2012, as chamadas Curas Paliativas (utilizando objetos com constituições, formas, cores e sons baseados no Wu Xing) entrariam em ação nesses casos, surtindo um efeito controlador razoável. Nos tempos atuais, entretanto, a fundamentação de uso e eficiência desses elementos mudou drasticamente, o que será analisado nas páginas posteriores.

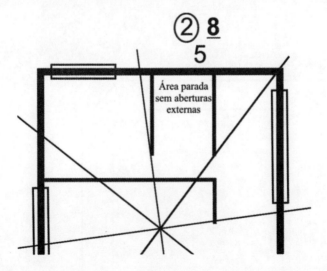

A importância do Entorno nas Estrelas Voadoras

Caracterizar uma construção somente pelos diagramas é um equívoco até comum, mas que denotaria uma maior atenção. A qualidade energética do entorno ou da vizinhança deve ser sempre agregada às análises das Estrelas Voadoras, para se conseguir um levantamento preciso das características reais do local. Vide exemplo:

1. O consultor averigua somente a construção, sem observar com cuidado como o Qi (enquanto movimento e qualidade) se caracteriza nas proximidades;

2. Pelas medições, o local deveria ser muito bom, tanto para *Efeitos Dinâmicos* quanto *Efeitos Intrapessoais* (Mapa Wang Shan Wang Shui);

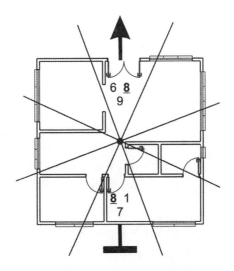

3. No entanto, os moradores percebem o aumento das instabilidades cotidianas (explicitado pela perda financeira). Há também ocorrências problemáticas na saúde e no desgaste dos relacionamentos.

Levando em conta as influências externas (responsáveis por até 70% do reforço das probabilidades), observa-se uma vizinhança não muito animadora.

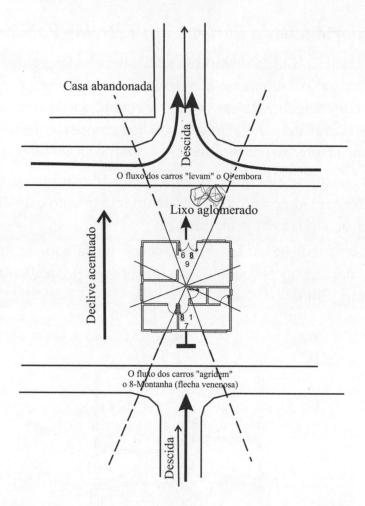

Conclusão: o entorno imediato desqualifica completamente o bom Mapa de Estrelas Voadoras do local. A casa abandonada, a quantidade de Si Qi proveniente do lixo aglomerado, o fluxo dos carros e o declive em frente, diminuem qualquer boa influência do 8-Água (mesmo ele estando na Face Energética). O Qi, invés de adentrar suavemente na edificação, (estimulando Efeitos Dinâmicos de qualidade), sai em direção à rua (levando assim, o potencial de realização). Já a descida atrás da casa e o fluxo de autos atacam o 8-Montanha, mostrando os problemas nos *Efeitos Intrapessoais* típicos da falta de Tartaruga na região do Assentamento (por mais que teoricamente o setor seja favorável para às pessoas).

Análise do Centro Energético

Tendências Estimulantes e Desafiadoras

É comum focar em algumas afirmações ou predições vindas das combinações de Estrelas (tanto dos setores quanto do centro) para fomentar avaliações "extraordinárias" sobre um local. "*2-1: dominação feminina, 3-2: problemas estomacais, briga entre homem e mulher, 9-7: acidentes com objetos cortantes, inflamação na boca, entre outros*". Mesmo sendo um possível enfoque, questiona-se a acuidade, utilidade e real necessidade dessas afirmações nos novos tempos. Levanta-se aqui um questionamento sobre uma possível carência evidenciada por alguns consultores, estudiosos ou mestres a respeito da necessidade em controlar situações, perpetuar "verdades" instituídas em livros antigos sem minimamente refletir sobre condições anacrônicas que fundamentam tais visões.

Assim, de acordo com a proposta do livro, não serão apresentados os significados das combinações em si, pois além das interpretações serem muito abertas às condicionantes singulares de um local, às variáveis conscienciais dos moradores, requerem um estudo muito neutro e menos afirmativo ou influenciável, exatamente por se tratarem de probabilidades, não necessariamente fatos que ocorreram ou ocorrerão, o que conota um cuidado redobrado.

Uma das maneiras interessantes de se averiguar como a combinação central influencia na construção como um todo, é avaliar se há alguma Estrela Montanha ou Água benéfica e estimulante no Centro Energético e como está a dinâmica de uso (se há mais movimento ou mais estabilidade na região). Assim, vide os casos nas páginas seguintes:

- A Estrela Água for favorável (no período) e estiver estimulada pelo fluxo (sendo a Anfitriã), isso significa que todas as estrelas dos setores do Ba Gua na posição do Dragão de Água serão influenciadas beneficamente, pois a origem das mesmas é uma estrela menos instável, o que, possivelmente, poderia gerar *Efeitos Dinâmicos* mais "controláveis".

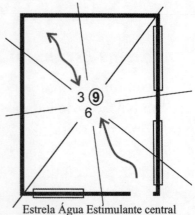

Estrela Água Estimulante central otimizada pelo fluxo / centro "aberto"

- A Estrela Montanha for favorável (no período) e estiver estimulada pela estabilidade / Ju Qi (tornando-se assim a Anfitriã), isso significa que todas as estrelas dos setores do Ba Gua na posição do Dragão de Montanha serão influenciadas beneficamente, pois a origem das mesmas é uma estrela menos desfavorável, o que, possivelmente, poderia gerar *Efeitos Intrapessoais* mais "equilibrados".

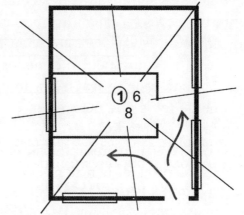

Estrela Montanha Estimulante central otimizada pela estabilidade (centro "fechado")

- Somente uma das estrelas do Centro (Montanha ou Água) for favorável no período, procura-se estimular movimento ou estabilidade (tendo em vista a posição da *Estrela Estimulante*), pois assim maximizam-se as influências benéficas sobre um dos ramos probabilísticos (*Efeito Dinâmico ou Intrapessoal*) e diminui-se o potencial caótico da *Estrela Desafiadora* posicionada no fator gerador primário (Dragão da Montanha ou Água).

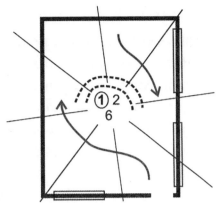

Estrela Água Desafiadora e Montanha Estimulante (adequado dar mais "estabilidade" ao centro energético - gerando Ju Qi - com mobiliário, paredes ou biombo).

- Nenhuma das estrelas centrais (Montanha ou Água) for favorável no período, não será possível utilizar a dinâmica de uso / estímulo Yin ou Yang para equalizar o sistema. Será necessário trazer (pelo fluxo energético, sobretudo circulação interna de pessoas) a Estrela Wang d'Água para o Centro Energético.

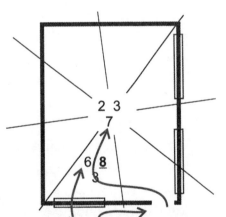

Estrela Água e Montanha Desafiadoras (equilíbrio dinâmico gerado pelo fluxo do Wang d'Água ao centro)

Obs.: Perceba que "levar" a Estrela mais *Estimulante* do período para o Centro (independentemente da combinação na região) é uma maneira de equilibrar o sistema, assegurando uma provável harmonia geral.

Estrelas Wang presas no Centro

São mapas que possuem a Estrela Wang d'Água ou Montanha na combinação central (entenda que para isso ocorrer, o diagrama estudado não poderia ser do período mais recente). Pela teoria anterior, essa condição não deveria ser excelente, já que a melhor estrela do momento está no "ponto" de nascimento de todas as combinações? A resposta é afirmativa e negativa ao mesmo tempo, pois se por um lado essa condição (Montanha ou Água) favoreceria a evolução das demais estrelas (se estimulada de maneira compatível, naturalmente), por outro, como o Centro Energético é virtual (não possuindo uma área para uso propriamente dito das probabilidades), ter por exemplo um 8-Água ou Montanha na região, seria o mesmo que lançar uma pedra num lago fundo: a mesma não estaria acessível de maneira concreta, mas apenas pelas repercussões criadas pelo movimento superficial da água. Ou seja, ganhar-se-ia uma harmonia referencial, mas se perderia a possibilidade de utilizar essas *Estrelas Estimulantes* de maneira prática (pelo uso), o que limitaria os *Efeitos Dinâmicos* ou *Intrapessoais* benéficos imediatos.

Poderiam ser avaliados da seguinte maneira:

- Estrela Wang Montanha no Centro: não causaria tantos problemas, caso haja uma estabilidade na região. Talvez possa influenciar na falta de diálogo, libido ou diminuição da fertilidade no período estudado, principalmente se a segunda Estrela mais atuante (no Período 8, seria a Estrela 9-Montanha) estiver sem estrutura.

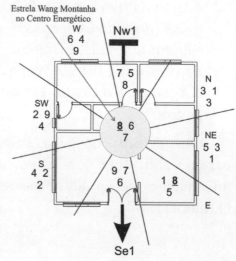

Estrela Wang Montanha no Centro Energético

Xuan Kong (Vazio Misterioso) | 269

- Estrela Wang d'Água no Centro: mesmo que o mapa conote uma "prisão" do potencial de *Efeitos Dinâmicos* mais favoráveis, isso realmente só ocorrerá de fato, caso haja um bloqueio físico na construção (atualmente, o 8-Água fechado ou isolado num cômodo, não tendo um fluxo direto até a Face Energética, por exemplo). Veja exemplos de fluidez:

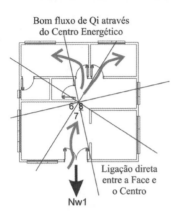

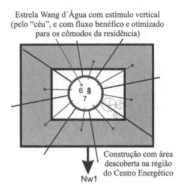

Quando a Estrela Wang d'Água realmente estiver presa, será necessário estimular tanto o fluxo energético no Centro, quanto otimizar a Estrela Sheng (até o fim do Período 8, a Estrela 9-Água), lembrando sempre da limitação existente nos estímulos a curto prazo, bem como da necessidade de se estar mais atento às reações descontroladas pessoais quanto aos possíveis *Efeitos Dinâmicos*, já que não se tem acesso direto ao fator equilibrante primário.

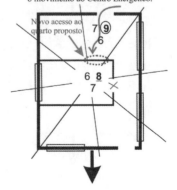

Obs.: Existe outra maneira de "liberar" uma Estrela Wang d'Água presa no Centro; entretanto, como essa condição é muito instável e exige dos moradores uma abertura consciencial muito profunda (sobretudo averiguando-se os efeitos pós 2012), esta não será abordada nesse momento.

Fan Yin e Fu Yin

Na tradução poética aproximada, significariam, respectivamente, algo como *"Resistindo à Agonia"* e *"Chorando em Agonia"*. Tecnicamente, é quando a Estrela Lian Zhen (5-Água ou 5-Montanha) está no Centro Energético, influenciando de maneira "desequilibrante" o surgimento das demais estrelas dos setores. Existe uma diferença entre eles:

- **Fan Yin:** o 5 (Montanha ou Água) traz muitos desafios, porém está em "decadência energética", o que teoricamente, é menos pior.

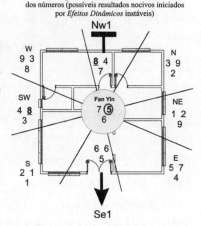

- **Fu Yin:** o 5 (Montanha ou Água) está em "ascendência energética", o que, em teoria, traria muitas instabilidades para vida, influenciando direta e indiretamente os *Efeitos Dinâmicos* e *Intrapessoais*.

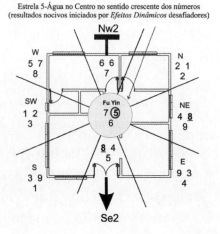

Obs.: Lembrando em Mapas Especiais (principalmente a Sequência dos Pais), o 5 no Centro provavelmente não terá impactos tão nocivos.

Identificar a residência como sendo Fu Yin ou Fan Yin não é o mais importante. Torna-se fundamental avaliar se estão ocorrendo problemas concretos na vida dos moradores, tais como doenças crônicas, falência, etc. Se a situação prática não é essa, mesmo que o diagrama assim demonstre, veja se houve reformas grandes na construção, em algum momento, tais como troca de telhados, mudança de pisos e pintura completa em todos os cômodos. Algumas vezes, mapas ruins podem ser amenizados mudando-se o período dessa maneira (atenção é necessária, pois o inverso também pode ocorrer – uma casa boa pode piorar muito a condição energética quando uma reforma do porte acima ocorre de uma maneira aleatória). De qualquer forma, a temática sobre mudanças de período será discutida no final do capítulo.

Como tentativa de estabilização, ambas as estruturas requereriam prioritariamente a chegada da Estrela Wang d'Água para esse Centro. No caso do Fu Yin, é comum também a inserção de um recipiente de bocal grande com água em movimento suave na região (essa condição teoricamente se baseia na tentativa de gerar um Ju Qi / parada, diminuindo a ação caótica "ascendente" e vigorosa da Estrela 5-Água).

A inserção de "curas" (intervenções formais) será abordada com mais profundidade adiante.

A posição (Montanha ou Água) da Estrela 5 no Centro mostraria, em ambos os casos, de onde vem o problema primordial (do *Efeito Intrapessoal* ou *Dinâmico*, respectivamente). Conscientemente, esses

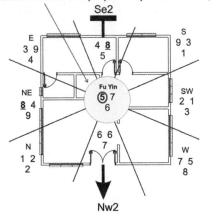

Estrela 5-Montanha no Centro no sentido crescente dos números
(resultados nocivos iniciados por *Efeitos Intrapessoais* desafiadores)

padrões refletem um potencial de experimentação kármica muito forte e talvez impactante, o que exigiria dos moradores um equilíbrio emocional, reflexão meditativa e auxílio energético-espiritual, caso tal probabilidade realmente seja fato concreto. Por outro lado, possibilitaria um impulso grande nas reavaliações internas, nos processos de apego-desapego, abrindo novos caminhos para modificar estruturas e padrões incompatíveis com a vida atual.

Lembrando que no modelo referencial abordado na obra em questão, o 5 representaria o ser humano sem máscaras, sem travas, o homem olhando para si mesmo, lidando com o seu "pior" e "melhor". Talvez a questão aqui seja não tentar limpar, transcender ou sublimar tal evidência como se fosse um fator externo (e exaltar as consequências incômodas como sofrimentos mendicantes), mas entender a importância da responsabilidade perante às escolhas (sobretudo as pequenas, sutis, cotidianas, aquelas que realizamos "no automático", com pouco ou nenhum questionamento por estarem diluídas nos hábitos, nas cortesias, manipulações e sabotagens internas). Parece-me que Fan Yin e Fu Yin é "a provocação dolorida, necessária", oferecida pela edificação, que exalta tais processos que sempre estiveram em nós, mas que deixávamos em "*stand by*" pela busca do conforto, por evitar encarar os medos mais profundos e ocultos. Bem, em casos como esse, é provável que a incerteza seja uma condição e o choque, uma ferramenta. Então qual será a nossa escolha baseada do Ser, enfim?

Introdução à dinâmica das Intervenções Paliativas

Do conceito de Jie Hua à falácia das Curas

Nota-se que no Feng Shui, como em muitas visões esotéricas baseadas em transcendência, a utilização de objetos específicos com função de cura ganhou um *status* imenso nas últimas décadas. Desde eliminar os efeitos de uma combinação nefasta, potencializar uma estrela benéfica que está fragilizada ou mesmo proteger uma construção de más energias pregando um Ba Gua espelhado na porta de entrada, se tornaram hábitos comuns, tanto para os curiosos quanto para os estudiosos do tema.

É interessante constatar que em tempos antigos, nos métodos de Feng Shui Tradicional, não existia o conceito de intervenção pontual (tinha-se uma condição favorável ou no máximo modificava-se estruturalmente uma entrada, caminho ou posição de uma cama, etc.). Quando não havia possibilidade para as modificações, sugeria-se a mudança do local, pois este estaria "condenado". Então, como passamos de regras claras e definidas (não necessariamente melhores ou piores), para métodos em que uma praticidade superficial tornou-se quase reinante, na qual, caso não seja possível uma mudança mais desafiadora, não há problema, pois se pode substituir uma atuação complexa, pela inserção de um elemento decorativo que resolva a questão, seja uma fonte, um sino de vento ou até mesmo uma cor? De onde surgiram tais "aspirinas" de Feng Shui?

Os pesquisadores Howard Choy (Cai Hong) e Wang Yu De levantam um princípio histórico bem relevante, baseado na própria evolução do Kan Yu. Segundo os estudiosos, em determinado

274 | Feng Shui Clássico nos Novos Tempos

momento da história recente, um mestre de Feng Shui, ao constatar as dificuldades em transpor alguns dos princípios ancestrais mais rígidos à dinâmica das grandes cidades que estavam surgindo, propôs um método de modificação cognitiva intrapessoal denominada Jie Hua, o que poderia ser traduzido como Mudança Correta ou Transformação Consciente. Em outras palavras, caso não conseguisse modificar a infraestrutura de uma construção para melhorar um Feng Shui, talvez fosse possível transformar a maneira em que as pessoas reagiriam aos impactos energéticos, inserindo, nesse ponto, um objeto (que não tinha uma função de cura, mas de memória do fator modificador que teria que partir do próprio homem). Para reforçar a conexão, criava-se uma metodologia baseada no código do Wu Xing, transpondo a teoria dos 5 Elementos para as representações manifestadas (formas, cores, sons e materiais) dessa "lembrança cognitiva", que deveria ser estimulada através das novas escolhas e mudança de postura ou comportamento dos moradores.

Esse conceito muito coerente, com o tempo gerou mais problemas do que soluções de fato, pois gradualmente o foco deixou de ser o homem e se depositou no item em si, fazendo com que o objeto ganhasse o título de "artefato curante", até mesmo para o mais cientificista dos consultores.

Modelo de funcionamento

Independentemente da mudança de enfoque e incremento da complexidade teórica e alegórica que tornou tal aplicação justificada e defendida por muitos como fundamental (por vezes escondendo a real superficialidade dos pressupostos), o uso das "curas formais" de fato exerceu efeito nas ditas harmonizações de Feng Shui por muito tempo.

Mas como isso ocorria? Com a dinâmica do fator "uso e repetição", criava-se uma egrégora magística baseada no reforço da memória, gerando um efeito de imantação pela função e intenção.

Naturalmente, para os neófitos clientes que não distinguiam um objeto decorativo qualquer de uma "cura fundamentada", entrava-se nesse instante o papel do consultor, que reforçava com a sua ideologia e "firmeza" os parâmetros da harmonização pontual para os moradores, fazendo com que o efeito dependesse de quanto da argumentação do especialista realmente era incorporado como a "nova verdade" para os consulentes, que acolhiam a informação e traduziam-na para uma "solução formatada", o "objeto encantado". Nesse sentido, cabe uma observação: a continuidade desse efeito era baseada no reforço da crença na "cura", questão que era retomada enquanto necessidade e dinamizada (em posição e contexto) a cada revisão (geralmente anual), com a atuação direta ou indireta, novamente do gestor da consultoria.

Mesmo que muitos argumentem que no Feng Shui Clássico não seria necessário a pessoa acreditar no processo das curas pontuais, mas apenas seguir as recomendações (pois se tratariam de dinâmicas maiores da natureza, do Qi, do Wu Xing ou outros argumentos misteriosos), pode-se dizer que a afirmação é contraditória, pois me parece que essa tal "fé" era uma condição fundamental de gatilho, mesmo que o único crente na história toda fosse somente o próprio consultor.

Para os que utilizavam tal proposta de maneira coerente, procurava-se incorporar o conceito de Jie Hua aos tempos modernos, algo como "*ser correto de maneira ritualística como também de maneira prática*". Sobre a frase entende-se:

- "*Ser correto de maneira ritualística*": escolher um objeto que represente eficientemente o elemento Wu Xing enquanto expressão no contexto da harmonização (e que seja "validado" pela fundamentação teórica do profissional e que tenha sido utilizado como exemplo formal também por outras pessoas com intenções similares, seja na história recente ou de maneira mais eficaz, utilizando-se a amplitude ancestral – gerando assim o efeito egrégora).

- *"Ser correto de maneira prática"*: mesmo que exista, segundo o estudioso, uma representação "ideal" do que é a interface formal do Wu Xing, esse crivo deveria ser validado pelo cliente. Não adiantaria uma recomendação ser engolida *a fórceps* pelo consulente *("ou você insere o relógio carrilhão na combinação 5-2, símbolo máximo do elemento Metal, ou sua vida se esvairá")*, se este não desenvolve "apreço" mínimo para com a harmonização *("mas eu odeio relógio pendulares!")*, pois a ativação seria mantida pelo usuário do ambiente, mesmo que inicialmente pudesse haver uma indução em *"forma pensamento"* vigorosa, por parte do consultor. Nesse sentido, a frase conota que seria até melhor chegar a um meio termo entre o fundamento ritualístico e as necessidades práticas do usuário (mesmo que o objeto recomendado não seja totalmente fiel às características do elemento em si), já que este último poderia criar, em médio prazo, a indução necessária para se gerar a harmonia, caso ocorresse a transferência dos valores e de conceitos de maneira eficaz, reforçada pela rotina do morador.

As Intervenções Paliativas na Nova Realidade

Não será discutido aqui se é certo ou equivocado o uso de harmonizações com elementos. A questão se baseia nas mudanças estruturais que parecem ter ocorrido em 2012 (vide capítulos anteriores), e que modificaram as ativações magísticas fundamentadas na forma, que é exatamente o caso das Intervenções Paliativas de

Feng Shui, que se referem à ativação de egrégora pela memória formal. Assim, como houve uma modificação no acesso ou no próprio "akash", os processos de sutilização da matéria mudaram os efeitos de tais acionamentos, fazendo com que elas deixassem de funcionar pela repetição, intenção, afirmação ou programação. Gráficos radiônicos, pontos riscados, patuás ou até mesmo alguns tipos de oração também parecem ser casos da perda de concordância energética.

Outro exemplo interessante se refere ao Reiki e tratamentos análogos. Torna-se cada vez mais fácil encontrar profissionais da área sentindo-se cada vez mais cansados ou "drenados energeticamente" após uma aplicação ou tratamento. Talvez o que esteja ocorrendo é que muitos usavam os ditos símbolos sagrados como "blindagem formal", entendendo a cura como algo externo a si (*"apenas um canal, como muitos costumam dizer"*), e sendo otimizado pelo viés simbólico do *Cho-ku-rei* ou similares. Como o efeito dessas "ancoragens" de egrégora perdeu coesão após 2012, o que está sendo trocado com o paciente, na verdade, é a própria bioenergia do profissional, numa relação empática em que o curador oferece um padrão supostamente equilibrante mais por vontade própria emocional do que por neutralidade técnica, ao mesmo tempo em que se assimila a desordem sistêmica do cliente. Caso o referencial caótico momentâneo tenha similaridade na aura do reikiano (e este se atenha apenas no que aprendeu formalmente), isso pode gerar desconfortos ou até mesmo somatizações pelo efeito cumulativo. Em outras palavras, possivelmente alguns ou muitos desses símbolos que tenham sido eficazes anteriormente eram acessados, consciente ou inconscientemente, como ferramentas de crença do curador, e não por serem sentidos, "recebidos" e incorporados de fato na aura durante o ritual de iniciação. Parece-me que amor incondicional e boa intenção apenas não resolvem mais as complexidades tão singulares e desafiadoras apresentadas nesses Novos Tempos.

278 | Feng Shui Clássico nos Novos Tempos

Assim, excetuando-se a boa intenção, o que se nota atualmente é o esforço em se manter uma infraestrutura de funcionamento mínima, tentando compensar essa sensação de carência pela força e vigor, seja pelo aumento do número de rezas, de limpezas energéticas ou colocação de "curas" ambientais inusitadas que, se antes já eram questionáveis, hoje se tornam exageradas e ineficientes (*"do aquário ativador de prosperidade à cachoeira em plena sala, do sino de vento minimalista à inserção de quilos de ferro velho para se tentar frear as doenças na família, etc."*). Talvez o ponto não seja aumentar a quantidade ou ardor, mas a maneira de enfocar tais referenciais.

Se antes as curas funcionavam razoavelmente, caso a pessoa soubesse estimular os potenciais, hoje parece ser necessário algo mais profundo, estrutural, baseado não mais na forma ou conceito embutido, mas, sobretudo, no *Sentir*. Assim, sugere-se o seguinte questionamento, caso as intervenções paliativas sejam utilizadas:

1. Creio ou sinto que determinado artefato vai auxiliar na melhora de algum aspecto na minha vida? Se preciso construir uma crença em cima disso (baseada numa programação ou afirmação apenas), a cura pode ser descartada, pois provavelmente não funcionará;

2. A despeito de toda a fundamentação (por mais sagrada e profunda que possa parecer), consigo sentir realmente o que se teoriza sobre o objeto recomendado? Se a questão for uma proposta de cura pessoal, por exemplo, eu sinto um referencial de fluxo curador ou mesmo um sentimento de estabilização compatível com o tema, no item indicado (seja uma cabaça ou um sino metálico)? Conseguiria gerar esse parâmetro em mim, sem ser pelo dogma, catarse emocional ou pelo intelecto apenas?

Esse caminhar "invertido" talvez seja no início muito desafiador, já que construímos uma linguagem prática para funcionar no mundo, mas muito limitada para a percepção de si. Além de geralmente não compreendermos claramente as diferenças entre emoção e sentimento, quando se aborda o tópico *Sentir*, é comum a argumentação retórica:

- *Como faço para Sentir?*
- *O que devo Sentir?*
- *Quando e se começar a Sentir, o que sentirei?*

Como se existisse uma metodologia de um "sentir" certo e errado, de garantias de chegada e caminhos que são trilhados somente porque já se sabem os resultados. O ponto aqui não é estabelecer uma revolução ou instaurar novas verdades que devem ser seguidas, mas sim proporcionar reavaliações exatamente nesses momentos de incerteza, talvez possibilitar referenciais para fomentar novas *Escolhas*, com ideias mais abertas e menos condicionadas pelo senso comum.

Claramente, essa proposta poderá gerar muitas dúvidas e incômodos, principalmente se temos a expectativa que algo externo resolva ou mesmo ajude a solucionar as nossas questões internas. Talvez precisemos até mesmo mudar a maneira de interpretarmos ou utilizarmos o Feng Shui, não mais como um canal de solução, mas sim de reflexão.

Quando e como usar

Desmistificando algumas bases que pareciam dogmas inquestionáveis, é possível que muitas questões venham à tona, tais como: *"Então não se deve mais colocar curas pontuais? Por conseguinte não há o que fazer no Feng Shui; a não ser esperar e refletir sobre a vida?"* Naturalmente, os pontos apresentados referem-se a propostas de revisão e modificação de algumas das visões e atuações aos Novos Tempos, e não a crítica cega ou negação de toda uma metodologia ancestral. A lógica de estudo segue uma linha predominantemente tradicional (com algumas variantes particulares), sendo que o tema das Intervenções Paliativas tentará mesclar aspectos interpretativos clássicos com essa abordagem mais consciencial. Caberá ao leitor, no momento da aplicação, avaliar as reais necessidades e optar ou não pelo uso das harmonizações pontuais, além das dinâmicas estruturais (fluxo / caminhos e estabilidade / permanência) das estrelas predominantes do período estudado (no caso, o 8-Montanha e 8-Água). Lembrando sempre que uma intervenção paliativa não substitui de forma alguma um equilíbrio global baseado nos usos dos potenciais das Estrelas Wang.

Quando se aborda os números do Luo Shu numa combinação Fei Xing, é comum, por hábito, nos prendermos somente à análise dos elementos como fator de "cura" (o que é um equívoco, conforme averiguamos anteriormente). Assim, quando se indica a colocação de uma fonte grande ou um aquário, por exemplo, tais recomendações não se baseiam no elemento água do Wu Xing, mas no potencial de estimular a "personalidade" de um Dragão de Água favorável (criando um acúmulo dinâmico – Ju Qi no interior de uma edificação), ou até mesmo, numa escala um pouco menor, tentar diminuir uma influência desafiadora de uma Estrela 5 no Centro Energético de mapa Fu Yin.

Observando sob o escopo da Intervenção Paliativa, como não é a mesma que realiza a "cura" (e sim o próprio homem, quando este se reavalia, estimulando sutilmente mudanças intrínsecas ao se "conectar" ao objeto), a harmonização pontual, quando utilizada, não precisaria ter uma grande proporção ou tamanho, mas sim estar estrategicamente localizada (dentro do setor necessário, obviamente) para incitar os potenciais cognitivo-imanentes nos moradores.

Mesmo não sendo uma regra, outro aspecto nas aplicações pontuais é o uso do potencial de Cheng ou Ju (movimento ou parada), ou seja, para cada elemento de harmonização inserido no ambiente (principalmente no caso de Estrelas Desafiadoras) seria interessante ter o estímulo oposto à predominância do Anfitrião. Assim:

- *Efeito Intrapessoal* sendo ativado por uma *Estrela Desafiadora* (Anfitrião Dragão da Montanha): uso de uma intervenção paliativa *"em movimento"*.
- *Efeito Dinâmico* sendo ativado por uma *Estrela Desafiadora* (Anfitrião Dragão da Água): uso de uma intervenção paliativa *"parada"*.

A proposta torna-se inversa, caso queira-se maximizar condições já potencialmente adequadas:

- *Efeito Intrapessoal* sendo favorecido por uma *Estrela Estimulante* (Anfitrião Dragão da Montanha): uso de uma intervenção paliativa *"parada"*.
- *Efeito Dinâmico* sendo favorecido por uma *Estrela Estimulante* (Anfitrião Dragão da Água): uso de uma intervenção paliativa *"em movimento"*.

As Harmonizações Paliativas

As tabelas abaixo deverão ser utilizadas apenas como referencial, necessitando de crivo e muito bom senso por parte do leitor (levando-se em conta sempre as perguntas do tópico Modelo de Funcionamento). Já os significados dos números podem ser relembrados no tópico Luo Shu / Quadrado Mágico e as Qualidades das Estrelas, sendo que os exemplos abaixo levam em conta o Período 8 (até 2024).

Estrelas Estimulantes

Relembrando que a maneira mais eficiente de acionar as Estrelas Wang e Sheng (atualmente 8, 9 e 1, respectivamente), é pelo fluxo (movimento, estímulo ou uso, estabilidade, dependendo da posição Água ou Montanha) e não por Intervenções Paliativas.

Estrelas Wang	Exemplos de Estímulos Paliativos Primários*	Exemplos de Estímulos Paliativos Secundários	Entendimento e Observações
8 Água*	Ampla quantidade de água circulante que possa "receber e ativar" o Qi (aquário, fonte grande, cascata decorativa, etc.)	Fogo "em movimento" Lâmpadas incandescentes, luz avermelhada, chama de vela, incensos, prisma d'água, etc.	A grande quantidade de água em movimento tem a função de estimular a Estrela Wang d'água. No caso do Fogo, esse elemento faz a ponte entre o potencial de dinamismo essencial da Madeira e a segurança aplicada da Terra.
8 Montanha	Geração de estabilidade e calor (lareira, altar, meditação, etc.)	Fogo "parado" Cores avermelhadas	
Wu Xing	Expressão / Aplicação: Terra	Essência / Corpo: Madeira	
Estrelas Sheng	Exemplos de Estímulos Paliativos Primários*	Exemplos de Estímulos Paliativos Secundários	Entendimento e Observações
9 Água*	Ampla quantidade de água circulante que possa "receber e ativar" o Qi (aquário, fonte grande, cascata decorativa).	Água, Madeira ou Fogo "em movimento" Fonte d'água suave com iluminação, plantas aquáticas, além das características ígneas acima. Possível Metal "em movimento"	Sobre a grande quantidade de água em movimento, vide comentário acima. Nos estímulos secundários do número 9, nenhuma harmonização consegue estabelecer a ponte entre o elemento Metal (na essência) em direção ao Fogo (expressão). Assim, mesmo não sendo pleno, pode-se estimular apenas o efeito externo da Estrela, utilizando-se os ciclos de geração (Madeira) ou reforço (o próprio Fogo). É possível ainda usar o Metal para fortalecer apenas a essência, mas essa condição não trará otimizações externas. A fonte suave é útil, pois o Fogo, "alquimicamente" aceita o elemento Água (F- se combina com A+).
9 Montanha	Geração de bem estar e inspiração (lareira, sauna, banheira de hidromassagem, altar, meditação).	Madeira ou Fogo "parado" Plantas vivas, cores avermelhadas.	
Wu Xing	Expressão / Aplicação: Fogo	Essência / Corpo: Metal	

Xuan Kong (Vazio Misterioso) | 283

Estrelas Sheng	Exemplos de Estímulos Paliativos Primários*	Exemplos de Estímulos Paliativos Secundários	Entendimento e Observações
1 Água*	Ampla quantidade de água circulante que possa "receber e ativar" o Qi (aquário, fonte grande, cascata decorativa).	Metal "em movimento" Sino de vento metálico com som médio ou grave, equipamentos sonoros ou instrumentos musicais como piano, violão, etc., que toquem sons de cordas.	Sobre a grande quantidade de água em movimento, vide comentários acima No caso da inserção do Metal (ritmo, coerência, etc.), esse elemento faz a ponte entre o potencial da estabilidade essencial da Terra e a expressão fluída em aplicação na Água. Obs.: Muitos indicam apenas o uso do elemento Água para "ativar" o 1 (isso ocorre porque desconhecem a existência ou sentido do elemento "oculto" ou essencial da Estrela, que é a Terra).
1 **Montanha**	Local de estudos, pesquisas, organização inspiração e reflexão.	Metal "parado" Elementos arredondados ou circulares em tons de ouro ou prata (quadros de capim dourado, mandalas redondas em cores metálicas)	
Wu Xing	Expressão / Aplicação: Água	Essência / Corpo: Terra	

* Não se recomenda inserir muita quantidade de água (com a função de otimização de Qi) nos setores Sul, Noroeste e Oeste, sendo que essa condição se refere apenas às intervenções no interior da construção. Além disso, do ponto de vista bioenergético, salienta-se que água acumulada em grande quantidade, por possuir características condutoras, pode se tornar um acumulador e amplificador dos potenciais de Forma Pensamento e das emanações bioelétricas (do corpo humano) no local, o que em tese, poderia contribuir por uma instabilidade energética ambiental (independentemente do Feng Shui).

Lembrando que a única estrela capaz de utilizar essa ativação energética pela retenção ou estímulo e fornecer (caso possível) um equilíbrio global à construção, é o Wang d'Água (no caso, o 8-A). As demais Estrelas Sheng (9 e 1) não terão a função de harmonização, e sim, apenas aumentar o Efeito Dinâmico das características das próprias "personalidades".

Estrela Neutra / Utilizável

Estrelas Neutras (Utilizáveis)	Exemplos de Estímulos Paliativos Primários*	Exemplos de Estímulos Paliativos Secundários	Entendimento e Observações
6 Água*	Estímulo de uso apenas (movimento, fluxo, dinamismo).	Metal ou Terra "em movimento" Para o primeiro, vide tabela anterior. No caso do segundo: ampulheta, plantas aquáticas.	Como já ocorre a conexão natural (ciclo de geração) entre a Terra na essência e o Metal na expressão, pode-se optar por estimular um ou outro. No caso da Terra "em movimento", as plantas aquáticas representam também essa condição, já tal movimento é igual à transição entre Água e Madeira (Ramo Búfalo).
6 Montanha	Estímulo de presença e estabilidade apenas. Local para estudos, pesquisas, organização, estratégia, recomposição pessoal.	Metal ou Terra "parado" Para o primeiro, vide tabela anterior. Para o segundo: vasos cerâmicos grandes, pedras, cristais.	
Wu Xing	Expressão / Aplicação: Metal		Essência / Corpo: Terra

Estrelas Desafiadoras

A eficiência nas harmonizações, tanto das Estrelas Incertas (3 e 4) quanto Instáveis (5, 2 e 7) dependem muito mais do equilíbrio global que uma construção pode atingir pelas condições das Estrelas Wang (Água e Montanha) do que utilizando-se "curas" pontuais com a função de "desgastar" uma probabilidade nociva, sobretudo após a mudança energética de 2012. De qualquer maneira, os referenciais abaixo representam, caso se observem, *Efeitos Dinâmicos* ou *Intrapessoais* ruins e constantes relacionados com tais energias (as tendências se encontram na tabela Qualidade das Estrelas). Vide algumas possibilidades de observação, reflexões conscienciais e exemplos de Intervenções Paliativas, caso sejam relevantes.

Xuan Kong (Vazio Misterioso) | 285

Estrelas Incertas Ativadas (quando estiverem como Anfitriã)		Aspectos Conscienciais Importantes	Exemplos de Intervenções Paliativas	Entendimento e Observações
4 **Água**		O quanto a ambição e o foco excessivo nas metas de vida (carência demasiada por sucesso, reconhecimento e controle) estimulam instabilidades, manipulações e *stress* pessoal e emocional?	Fogo "parado" Cores vermelhas.	O 4 no período atual pode trazer à tona questões não resolvidas sobre relacionamento, diálogo conjugal, manipulação profissional, dificuldades em estudo ou pesquisa, potencial de somatização relativa a problemas respiratórios, musculares ou nos seios e quadris. O Fogo simbolizaria o arquétipo do "Esclarecimento Espiritual e Abertura Sensível", estabelecendo certo controle ao *stress* e manipulação da Madeira e, ao mesmo tempo, da estratégia e excesso de sedução do Metal.
Ativado com	Movimento, acessos, fluxos.			
4 **Montanha**		Consigo realmente alinhar a minha estrutura Ética com aplicação da Moral? As coisas que faço e escolho (sobretudo no relacionamento intra e interpessoal) estão alinhadas com o que acredito, defendo e profiro aos outros, sobretudo no discurso?	Fogo "em movimento" Lâmpadas incandescentes, luz avermelhada, chama de vela, incensos.	
Ativado com	Permanência, parada de energia, Montanha Real ou Virtual externa na direção.			
Wu Xing		Expressão / Aplicação: Madeira	Essência / Corpo: Metal	

286 | Feng Shui Clássico nos Novos Tempos

Estrelas Incertas Ativadas (quando estiverem como Anfitriã)		Aspectos Conscienciais Importantes	Exemplos de Intervenções Paliativas	Entendimento e Observações
3 **Água**		O quanto se está disposto a ir ou sobrepujar para se conquistar as metas pessoais ou até mesmo usar da agressividade (direta ou indireta) para reagir e sobreviver a condições de pressão no trabalho e injustiças do mundo?	Fogo "parado" Cores vermelhas.	O 3 no período atual, mesmo sendo "razoavelmente" utilizável, pode trazer à tona questões não resolvidas sobre comportamento (brigas, necessidade de expressão a qualquer custo, instabilidades e flutuações emocionais), roubo, perdas baseadas em impulsividade ou potencial de somatização relativo aos pés e pernas, fígado. A indicação do Fogo tem uma função similar ao anterior ("Esclarecimento Espiritual e Abertura Sensível"). Entretanto, como esse elemento estimula o Corpo / Essência da Estrela 3, isso indicaria uma necessidade de lidar responsavelmente com tal abertura sensível, que tende a trazer esclarecimento não apenas de maneira curiosa, suave ou confortável, mas também ao encarar aspectos muito incômodos internos, conhecidos e sobretudo, desconhecidos.
Ativado com	Movimento, acessos, fluxos.			
3 **Montanha**		Costumo utilizar a agressividade, as explosões emocionais e as cobranças por afeto como válvula de escape para as minhas frustrações ou carências? O quanto acredito internamente que os "fins justificam os meios", mesmo que não expresse isso externamente?	Fogo "em movimento" Lâmpadas incandescentes, luz avermelhada, chama de vela, incensos.	
Ativado com	Permanência, parada de energia, Montanha Real ou Virtual externa na direção.			
Wu Xing		Expressão / Aplicação: Madeira	Essência / Corpo: Fogo	

Xuan Kong (Vazio Misterioso) | 287

Estrelas Instáveis Ativadas (quando estiverem como Anfitriã)		Aspectos Conscienciais Importantes	Exemplos de Intervenções Paliativas	Entendimento e Observações
7 **Água**		O quanto concentro minha atenção na necessidade de absorver e veicular informações rápidas o tempo todo, que me motivam a estabelecer metas de consumo, estratégias especulativas no trabalho, ação pessoal e aumento dos prazeres sensoriais, e quem sou ou me torno quando perco repentinamente tais certezas e controles?	Água "parada" luminária com líquido (fluído) em tons azulados, galão de água (se possível transparentes), sofá "puff" em tons escuros, azul ou preto (aqueles que se moldam ao corpo).	O 7 no período atual está forte e bem instável, podendo trazer à tona questões não resolvidas sobre comunicação (mentiras, manipulação baseada na diplomacia e cortesia), distração, alienação, erros, problemas tecnológicos, virtuais, nos automóveis, etc. Potencial de somatização relativo à boca, dentes, pele, etc.
Ativado com	Movimento, acessos, fluxos.			
7 **Montanha**		Busco cada vez mais condições externas que me distraiam (viagens, eventos, uso intenso das mídias virtuais como fator de afirmação pessoal), mas que na verdade procuram me desconectar ou alienar das questões existenciais e reflexivas mais profundas, sobretudo vinculadas ao tema solidão?	Água "em movimento" Fontes d'água suaves, aquários pequenos.	A indicação da Água tem uma função de estimular uma melhora na comunicação, sobretudo incentivando um "diálogo mais verdadeiro, equânime e equidistante". Entretanto, como esse elemento estimula o Corpo / Essência da Estrela 1, isso indicaria uma necessidade de lidar com o aumento das percepções inter e intrapessoais, sobretudo no que tange os canais energético-espirituais e flutuações emocionais, principalmente nas desconexões pessoais em momentos de sutilização.
Ativado com	Permanência, parada de energia, Montanha Real ou Virtual externa na direção.			
Wu Xing		Expressão / Aplicação: Metal		Essência / Corpo: Água

Feng Shui Clássico nos Novos Tempos

Estrelas Instáveis Ativadas (quando estiverem como Anfitriã)		Aspectos Conscienciais Importantes	Exemplos de Intervenções Paliativas	Entendimento e Observações
2 Água		O quanto tento sobreviver às instabilidades pessoais acumuladas (sobretudo na saúde) procurando focar apenas na resolução momentânea dos efeitos (não refletindo minimamente sobre as reais causas), inclusive gastando as reservas financeiras para "esconder" os problemas primordiais?	Metal "parado" Elementos arredondados ou circulares em tons de ouro ou prata (quadros de capim dourado, mandalas redondas em cores metálicas, cabaças grandes pintadas nesses tons).	O 2 é uma Estrela muito Instável no período 8. Estimula uma reflexão profunda quanto aos nossos apegos e carências emocionais, à estrutura íntima e familiar. Reflete o quanto não expressamos o que sentimos e pior, o quanto não mais mostramos quem somos, seja para agradar e estabelecer vínculo afetivo, seja para manter a postura devocional ou caritativa (na maioria das vezes baseada na negação de si pelo outro ou por uma "força maior"). É o símbolo do amor incondicional deveras distorcido, do mito da alma gêmea e da transcendência pelo vigor do sofrimento. Potencial de somatização grande, a vários indícios no corpo, sobretudo estomago, partes baixas, sexuais, etc. A indicação do Metal (nesse caso pelo padrão maleável) tem uma função de estimular ritmo com leveza, relembrando o fator "Imanência e foco nas virtudes do momento", com a referência da mudança e do desapego. Estrela que costuma ser uma das mais impactantes e reflexivas nos Novos Tempos, sobretudo em picos de sutilização.
Ativado com	Movimento, acessos, fluxos.			
2 Montanha		O quão apegado sou a respeito dos meus entes queridos e quanto controle tento exercer utilizando-se das barganhas emocionais para que tais pessoas continuem ao meu redor ou sob minha influência? Os problemas de afeto ou processos de somatização não poderiam estar relacionados diretamente ao quanto retenho energeticamente para manter tais condições atuantes e ao medo de mudar?	Metal "em movimento" Sino de vento metálico, equipamentos sonoros ou instrumentos musicais como piano, violão, que toquem sons de cordas, móbiles de mesa com bolas metálicas que se movimentam.	
Ativado com	Permanência, parada de energia, Montanha Real ou Virtual externa na direção.			
	Wu Xing	Expressão / Aplicação: Terra	Essência / Corpo: Madeira	

Xuan Kong (Vazio Misterioso) | 289

Estrelas Instáveis Ativadas (quando estiverem como Anfitriã)		Aspectos Conscienciais Importantes	Exemplos de Intervenções Paliativas	Entendimento e Observações
5 Água		O quanto preciso controlar pessoas e condições para me sentir capacitado e reconhecido? Atinjo minhas metas a qualquer custo, mesmo que use, direta ou indiretamente, manipulação, mentiras e subterfúgios baseados no poder, mesmo que sutilmente? Caso perca o *status* conquistado e as finanças, quem sou eu?	Metal "parado" Elementos arredondados ou circulares em tons de ouro ou prata (quadros de capim dourado, mandalas redondas em cores metálicas, budas chineses nesses tons).	O 5, mesmo sendo considerado a pior Estrela por muitos estudiosos, na verdade representaria o homem em transformação, possuindo e estimulando todas as instabilidades desse processo "intermediário": instinto de sobrevivência que aumenta a agressividade e a necessidade de controle como reação ao medo do desconhecido, a falta de confiança e segurança interna que interpreta felicidade como ganho e infelicidade como derrota. Representa os dogmas, as crenças em verdades baseadas em merecimento (até mesmo espirituais), *status quo*, virtudes de nobreza, à ancestralidade vinculada ao domínio, submissão ao mais forte e controle do mais fraco, ao paternalismo por herança, à noção da hierarquia como linguagem, etc. Por outro lado, oferece o potencial de viver eticamente na incerteza e durante as instabilidades, alinha-se com os princípios de Equidistância e Equivalência, da Imanência em contraponto à necessidade transcendental, o Devir em distinção ao mito do Ideal. Representa as probabilidades de somatização como um todo, as capacidades de cura ou desequilíbrio energético-espiritual em potencial de realização no físico. Aborda a importância do Sentir a Si como fluxo consciencial, dos Novos Tempos. A indicação do Metal (nesse caso pelo padrão rígido, duro) tem uma função de estimular ritmo com foco e observação intra e interpessoal, baseada na constante reavaliação pessoal e responsabilidade dos caminhos trilhados a partir das Escolhas realizadas. Estrela que pode ser considerada o "canal" primário dos efeitos de mudança estrutural na Nova Realidade.
Ativado com	Movimento, acessos, fluxos.			
5 Montanha		O quanto me apego às convicções e verdades irresolutas para sobreviver no mundo? Mostrar ou reconhecer sinais de fraqueza em mim ou nos outros gera um incômodo em que a maneira de negá-lo é pelo aumento da agressividade, grosseria, mesquinhez ou barganha em favorecimento apenas àqueles que estão ao meu favor ou que considero mais fracos? Consigo abrir mão da mágoa e sensação de traição como combustíveis para a minha "construção de mundo"? O que faço quando me sinto absolutamente frágil e solitário nos momentos de crise energética e emocional?	Metal "em movimento" Relógio com pêndulo dourado que toque de hora em hora, cd player vertical (aqueles em que se vê o cd girando – nesse caso é recomendado que se toque música de cordas como "perfume acústico" algumas horas por dia.	
Ativado com	Permanência, parada de energia, Montanha Real ou Virtual externa na direção.			
Wu Xing		Expressão / Aplicação: Terra		Essência / Corpo: Terra

Desmistificações, Cuidados e Procedimentos

Analisando com atenção os aspectos de cada número nas páginas anteriores, pôde-se notar a relação direta entre a característica, "personalidade" da Estrela (seja Estimulante ou Desafiadora) com o Wu Xing. Nesse sentido, perceba que se trabalharam as relações entre o elemento representado no Hou Tian (Expressão) com o do Xian Tian (Essência), sendo que as recomendações paliativas deveriam levar em conta sempre os aspectos entre esses códigos (e não apenas indicações, tendo em vista um fator isolado, como o elemento do Céu Posterior).

Além dos dois elementos "regentes" para cada estrela, a complexidade aumenta quando se estudam as relações das combinações em si (que resultam na interação dinâmica dos elementos – principalmente de Hou Tian / Aplicação – entre a Estrela Anfitriã e a Convidada), ou seja, utilizar o Wu Xing para amenizar as probabilidades instáveis e incrementar os potenciais estimulantes, requer cuidado e domínio no manejo dos procedimentos, tendo em vista que harmonizar um aspecto ruim de um número poderia alterar os *Efeitos Tardios* provenientes da estrela secundária da respectiva combinação. Exemplos:

- Combinação 5-7, com a Anfitriã sendo:
  - A Montanha: a questão primordial vem do 5-Terra, sendo indicado, teoricamente, o elemento Metal "em movimento". De qualquer maneira, esse paliativo poderia, em tese, reforçar os *Efeitos Secundários* da *Estrela Desafiadora* 7 (elemento Metal);
  - A Água: o ponto aqui não é mais o 5, mas o 7 sendo estimulado, o que, teoricamente, recomendaria a inserção do elemento Água "parado". Este é um exemplo que o ponto não é tentar "desgastar" a todo custo a pior estrela de uma combinação, mas sim observar com cuidado qual é a prioridade na intervenção;

Xuan Kong (Vazio Misterioso) | 291

- Combinação 8-5, com a Anfitriã sendo:
  - A Montanha: ambos são Terra, mas o 8 é a Estrela Wang relativa aos *Efeitos Intrapessoais* (que está naturalmente estimulada), fazendo com que, automaticamente, o 5 na posição do Dragão da Água esteja minimizado. Aqui é até possível inserir, caso ache recomendado, o Fogo "parado" como fator otimizador do 8-Montanha (e isso não reforça a Terra do 5-A, pois este não é o Anfitrião e está ao lado da melhor estrela para harmonização estrutural no Período 8);
  - A Água: aspecto muito desafiador, pois o 5 estimulado, além de gerar *Efeitos Dinâmicos* instáveis e muitas vezes caóticos, naturalmente desabilita o 8-M, desestabilizando também o potencial de equilíbrio intrapessoal global vindo da Estrela Wang Montanha (inserir Metal é uma opção para conter o 5, mas isso, em tese, afetaria mais ainda o 8 já enfraquecido). Prioritariamente, a recomendação se basearia na alteração da função Yang para Yin enquanto uso e dinâmica, mesmo que sejam aspectos internos (caso não tenham apoio estrutural externo, resultariam numa melhora de até 30%, sendo relacionada não a uma melhora ou resolução financeira, mas aos *Efeitos Intrapessoais* com base na reflexão e reequilíbrio emocional).

Esses dois exemplos mostram a complexidade em se focar apenas nas Intervenções Paliativas para se "estabilizar" uma construção (principalmente após 2012, em que tais elementos, além de não mais funcionarem *per si* como fatores equilibrantes, podem gerar confusões e expectativas ainda maiores que, além de pouco resolver, aumentam o caos ambiental pelo estímulo da frustração emocional agora "ancorado" nos objetos que antes eram a condição de "salvação"). Por esses motivos, mostrar simplesmente o que as combinações resultam e dizer qual a suposta "cura milagrosa" indicada, seria uma generalidade tamanha, desfocado dos propósitos do livro.

Assim, caso se opte pelo uso das Intervenções Paliativas, recomenda-se que seja um aspecto complementar à dinâmica estrutural das Estrelas Wang, e com intuito apenas de facilitar um potencial de *Jie Hua* adaptado à Nova Realidade, como ponte simbólica e expressiva da reflexão proporcionada pelos *Efeitos Dinâmicos* e *Intrapessoais* associados ao autoconhecimento e às novas referências e potencial de escolha dada pelo *Sentir Intrínseco*.

ALGUMAS OBSERVAÇÕES PERTINENTES

A despeito das fragilidades envolvendo as harmonizações pontuais pós 2012, torna-se importante reforçar alguns pontos, se a escolha cair sob tal interface:

- Excluindo algumas observações específicas, geralmente, num estudo de Xuan Kong Fei Xing, as Intervenções Paliativas são realizadas levando-se em conta a expressão formal e representativa mais próxima do Wu Xing (o que se denomina de utilizar o "elemento em si") e não apenas uma cor que simbolize uma "cura". Exemplo: uma ativação Madeira não é o armário em mdf ou tons esverdeados, mas o uso da planta viva.

- Assim, as características de uma estrela não são estimuladas pelo uso de cores referentes ao elemento, ou seja, uma combinação 2-5 (ambas estrelas Terra) não se tornará ainda mais maléfica com a cor amarela no ambiente. A única exceção é o elemento Fogo (vermelho intenso) que parece ser, pela frequência e potencial de estímulo psicoemocional, um fator ativador (seja ruim, no caso do exemplo acima, ou benéfico, sobretudo para reforçar uma Estrela Wang, como o 8-Montanha / Terra).

- Se utilizarmos esse princípio cognitivo, é provável que a maioria dos elementos tenha uma representação *per si*, com observação do Metal. Como esse Xing originalmente representava o Ouro (e o uso desse seria muito dispendioso financeiramente), o critério de utilizar características conjugadas se torna até relevante (por isso a substituição da composição mais "pura" por um objeto equilibrador contendo, ao mesmo tempo, uma forma arredondada, a cor dourada e até um som metálico), e não apenas o uso de aço escovado, inox ou de tons branco e gelo nas paredes.

- Como o Centro Energético é de cunho virtual, não se costuma colocar "curas" paliativas nessa região, apenas estimular adequadamente a Estrela Água ou Montanha, e prioritariamente, levar a Wang d'Água para tal ponto, em casos muito instáveis. Conforme abordado anteriormente, no caso de Mapas Fu Yin, a inserção de água real na parte central não se refere ao elemento Wu Xing em si, mas a tentativa de estabilizar o potencial caótico da evolução crescente do 5 pela proposta do Ju Qi (estabilidade e retenção dinâmica). Por esse motivo essa harmonização teria que ser muito cuidadosa, sendo revisada a cada semana (qualidade aquosa, fluxo equilibrado da bomba d'água para não estimular muito movimento, etc.).

- Ao se inserir uma harmonização (seja tanto para estimular o potencial de Qi quanto uma de ordem apenas paliativa), a área, em tese, seria em qualquer ponto dentro da "pizza" que corresponde a um setor. Entretanto, na prática, existe uma ordem baseada na eficiência e intenção. Se dividirmos uma seção em três partes mais ou menos iguais em distância (sendo o limite as paredes externas e a primeira linha a mais próxima do Centro Energético), provavelmente os efeitos mais expressivos se darão na zona 1 (vide figura), sendo a zona 2 um perímetro razoável. Já a zona 3 (perto do centro), praticamente terão as eficiências reduzidas, pois nessas proximidades, a influência do Centro Energético (estabilidade ou estímulo) será muito mais forte (e não mais a atuação das probabilidades setoriais). Nesse sentido, esse mesmo parâmetro serve para otimizações estruturais pelo uso, ou seja, uma cama muito utilizada situada num 8-Montanha (supostamente estimulada pela presença), mas que se encontra muito mais próxima do Centro do que das extremidades da casa, não absorverá qualitativamente os benefícios dessa Estrela Wang (mesmo que, graficamente, tal condição se mostre), mas sim influenciará provavelmente na "ancoragem" da Estrela Montanha desse Centro (boa ou ruim, e para todos os moradores, não apenas para quem se posiciona na região).

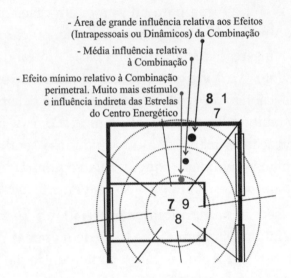

Exemplo de Intervenção

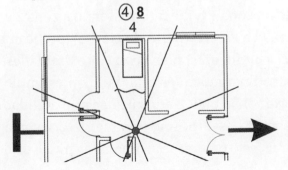

Estrela Wang d'Água frágil pelas condições do ambiente.
Estrela Montanha 4 reforçada em detrimento do 8-Água,
o que limita as condições de harmonização global

Estrela Wang d'Água do Período 8 situado numa região sem abertura para o exterior e com pouco movimento. Cômodo em questão utilizado como quarto.

- Condição: desafiadora, pois o 8-Água está completamente enfraquecido pelas condições estruturais da casa. Além de não possibilitar um reequilíbrio energético das probabilidades dos demais setores (fator de harmonização estrutural relativa somente à Estrela Wang d'Água), o que está sendo reforçado é a Estrela Montanha, o que poderia instigar probabilidades desafiadoras vindas do 4 (Estrela Anfitriã Incerta – pelo viés dos *Efeitos Intrapessoais*).

- Paliativos possíveis, caso se averigue realmente ocorrências de problemas ou dificuldades recorrentes no cotidiano dos moradores:

  - Mudar a função do cômodo para uso mais dinâmico (aumento da energia Yang);

  - Aumento do fluxo de pessoas na região;

  - Com todas as observações referentes ao acréscimo substancioso da quantidade de água circulante em ambientes, uma possibilidade (pelo escopo apenas do Feng Shui) é inserir um aquário grande na região (potencial de ampliação pelo Cheng Qi / movimento) e estímulo do Fogo no local (luz vermelha pontual, calor, até mesmo cor de parede ou decoração avermelhada), o que indiretamente otimizaria a relação entre os elementos do 8-Água (Terra e Madeira) e, em tese, diminuiria o potencial caótico do 4 (Madeira em Hou Tian);

  - Naturalmente, o tópico da reflexão e mudança de postura, independentemente dos procedimentos acima, seria obviamente requerida (a linguagem arquetípica referencial seria a combinação 4-8 em relação às dificuldades e possibilidades de mudança, talvez com o incremento do questionamento sobre os motivos mais sutis que envolvem tal limitação, instabilidade financeira e desequilíbrio nos relacionamentos).

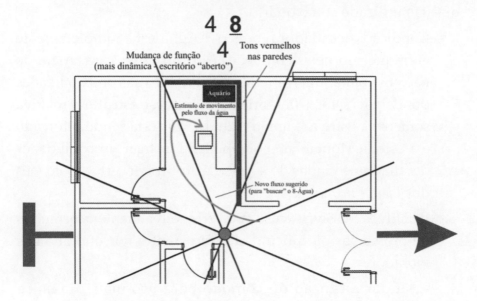

Compreender esses princípios é de suma importância, já que, ao se indicar a mudança de uma porta ou o fechamento de uma janela, por exemplo, é o fator energético estrutural que está em discussão. Assim, as harmonizações estruturais recomendadas baseiam-se nas possibilidades mais eficientes para se atingir o equilíbrio global tendo em vista as características da construção. Muitas delas, provavelmente, são difíceis de realizar, e deverão ser sincronizadas com os anseios pessoais e as opções do momento.

Importante: evite levar as descrições supostamente negativas ao pé da letra; elas são, como já reforçamos várias vezes, probabilidades de ocorrência, não necessariamente um fato pré-determinado. A importância dos sistemas de estudo pessoal no Feng Shui (sobretudo a Astrologia das 9 Constelações e os 4 Pilares do Destino) reside, por conseguinte, em poder acurar as respostas psicoemocionais que cada morador dá às tendências energéticas estimulantes e desafiadoras existentes na casa, tendo em vista o período atual e o aprendizado pessoal.

Análise – O Passo a Passo

UTILIZANDO O EXEMPLO BASE

Segundo os aprendizados do capítulo II e III, e averiguando os dados levantados, teríamos:

Medidas	
Ano da Construção	Abril de 2004
Face Energética	330º (Nw3)

- O Mapa de Estrelas seria de Período 8, com a Face Energética referente ao padrão de Montanha Nw2-Nw3.

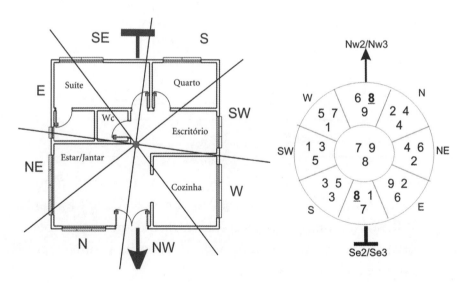

Transferindo-se as Estrelas para a planta baixa, têm-se as seguintes condições:

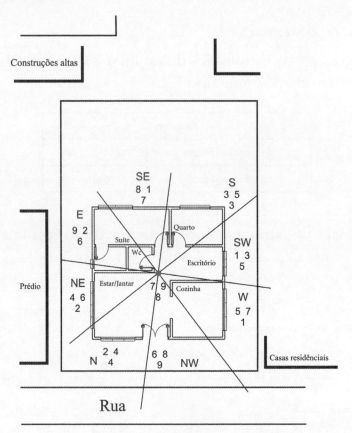

- O diagrama em questão é Wang Shan Wang Shui, já que a Estrela Wang d'Água (8-A) está na Face e o Wang Montanha (8-M), no Assentamento. Essa estrutura, mesmo sendo apenas teórica, pode ser muito favorável, caso condiga com a análise do entorno e uso dos cômodos.
- O 8-Montanha, externamente, parece estar razoável (mas não excelente), já que as edificações no fundo do terreno são percebidas, mas não possuem altura nem estrutura tão evidente. O panorama de prédios altos no horizonte auxilia, criando uma *Tartaruga Ancestral*, mas estas representam um apoio indireto e sutil, não necessariamente expressivo.

- Pelos dados, não há uma evidência da presença de um Ming Tang ou grande otimizador de Qi na frente do imóvel (provavelmente definiu-se a Face Energética pela relação de acessos / aberturas + potencial de Cheng Qi / movimento da rua). Entretanto, verifica-se que parte da porta de acesso está no 8-Água.
- Basicamente, as Estrelas d'Água estimuladas pelo fluxo de Qi vindo da rua são o 8-A (do setor Noroeste) e o 4-A (do setor Norte).
- A combinação do Centro é 7-9, sendo a Estrela Montanha desafiadora e a Água benéfica (Estrela Sheng).
- Observando-se as construções próximas, tem-se um prédio com altura razoável do lado esquerdo e vizinhos na lateral direita de mesma altura do imóvel estudado. Tais condições influenciam muito nos *Efeitos Intrapessoais* estimulados do Nordeste (pela Estrela Anfitriã 4-Montanha), razoavelmente na estrela à esquerda na combinação do Leste (9-2) e um pouco na do setor Oeste (5-7).

Realizando as Intervenções

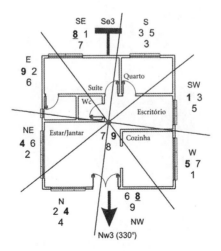

- Noroeste (combinação 6-8): sendo o melhor setor pela presença da Estrela Wang d'Água, esta deveria ser bastante estimulada.

O 8-Água, já está posicionado em parte da porta, fazendo com que os moradores, ao adentrarem a residência, levem esse fluxo equilibrante aos vários cômodos (pela circulação interna), minimizando, logo de início, as probabilidades nocivas de "colapsar" em eventos desafiadores.

Algumas indicações (tanto estruturais quanto paliativas):

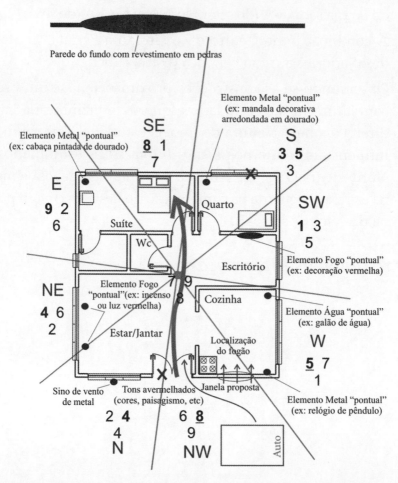

Como referência geral, as indicações acima (sobretudo na inserção de harmonizações paliativas) se baseiam na maneira como geralmente se realizavam as indicações numa consultoria. Mesmo podendo se manter tal abordagem de uma suposta correção por objetos, reforça-se a mudança desse enfoque após 2012, de que os símbolos em si estão muitíssimo limitados em equilibrar um ambiente (mesmo minimamente), o que amplia a necessidade de uso dos elementos (se essa for uma opção complementar) pelo viés do Jie Hua e das conexões por relevância pessoal, sendo as intervenções formais apenas um lembrete para os aspectos de reflexão oferecidos pela edificação e internalizados pelos moradores. Em suma, o que "cura" não são os objetos "mágicos" inseridos, mas a mudança de perspectiva e enfoque dinâmico dos moradores.

Xuan Kong (Vazio Misterioso) | 301

- No lado externo, caso haja a possibilidade de ser criar um Ju Qi (um pequeno lago decorativo, uma fonte, etc.), isso seria muito interessante. Outra indicação é a garagem ou ponto de estacionamento (na rua) ser nessa área. A decoração externa em vermelho (pois o Fogo reforça o elemento primário do 8-A) é adequada;

- Internamente, como o setor inclui parte da cozinha, recomenda-se que o fogão esteja no local (mesmo conceito Wu Xing acima mencionado, agora no fator Fogo "em movimento"). Para ativar mais ainda a entrada da Estrela Wang d'Água, abrir uma janela na parede que delimita a cozinha à área externa seria muito favorável, caso possível.

• Centro Energético (combinação 7-9): como a área pode ser considerada aberta, o 9-Água (*Estrela* Sheng *Estimulante*) estará otimizado e o 7-Montanha (*Estrela Desafiadora*) minimizado, o que favorece muito a estrutura global. Recomenda-se evitar inserir objetos decorativos pesados ou até mesmo portas e paredes que segmentem a planta baixa e estabilizem em demasia o Qi central.

- Reforçar o fluxo / caminho entre o 8-Água e o Centro, para logo depois ir em direção ao setor Sudeste (combinação 8-1) torna-se muito importante, pois permitirá que a melhor estrela responsável pelos *Efeitos Dinâmicos* favoráveis leve harmonia para o Centro, e depois chegue, sem muitas perdas energéticas, à Estrela Wang Montanha, estabelecendo assim, um alinhamento entre as "linhas de ocorrências" prováveis de cunho benéfico com a possibilidade de se gerar referencial consciencial imanente, pela vivência saudável favorecida pelos *Efeitos Intrapessoais* mais eficientes do Período 8.

• Sudeste (combinação 8-1): como não há um Shan externo muito proeminente, recomenda-se reforçar a área exterior (um muro de pedras situado na projeção do setor reforçará a Estrela 8-Montanha).

302 | Feng Shui Clássico nos Novos Tempos

- Internamente, importante situar a cama do casal nesse setor, para maximizar o potencial máximo de estabilidade energética possível do Wang Montanha pelo uso Yin do cômodo (por volta de 30%).

  Mesmo que, teoricamente, não seja mais necessária nenhuma intervenção em outros setores (pelo equilíbrio global obtido pelas otimizações das Estrelas 8-Água e 8-Montanha), continuaremos a avaliação, como reforço do estudo.

- Norte (combinação 2-4): a folha da porta deveria ser mantida fechada, para que somente o lado onde se encontra o 8-Água seja estimulado. Como externamente a edificação alta à esquerda praticamente não reforça a Estrela 2-Montanha e à área em geral está sendo influenciada pelo movimento da rua (tornando, assim, o 4-Água anfitrião), o foco de cuidado é esta última. Como o 4 tem o elemento prioritário Madeira, o uso do Fogo poderá auxiliar na harmonização (já que foi indicado a mesma intervenção externa para o setor Noroeste, pode-se estender os tons avermelhados também no setor Norte, tanto externos quanto na decoração interna).

  - Aqui se faz uma ressalva: ao se inserir Fogo para diminuir os impactos do 4-Água, isso pode estimular os *Efeitos Secundários/Tardios* da Estrela Convidada 2-Montanha (sobretudo se a área for utilizada para permanência). Por conseguinte, caso se opte pela Intervenção Paliativa acima, recomenda-se também o uso do elemento Metal "em movimento" para a Estrela 2 (elemento Terra), o que poderia ser representado por um sino de vento metálico colocado na janela.

- Nordeste (combinação 4-6): setor amplamente influenciado pela construção alta à esquerda, o que ativa em demasia a Estrela 4-Montanha (o que seria desfavorável). O uso interno como estar e jantar ou convívio social também reforça tal condição. Como a força do tema *Efeitos Intrapessoais* desafiadores estariam muito evidentes, (não sendo possível "inverter" o fluxo via Estrela 6-Água), caso se opte por uma "cura" paliativa, esta seria a inserção do Fogo "em movimento" na decoração interna (luz avermelhada pontual, lareira, incensos, velas, etc.). Isso não influenciaria em demasia o Dragão da Água Convidado, pois o 6, mesmo tendo Metal como Xing principal, possui Terra no padrão essencial (estabelecendo assim um ciclo de geração deste último com a intervenção Fogo, já que a sua atuação via elemento primário está bem limitada pela estrutura do ambiente), além de ser uma Estrela Neutra/Utilizável no Período 8.

- Leste (combinação 9-2): os dois banheiros estão na área mais central, o que é adequado para limitar os estímulos via Dragão da Água. Na região mais atuante e "aberta" existe certa influência externa da construção vizinha, o que é favorável ao reforço do 9-Montanha e enfraquecimento do 2-Água. Como o cômodo é um quarto (uso mais Yin), as probabilidades do 8-Montanha e 9-Montanha estão bem beneficiadas.

  - Como recomendação estrutural, o uso da área no quarto para meditação, trabalhos bioenergéticos pessoais, leitura, etc., seriam muito indicados como reforço dessa Estrela Sheng Estimulante. Caso se opte pela inserção de harmonização paliativa, a colocação do Metal Maleável "parado" (para se prevenir de algum resultado indireto nocivo da Estrela Convidada 2-Água – o que provavelmente não ocorrerá), pode ser incluída (sons de cordas, violão, cabaça pintada de dourado).

- Sul (combinação 3-5): setor instável, pela presença de duas *Estrelas Desafiadoras*, o que diminui a possibilidade de priorizar o Dragão da Montanha ou Água como Anfitrião.

304 | Feng Shui Clássico nos Novos Tempos

– Teoricamente, por ser um quarto, a propensão é que o 3-Montanha esteja tendencialmente mais estimulado. Entretanto, nesses casos é sempre recomendado observar se existe algum fluxo muito forte no ambiente externo (uma piscina, um playground muito utilizado, etc.), o que inverteria o estímulo prioritário para o 5-Água (ainda mais com as probabilidades provenientes do *Efeito Dinâmico* serem amplificadas para dentro do cômodo através das aberturas da janela). Como as tendências não estão muito claras, talvez seja mais "seguro" focar na estrela mais instável e que representa o ser humano, o 5-A;

– Assim, caso não se possa diminuir o uso dessa área, recomenda-se evitar deixar a janela muito tempo aberta se houver um fluxo de vento forte por esse ponto. A Intervenção Paliativa seria o Metal Rígido "parado", com o reforço reflexivo referente:

O quanto das minhas alterações e flutuações emocionais, nervosismos e posturas agressivas ou explosivas refletem diretamente na atração de experimentações ou ocorrências instáveis no meu cotidiano, como perdas financeiras, frustrações, acidentes, somatizações, etc.? Que tipo de revisão interna ou mudança de postura poderia melhorar tais condicionantes?

• Sudoeste (combinação 1-3): externamente existe certa "contenção" do Qi pelas construções vizinhas, o que daria prioridade à Estrela 1-Montanha como Anfitriã, e seria uma condição bem favorável (por ser uma Sheng que auxiliaria a equilibrar os *Efeitos Intrapessoais*).

– Internamente, seria muito adequado manter o escritório (familiar) nessa região, para reforçar ainda mais a *Estrela Estimulante* 1-Montanha e diminuir os impactos do 3-Água. Caso se opte pelo uso de "reforço" paliativo, o Fogo "parado" é uma opção viável (cor de parede, decoração avermelhada, etc.);

Xuan Kong (Vazio Misterioso) | 305

- Como essa combinação também se encontra no quarto, uma possibilidade de estabilizar um pouco as probabilidades desafiadoras do padrão 3-5 é transferir a cama (supostamente de solteiro) para o setor Sudoeste (com a parte longitudinal encostada junto à parede compartilhada com o escritório e a cabeceira encostada na parede externa).

- Oeste (combinação 5-7): as edificações vizinhas reforçam razoavelmente o 5-Montanha (o que não é favorável), e como o 7-Água também é uma Estrela Desafiadora, não é adequado otimizá-la com o recurso do movimento.

  - Como recomendação estrutural, inserir uma janela no setor ao lado (Noroeste) seria muito interessante, pois a Estrela Wang d'Água 8 praticamente equilibraria a combinação 5-7 pelo fluxo direto;

  - Como recomendações gerais, seria importante não haver a produção de muito calor (fogão ou forno) nesse setor Oeste, para não ocorrer o reforço energético das probabilidades do 5-Montanha. Como Intervenção Paliativa possível, o Metal "em movimento" (relógio de pêndulo, etc.) poderia auxiliar, mas com ressalvas;

  - O Metal supostamente diminui os impactos do 5-Terra. Entretanto, como o elemento prioritário do 7 também é Metal, isso poderia trazer *Efeitos Secundários / Indiretos* reforçados. Caso sinta a necessidade, a inserção também de Água "parada" poderia ser adequada (como a região é uma cozinha, isso poderia ser mais fácil, pela colocação de um galão de água na região, etc.). Lembre-se que esta condição não está isolada enquanto "cura", mas sim necessitará de uma melhora também na comunicação intra e interpessoal dos moradores.

Perceba que as harmonizações na Escola Fei Xing são muito dinâmicas, variando muito de caso a caso. Tenha sempre em foco que, muito mais importante do que colocar paliativos em cada cômodo, é necessário compreender como a energia mais importante do período adentra a construção e se estabiliza (no caso, respectivamente o 8-Água e o 8-Montanha). Nas situações em que a Estrela Wang Montanha está fragilizada e o Wang d'Água está obstruído ou limitado, e ao mesmo tempo as *Estrelas Desafiadoras* mais nocivas (5-A, 2-A) têm livre acesso pelas portas principais, Face ou pela dinâmica dos fluxos internos, muito pouco se pode fazer para trazer abundância e qualidade de vida aos moradores. Cabe ao homem, dentro do possível, refletir sobre as escolhas anteriores que, consciente ou inconscientemente, levaram-no a experimentar tais condições probabilísticas. Isso se torna importante não apenas como argumento de justificativa por manutenção (*"Ajudo muito a todos; eu tenho merecimento"*), desistência (*"Só quero esquecer de tudo"*) ou reativos (*"Não quero saber os porquês do processo, só quero que isso se revolva de uma vez"*), mas sim inspirar novas sementes que poderão brotar em mudanças futuras, sutis, ampliando novas condicionantes de Escolha (estas cada vez mais lúcidas e sentidas no presente), não na linguagem apenas de uma estrela salvadora externa ou de algo transcendental que traga a resolução por barganha, submissão ou convicção mística.

Estrelas Voadoras em Edifícios

Escolhendo um apartamento num andar

Tendo em vista um prédio construído no período em questão e havendo duas ou mais unidades num determinado andar, pode-se averiguar da seguinte maneira:

1. Considerar o prédio como um corpo único;
2. Ter a planta-baixa do respectivo andar (com todas as unidades);
3. Determinar a Face Energética do prédio, desenhando os setores de acordo com o ângulo em bússola e os conceitos Fei Xing aprendidos (considerando toda a área computável do andar em questão);
4. Em caso de apartamentos novos, escolher o mais adequado, pelo posicionamento global das *Estrelas Estimulantes* (sobretudo a Wang d'Água e Montanha) nas áreas em geral. Se possível, evitar as unidades que estão posicionados sob influência das *Estrelas Desafiadoras*, tanto no contexto Dragão da Montanha quanto Água (sobretudo o 5 e o 2);
5. Para avaliações das tendências em geral (apartamentos já ocupados), o passo a passo é o mesmo, sendo que se avaliam as localizações das *Estrelas Desafiadoras* (5, 2 e 7) e *Estimulantes* (8, 9 e 1) como fatores de influências instáveis e benéficas. Nesse aspecto, a análise se baseia na influência dos impactos do condomínio em geral para cada unidade.

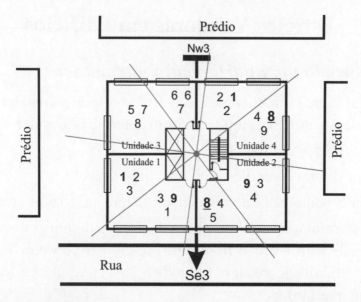

No exemplo (prédio construído no Período 6), tendo em vista os aspectos globais condominiais (o edifício como uma estrutura), pode-se averiguar cada apartamento qualitativamente, tendo em vista a localização das Estrelas Água e Montanha Estimulantes e Desafiadoras. Assim, considerando até o final do Período 8:
- A unidade 4 é a mais adequada para potencial dos Efeitos Dinâmicos favoráveis (Estrelas Água 8 e 1);
- A unidade 2 é a mais adequada para potencial dos Efeitos Intrapessoais mais estruturados (Estrelas Montanha 8 e 9);
- A unidade 1 é um misto tanto dos Efeitos Dinâmicos e Intrapessoais favoráveis, mais na condição de médio prazo (Estrelas Montanha 1 e Água 9);
- A unidade 3 talvez seja a mais instável no quesito Efeitos Dinâmicos e Intrapessoais (pelas Estrelas 5-Montanha e 7-Água sem a presença das Estrelas Wang ou Sheng);

Naturalmente, todas as condições deverão ser mescladas e reforçadas pela análise mais importante, referente ao universo de cada apartamento.

Estudando um Mapa Fei Xing num apartamento

Conforme abordado nas páginas anteriores (método de Taiwan x Hong Kong), quando os apartamentos estudados não faceiam a rua (ou ponto de estímulo similar), geralmente a Face Energética, bem como o Assentamento, são diferentes das do prédio. Observar principalmente quando:

1. O edifício é muito mais alto que o entorno;
2. O apartamento encontra-se nos andares superiores;
3. Definem-se novas vistas do apartamento para o exterior, sendo que tal amplitude se diferencia dos demais andares.

- Cuidado (equívoco comum, considerando os pressupostos apresentados): achar que a Face e o Assentamento dos apartamentos terão que ser sempre iguais aos do prédio.
- Perceba que somente os apartamentos da frente poderão ter a mesma Face Global. Os dos fundos, provavelmente estarão voltados para o outro lado; analisar sempre os aspectos externos (vide capítulo II) de cada apartamento individualmente.

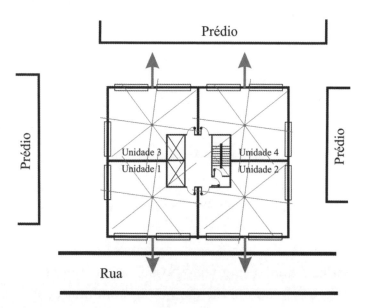

Conforme capítulos anteriores, cada apartamento deveria ser visto como uma unidade singular, com Face Energética por vezes distintas (de acordo com as características específicas) e com possibilidades de períodos totalmente diferentes um do outro e do prédio em questão, pelas possíveis reformas nas unidades.

As Influências Anuais

Além do Mapa Global, que evidencia a energia num período de 20 anos, é importante saber como cada ano influencia a análise estrutural. Serão resumidas nesse livro, como as estrelas podem desenvolver um impacto relativamente grande no sistema. É bom frisar que esse estudo específico é dinâmico, mudando a cada ano (após 3-4 de fevereiro).

Dois estudiosos se destacaram pelo uso e pesquisa das Estrelas Anuais: o mestre Sam (que estabeleceu um método fácil e abrangente) e Lao (a partir do primeiro, desenvolveu uma variação mais complexa e dinâmica). Por uma questão de contexto, abordaremos nesse momento a proposta inicial.

Estrela Montanha **−6** **3−** Estrela Água

Estrela Tempo **−9**

4− Estrela Anual

A Estrela Anual de Sam não possui as características de Montanha ou Água isoladamente (como nas combinações), mas pode influenciar os *Efeitos Intrapessoais* ou *Dinâmicos* pela conexão com a Estrela Anfitriã regente do local. Graficamente, costuma ser inserida junto aos demais números da combinação, geralmente sendo colocada na parte de baixo das outras estrelas (vide figura).

Xuan Kong (Vazio Misterioso) | 311

TABELA DE POSICIONAMENTO DAS ESTRELAS ANUAIS (MÉTODO SAM)

Ano	Estrelas Anuais – Posicionamento								
	1	2	3	4	5	6	7	8	9
2015	E	SE	Centro	NW	W	NE	S	N	SW
2016	SE	Centro	NW	W	NE	S	N	SW	E
2017	Centro	NW	W	NE	S	N	SW	E	SE
2018	NW	W	NE	S	N	SW	E	SE	Centro
2019	W	NE	S	N	SW	E	SE	Centro	NW
2020	NE	S	N	SW	E	SE	Centro	NW	W
2021	S	N	SW	E	SE	Centro	NW	W	NE
2022	N	SW	E	SE	Centro	NW	W	NE	S
2023	SW	E	SE	Centro	NW	W	NE	S	N
2024	E	SE	Centro	NW	W	NE	S	N	SW
2025	SE	Centro	NW	W	NE	S	N	SW	E
2026	Centro	NW	W	NE	S	N	SW	E	SE
2027	NW	W	NE	S	N	SW	E	SE	Centro
2028	W	NE	S	N	SW	E	SE	Centro	NW
2029	NE	S	N	SW	E	SE	Centro	NW	W
2030	S	N	SW	E	SE	Centro	NW	W	NE
2031	N	SW	E	SE	Centro	NW	W	NE	S
2032	SW	E	SE	Centro	NW	W	NE	S	N
2033	E	SE	Centro	NW	W	NE	S	N	SW
2034	SE	Centro	NW	W	NE	S	N	SW	E
2035	Centro	NW	W	NE	S	N	SW	E	SE

Regras Importantes:

- Mesmo havendo alguns pontos de vista diferentes entre os estudiosos sobre o assunto, geralmente existe um consenso referente à análise das Anuais: tais estrelas não se modificam enquanto dinâmica das regências dos Períodos, sendo que poderiam ser categorizadas como:

312 | Feng Shui Clássico nos Novos Tempos

Estrelas Anuais	Tendências Gerais	Possíveis Usos	Aspectos Paliativos*
1	*Estimulante e Benéfica*	Bom para reflexão, aprofundamento pessoal, estudo, comunicação intra e interpessoal, espiritualidade.	Objeto decorativo que remeta a ideia de profundidade, sensibilidade.
2	*Desafiadora e Instável*	Doenças, problema nas partes abdominais, apego e medo. Reforça as *Estrelas Desafiadoras Globais (5, 2, 3, 4).*	<u>Metal</u> Cabaças pequenas em dourado, móbile com bolas.
3	*Desafiadora e Incerta*	Agressividade, flutuação emocional, roubos, perdas. Estimula em demasia as *Estrelas Desafiadoras Globais (5, 2, 3, 4).*	<u>Fogo</u> Flores vermelhas vivas, plantadas no vaso.
4	*Estimulante mas Influenciável*	Bom para estudo, pesquisa, romance, relacionamento, abertura artística. Pode estimular algumas *Estrelas Desafiadoras Globais (5, 2, 3).*	Em caso de estímulo do tema Estudo, colocação de um objeto em destaque que remeta ao tema (porta-pincéis, telas, livros). Em caso de incremento nos relacionamentos, arranjo de flores no vaso com água fresca.
5	*Desafiadora e Instável*	Somatizações em geral, tendências de ampliação caótica do potencial energético-espiritual, incertezas. Estimula em demasia as *Estrelas Desafiadoras Globais (5, 2, 3, 4, 7),* bem como dificulta a lucidez do homem no potencial de uso das *Estrelas Estimulantes (8, 9, 1 e 6).*	<u>Metal</u> Objeto decorativo dourado (quadros de capim dourado, mandalas redondas em cores metálicas, budas chineses nesses tons).
6	*Estimulante e Benéfica*	Bom para organização, critério, responsabilidade, segurança e ritmo.	Objeto decorativo que remeta a ideia de organização, responsabilidade.
7	*Desafiadora e Incerta*	Manipulação, fofoca, cortes, problemas em automóveis ou eletroeletrônicos em geral. Amplia alguns efeitos nocivos de algumas estrelas globais (*3, 4, 7, 9*).	<u>Água</u> Objeto decorativo que remeta a ideia de diálogo, comunicação coerente, ou mesmo uma fonte d'água suave pequena.
8	*Estimulante e Benéfica*	Bom para harmonia em geral, qualidade de vida, segurança interna, aspectos sensíveis e éticos, inteligência.	Objeto decorativo que remeta a ideia de harmonia, sabedoria, equilíbrio.
9	*Estimulante mas Influenciável*	Bom para estímulo de alegria, celebração, contatos, viagens, aberturas, etc. Pode servir de estopim para *Estrelas Desafiadoras Globais (5, 2, 7),* representam exageros e fogo.	Objeto decorativo que remeta a ideia de alegria, festejo, esperança.

* Salientam-se que as Intervenções Anuais, mesmo necessitando de um estímulo cognitivo formal ("lembrete emocional") mais presente do que as Estruturais, requerem também o aspecto de Jie Hua, sendo apenas pontes "simbólicas" para os aspectos existenciais em evidência. No aspecto decorativo, as mesmas deveriam ser menores em proporção e tamanho do que as "curas" paliativas gerais.

- Após um estudo mais aprofundado das combinações em si, as Estrelas Anuais podem ser averiguadas de maneira isolada ou mesmo se analisando as influências sutis que as mesmas geram sob as Estrelas Montanha e Água globais.

  - No primeiro aspecto, após as intervenções estruturais otimizadas, pode-se utilizar as melhores Estrelas Anuais (1, 6, 8 principalmente e, em seguida, o 4 e 9) como fatores estimulantes (seja para permanência ou uso através do perfil característico das mesmas / vide tabela). O objeto paliativo se torna relevante apenas caso se queira utilizar o fator Jie Hua como âncora de "lembrança";

  - No aspecto mais detalhado, cada Estrela Anual se "conecta" ao Anfitrião da combinação (Montanha ou Água), podendo assim reforçar, limitar ou acelerar uma tendência favorável ou desafiadora em potencial de manifestação na matéria, seja pelo viés dos *Efeitos Intrapessoais* ou *Dinâmicos*.

- No Centro Energético, a Estrela Anual que se encontra é, na verdade, a representante primordial do ano em questão. Como os números centrais são virtuais, não há como inserir uma "cura" paliativa, mas sim entender as tendências energéticas do momento, bem como em qual Estrela Primordial (Montanha ou Água) a estrela do ano se "conecta".

Exemplo de Análise

Depois de realizadas as análises e intervenções estruturais, averíguam-se as influências anuais, como se segue (ex. 2015):

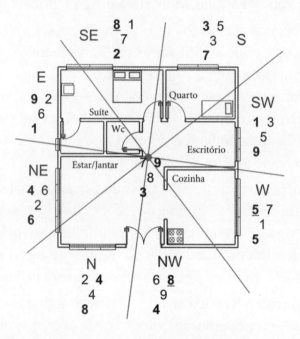

- Noroeste (Anual 4 / combinação 6-8): essa Estrela do momento é razoável e se conecta com o Anfitrião 8-Água, fazendo com que os *Efeitos Dinâmicos*, em 2015, sejam influenciados por investimentos na área de estudos, aperfeiçoamento pessoal, incremento ou mudança nos relacionamentos. Caso se opte, o reforço paliativo (nas pesquisas ou foco afetivo) poderá ser inserido, conforme tabela mostrada anteriormente.

- Centro (Anual 3 / combinação 7-9): representa a Estrela do Ano de fato (e não uma extensão de suas qualidades encontradas nos demais setores). Como o 3-Verde representa movimento rápido, inícios, vitalidade, irritabilidade, agressividade, roubos, perdas, etc., essa probabilidade latente está atuante em todas as edificações em 2015, interferindo direta ou indiretamente nas probabilidades gerais e possibilitando também aprendizados intrínsecos respectivos a esses temas, dependendo muito da maneira como as pessoas lidarão com tais estímulos (por um escopo construtivo, gerando novos caminhos e escolhas mais condizentes e éticas ou de maneira destrutiva, reativa e justificada pelo aumento da força como fator de sobrevivência às tensões externas).

– Nesse estudo, como o 3 Anual tende a se relacionar com o 9-Água, tal condição tende a ser benéfica, pois pode gerar mais vigor e intensidade para os *Efeitos Dinâmicos* em potencial, que serão utilizados como ação probabilística nos demais setores, pelo viés das Estrelas Água, quando estas estiverem como Anfitriã.

- Norte (Anual 8 / combinação 2-4): mesmo não sendo uma probabilidade estável no setor, o 8 do Ano, por ser favorável, estabiliza em parte a Anfitriã 4-Água, podendo a área ser utilizada até início de 2016 como potencial de estímulo dinâmico (abertura mais constante da janela, ponto secundário para estudo, pesquisa, trabalho).

- Nordeste (Anual 6 / combinação 4-6): essa Estrela Anual é favorável, o que diminui um pouco os impactos da Anfitriã 4-Montanha da combinação. Portanto, no ano em questão, a permanência mais prolongada (sobretudo para incremento de organização e responsabilidade) torna-se interessante.

- Leste (Anual 1 / combinação 9-2): o 1 do Ano é favorável e está "conectado" ao 9-Montanha Anfitrião, o que deixa essa área excelente para aprofundamento pessoal, trabalhos de sintonização energético-espiritual, meditação, leitura.

- Sudeste (Anual 2 / combinação 8-1): o 8-Montanha como Anfitrião auxilia estruturalmente em "conter" as possíveis influências desafiadoras do 2-Anual. Mesmo assim, talvez alguns problemas pontuais no estômago, mãos e braços, apegos e receios demasiados podem ocorrer, caso existam essas tendências no potencial áurico do usuário do local. Assim, pode-se inserir a "cura" Metal Maleável (cabaças em dourado, etc.) na região, obviamente reforçando a atenção consciencial referente a essas probabilidades.

- Sul (Anual 7 / combinação 3-5): combinação desafiadora, que "recebe" uma Estrela Anual também instável. Como em ambas as dinâmicas de uso Yin ou Yang as tendências não são muito interessantes, e tendo em vista que provavelmente (pela característica interna) o Anfitrião seja o 3-Montanha, o 7-Anual poderia "instigá-lo" em demasia, abrindo possibilidades problemáticas de irritabilidade, comunicação, mentiras, nos *Efeitos Intrapessoais*. Além das possíveis harmonizações estruturais e paliativas já realizadas, seria recomendado atenção quantos aos "gatilhos" negativos que podem desestabilizar um diálogo (como fofocas, ironias, tendências de manipulação ou distrações em excesso). A inserção de um objeto que "lembre" esse cuidado e seja correlacionado ao elemento Água pode ser conveniente (fonte d'água pequena suave, etc.).

- Sudoeste (Anual 9 / combinação 1-3): o 1-Montanha reforçado (externa e internamente), junto a "chegada" do 9 do ano, traz benefício muito bons, a profundidade e sensibilidade associada à leveza, celebração e alegria. Por conseguinte, ótimo lugar para permanência mais prolongada.

- Oeste (Anual 5 / combinação 5-7): a mais instável Estrela Anual encontra a sua similar 5-Montanha numa combinação que em si, já não é adequada, o que pode reforçar ocorrências desafiadoras manifestadas, sobretudo, pelos *Efeitos Intrapessoais*. Uma maneira, além da atenção e reflexão condizentes, é a inserção da harmonização paliativa em Metal. Se no 5 estrutural se optou por "em movimento", o caso aqui é colocar (em menor escala) o Metal "parado" (vide opções nas páginas anteriores).

A Construção e os Moradores

Existem várias maneiras de se analisar a relação entre um local e as pessoas, desde parâmetros globais até aspectos conscienciais. Alguns métodos:

- Compatibilidade Global: averigua as relações gerais entre os moradores e à construção, como um todo.

- Tendências Conscienciais: alguns estudos que abordam as dinâmicas das probabilidades enquanto fator dhármico (construção / campo de possibilidades) e kármico (atração de experimentação pelas pessoas).

- Tendências Específicas: estuda as relações mais intrínsecas entre as pessoas e cada setor, tendo em vista a dinâmica das combinações. Pode avaliar, pela permanência, se uma probabilidade afeta apenas aqueles que estão no local (*Efeito Pontual*) ou se uma determinada tendência atua sobre todos os moradores, independentemente de estarem ou utilizarem a área em questão (*Efeito Englobante*), e como isso se dá.

Nessa oportunidade, serão apresentados os dois primeiros caminhos.

Compatibilidade Global

Em suma, esse método viabiliza uma perspectiva analítica geral, baseada na compatibilidade de elementos entre os moradores e a Face Energética. Em teoria, pode avaliar como cada pessoa conseguirá sentir ou perceber o efeito das probabilidades, tanto estimulantes quanto desafiadoras (antes ou depois de uma harmonização pelo Feng Shui). Usa-se os elementos primários (Hou Tian) relacionados à edificação e às pessoas (no caso, o Ming Gua do Ano de Nascimento).

Identificado o Mapa Fei Xing, compara-se o elemento da Estrela Tempo (número central embaixo da combinação) da Face com a dos moradores, segundo a teoria do Wu Xing. Vide tabela abaixo:

Ciclo Wu Xing	Análise (Ming Gua com a Estrela Tempo da Face)
A pessoa é "gerada" pela Face	Boas condições. No geral, o morador tem a possibilidade de aproveitar melhor as probabilidades benéficas em caso de tendências favoráveis e consegue restringir, limitar, postergar alguns efeitos possivelmente nocivos, em Mapas / condições desafiadoras. Entretanto, tais estruturas podem estimular em demasia a chamada "zona de conforto" / reforço dos hábitos, o que requer atenção muitas vezes redobrada.
A pessoa possui o mesmo elemento da Face	
A pessoa controla a Face	Razoável. O morador tende a controlar algumas situações e obter resultados até mesmo favoráveis e com menos impacto, vindas das probabilidades desafiadoras, mas é necessário foco, atenção e por vezes antecipação na resolução dos problemas, o que pode gerar *stress* e tensões.
O morador "gera" a Face	Desafiador. O morador provavelmente tenderá a sentir mais os impactos provenientes das probabilidades nocivas, bem com diminui-se a percepção dos potenciais favoráveis, sendo necessário reflexão e trabalho intrapessoal constante. No último caso (Face controlando a pessoa), a expressão *"Fluxo Rápido e Agressivo"* condiz ainda com a possível necessidade de aprender com os choques gerados, trabalhando o desapego, o controle das expectativas irreais e estimulando a maturidade de si pelo princípio da imanência e do devir como proposta em momentos atuais tão instáveis e incertos.
A Face controla a pessoa.	

* As condições abaixo não podem ser resolvidas com uma "cura" paliativa ou estrutural. Cabe aos moradores averiguar, na prática do cotidiano, se tais parâmetros são reais e refletir ou criar um panorama de mudança interna, se as condições de fato não forem benéficas. Nesse sentido, o estudo dos Mapas Pessoais (sobretudo os 4 Pilares do Destino) em muito auxilia na averiguação do momento de vida e potencial de aprendizado.

Tendências Conscienciais

Serão destacados dois parâmetros de estudo:

- **Ming Guas Cocriadores:** se referem aos moradores ou usuários que possuem o mesmo número da Estrela Montanha situada no Centro Energético.

  - Nesses casos, mesmo que alguns estudiosos averiguem os elementos das outras estrelas centrais para definir se tal condição é adequada para o indivíduo, o ponto seria não se restringir apenas às influências externas pra definir o que é bom ou ruim, mas sim quais as posturas e escolhas esse morador, em especial, terá;

  - Quando o Número do Destino Pessoal é igual à Estrela Montanha central, isso significa que, em teoria, esse indivíduo tem coparticipação na gestão do potencial probabilístico referente aos *Efeitos Intrapessoais*, ou seja, a perda de coesão consciencial, desequilíbrio emocional e destempero comportamental tenderá a afetar drasticamente o balanceamento dinâmico da própria construção como um todo, ampliando o caos proveniente das estrelas mais desafiadoras. Possuindo um aspecto empático mais direto com a edificação, o inverso também tende a ocorrer: a reavaliação interna, "autocura" pessoal e escolhas mais lúcidas na vida servirão de combustível para a melhora do equilíbrio global de um Mapa Fei Xing.

- **Gatilhos de Desequilíbrio Pessoal:** podem mostrar "por onde" (tendo em vista o reforço do hábito ou postura reativa) algumas probabilidades desafiadoras ou mesmo favoráveis que se perdem acabam impactando individualmente cada morador. Muitos aspectos podem ser avaliados, mas será dada prioridade aos três parâmetros instáveis que, na visão do autor, mais influenciam nos Novos Tempos:

Feng Shui Clássico nos Novos Tempos

Ocorrências pelo (a)	Ming Guas Pessoais / Setores								
	1	2	3	4	5	6	7	8	9
Reatividade, perda de referencial interno. Efeito em momentos de sutilização.	S	NE	W	NW	Centro	SE	E	SW	N
Apego, medo e contenção.	NW	Centro	SE	E	SW	N	S	NE	W
Distração e alienação.	SW	N	S	NE	W	NW	Centro	SE	E

– Os locais destacados em cada Ming Gua refletem onde atuam, supostamente, "os calcanhares de Aquiles" para cada número, tendo em vista o panorama probabilístico da construção. Esses setores devem ser analisados considerando às combinações que se encontram nessas regiões em específico (sobretudo a Estrela Montanha), com os temas acima como parâmetros de causa, e os efeitos sendo analisados pelas probabilidades das Estrelas contidas nessas áreas.

EXEMPLO DE ANÁLISE

No exemplo utilizado no livro, serão analisados os Ming Guas de três moradores fictícios:

a. João (Número Pessoal = 2 / Terra);

b. Cristina (Número Pessoal = 9 / Fogo);

c. Marcelo (Número Pessoal = 7 / Metal);

Xuan Kong (Vazio Misterioso) | 321

Pela Compatibilidade Global, tem-se:

A Construção (Estrela Tempo 9 – Fogo)	Condição	Conclusão
Gera o elemento Terra do Ming Gua 2 de João	Favorável, tanto para postergar e limitar a atuação de algumas probabilidades desafiadoras, quanto para estimular uma linguagem de reconhecimento mais claro dos potenciais equalizantes.	Adequado, tende a criar um canal mais coeso para assimilação dos potenciais probabilísticos favoráveis do lugar.
Reforça o elemento Fogo do Ming Gua 9 de Cristina		
Controla o elemento Metal do Ming Gua 7 de Marcelo	Desafiador, pois o controle pode acelerar tendências de ocorrências instáveis que estão em potencial de realização ou mesmo dificultar a capacidade de enxergar aspectos favoráveis no cotidiano, gerando possível desgaste emocional e complexidades em encontrar saídas ou soluções para os problemas pessoais.	Mesmo que a tendência global seja muito favorável, é possível que essa pessoa não sinta ou aproveite as condições equilibrantes. Caso realmente isso ocorra, um estudo mais individualizado talvez seja necessário.

No estudo das Tendências Conscienciais, temos:

- Ming Guas Cocriadores: averígua-se que Marcelo possui o mesmo número da Estrela Montanha do Centro Energético (combinação 7-9). Assim sendo, além do conflito referente à análise anterior, o morador possui um fator empático grande entre as probabilidades e o seu potencial de equilíbrio ou desequilíbrio pessoal, o que denota necessidade e atenção em relação ao trabalho interno, à manutenção energético-espiritual e dinâmica consciencial. Nesse sentido, um estudo acurado pelo Mapa de 4 Pilares seria de grande auxílio.

- Gatilhos de Desequilíbrio Pessoal: mesmo sendo possível analisar todos os moradores, será mantido o foco no Marcelo, tendo em vista os referenciais encontrados. Assim, o Ming Gua 7 talvez tenha as seguintes tendências:

322 | Feng Shui Clássico nos Novos Tempos

Ocorrências pelo (a)	Marcelo (Ming Gua 7)	Combinação (na construção)	Efeitos Intrapessoais e Cuidados Possíveis
Reatividade, perda de referencial interno. Efeito em momentos de sutilização.	E	9-2	Aumento dos exageros com ênfase no torpor ou catarse (bebidas, festas). Necessidade de ser notado, foco na imagem ou eficiência de si.
Apego, medo e contenção.	S	3-5	Reatividade, explosões emocionais, agressividade, etc. Caso a pessoa esteja dormindo nesse setor, recomenda-se a posição da cama no Sudoeste (conforme avaliação estrutural).
Distração e alienação.	Centro	7-9	Amplificação tanto dos *Efeitos Intrapessoais* desequilibrantes em geral, na casa, como absorção dos reflexos dessas instabilidades geradas. Torna-se fundamental um trabalho interno coerente baseado no autoconhecimento e nos processos de reconhecimento de si enquanto responsabilidade energética (manutenção pessoal) e observação cuidadosa dos efeitos gerados no ambiente próximo.

Xuan Kong Fei Xing - Questões Polêmicas

As Linhas Inimigas e as Estrelas Substitutas

São os ângulos limites entre uma montanha e outra. Conforme o tema – *As 24 Montanhas da Luo Jin* –, as divisões dos setores seriam:

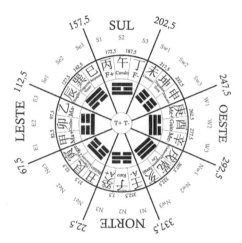

As construções que possuem a Face Energética exatamente nos ângulos de divisão estão nas chamadas Linhas Inimigas. Percebe-se que não é possível definir qual o mapa Fei Xing nesses casos, o que conota uma instabilidade para a construção e moradores. É importante frisar que não há intervenção ou amenização possível, já que se trata de um aspecto estrutural.

Evidenciando a preocupação nesse sentido, muitos consultores utilizam a técnica denominada Estrelas Substitutas ou Acopladas, supostamente veiculado na antiguidade pelo mestre Jiang Da Hong (considerado um dos "patronos" das Escolas Xuan Kong), em que se modifica um ou ambos os números centrais de um Mapa Fei Xing (obtendo assim probabilidades muitas vezes bem distintas do diagrama original). Isso geralmente é feito quando o ângulo de Face se aproxima da separação dos setores tanto entre os Trigramas (45°) quanto entre as Montanhas (15°). Alguns consideram uma medida-padrão para o uso:

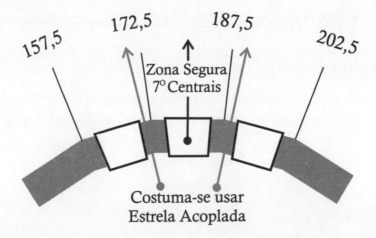

Levando-se à risca a modificação, pelo menos 25% dos mapas teriam estrelas acopladas, o que é um exagero. Mesmo não sendo o escopo de análise do livro, recomenda-se que essa metodologia deveria ser utilizada (e com parcimônia) apenas quando não há uma medida exata da Face, ou seja, ora o grau "cai" num setor, ora em outro. Nesses casos, e excluindo as possíveis interferências magnéticas, usam-se as Estrelas Substitutas. O estudioso Howard Chou acrescenta ainda que não é necessário utilizar essa técnica entre as divisões das Montanhas 2 e 3 de um Gua, devido ao padrão de giro das Estrelas ser sempre igual nesses subsetores – Yang / Yang ou Yin / Yin).

Em resumo: se na edificação consegue-se estabelecer uma medição segura da Face (mesmo estando muito próxima da linha divisória), o estudo é padrão. Após várias averiguações, se o ângulo obtido é exatamente o de separação (sobretudo entre Trigramas / 45°), costuma-se analisar cuidadosamente o histórico da construção. Caso os possíveis malefícios ou instabilidades sejam factíveis, é recomendado analisar com cuidado as opções, inclusive possibilidades de mudança ou alterações grandes nas direções de entrada principal do Qi.

A Questão da Mudança de Período – Aspectos Discursivos

Uma edificação finalizada em determinado ano terá sempre o mesmo mapa estrutural baseado no período em que foi construído? É possível, caso as Estrelas Voadoras forem ruins, modificar um mapa antigo?

Essas perguntas costumam sempre gerar muitas dúvidas, sendo que cada pesquisador ou consultor possui uma maneira muito peculiar para lidar com o tema, o que gera muitas disparidades e equívocos nos alunos. Segundo a experiência do autor, para ocorrer a mudança das energias globais de uma construção (por conseguinte a troca de Mapa Fei Xing), é necessário:

- Naturalmente, que uma construção tenha sido construída num determinado período, e a reforma seja feita numa nova fase de 20 anos.

- Troca total ou parcial[8] do telhado, incluindo o forro da construção (muitos mestres recomendam ainda a troca de piso, para haver o contato energético entre "Tian e Di"). O tempo de abertura deve permanecer, por no mínimo, três dias, tendo em vista que a iluminação natural, o fluxo de ar e, se possível, as chuvas incidam por essa área e toquem o solo.

- É possível também haver uma mudança sem o proposto destelhamento. Em muitos casos, a pintura de teto, paredes, mudança de piso, troca de móveis e desligamento (por alguns dias) da eletricidade é o suficiente para se instaurar um novo período. Acrescenta-se que, nesse tipo de reestruturação, caso a cozinha também seja reformada ou colocada em outro ambiente, a mudança estrutural é ainda maior. Nessa escolha, o chamado "desligamento ou desapego" pelo Ren Qi é requerido, ou seja, os moradores não deveriam permanecer na construção durante esse novo momento de "gestação energética".

---

8 Pelo menos 1/3 da área total da cobertura e feita na região do centro energético.

Obras, extensões e pequenos anexos

Muitas teorias (geralmente baseadas em traduções de manuais antigos) são explicitadas como dogmas, principalmente nas questões de aumento da área construída e mudança de período. Na verdade, não existe uma regra fixa, sendo que o melhor seria observar se o fluxo do Qi interno mudou sua dinâmica com a nova área.

No geral, podem-se observar 3 possibilidades:

- Mesmo com a ampliação, o Qi do período não mudou, apenas se estendeu a nova parte (o centro mudará, naturalmente). Isso geralmente ocorre quando as entradas e os caminhos praticamente são os mesmos.

- Se essa ampliação possuir um acesso independente, (mesmo com uma possível ligação interna) tem uma nova função (ex: um *home office*, que receberá clientes eventualmente), isso pode ser um sinal de dois Mapas, um do período antigo e outro totalmente novo da área expandida (mesmo assim, cautela de análise é necessária).

- Os moradores começam a acessar a construção principalmente pela área nova, modificando os caminhos internos do Qi. Houve pintura das paredes antigas e uma mudança na decoração. Nessa condição, provavelmente o período é novo.

Obs. 1: A mudança de período é uma técnica complexa, que exige muita experiência para ser aplicada e, naturalmente, devido ao grande trabalho envolvido, é somente uma opção viável, caso o mapa estrutural seja realmente péssimo e as intervenções não tenham surtido o efeito adequado. Para isso, recomenda-se sempre um consultor qualificado que estude as viabilidades reais do novo mapa, e também, que encontre as melhores datas para se realizar o evento (provavelmente levando-se em conta as datas propicias pelo método *Xuan Kong Da Gua / Grande Hexagrama*).

Obs. 2: É importante compreender que, no caso das Linhas Inimigas, apenas uma mudança de período não minimiza o problema. Em construções ortogonais, somente a mudança do ângulo da construção para um setor "estável" resolverá a questão.

Conclusões em aberto

Perceba que a Escola Xuan Kong Fei Xing não é simples, pois requer muita pesquisa e uma capacidade de transitar dinamicamente entre a teoria do Mapa e a maneira como tais tendências atuam e se modificam de acordo com o entorno encontrado, localização dos cômodos, rotina e uso. Observaram-se também como as probabilidades podem atuar individualmente, tendo em vista o estudo introdutório do Ming Gua Pessoal.

Além dos aspectos acima, a questão mais importante que se tentou destacar, é como escolhemos viver, de que maneira lidamos com os desafios cada vez mais intrínsecos a respeito dos questionamentos primários do homem: *"Quem sou Eu? Como posso viver de maneira mais ética num mundo que parece cada vez mais desumano?"*.

Desmistificamos ainda a visão deveras transcendental que essa dinâmica ganhou com o tempo, até mesmo na crença da ideia perpetuada em "forças estelares" diagramados em números que exercem total controle sobre nós, e que, num misto de barganha meritocracia e manipulação estratégica, tentávamos bloquear com curas externas diversas, que lutavam para resolver os problemas que não tínhamos sequer ainda incorporados como possíveis origens "a partir de nós".

Avaliamos a cada final de etapa ou tema o lembrete dos Novos Tempos, das mudanças estruturais que parece estarmos vivenciando, o que afeta o Feng Shui Clássico na sua mais ancorada característica: a tradição. Como abrir mão de "verdades" que talvez devessem ser assumidas como realmente são, apenas "princípios", tendo esse último o frescor de um início sem fim, a de revisão sem o pesar nostálgico, um eterno retorno, mas com a possibilidade do diferente? Talvez com o advento do *devir*, na incorporação da incerteza não como um mal a ser combatido, mas sim com uma fagulha de linguagem de vida, no reforço da Escolha que se faz sem espera do resultado seguro, mas como veículo de transformação pela expressão do *sentir*, das responsabilidades do Ser. E as probabilidades no lar, o que há com isso? Talvez propostas de imanência, talhadores suaves mas duros de nós mesmos...

V

BA ZHAI
(8 Palácios)

Introdução

Após se estudar uma das escolas mais importantes da Tradição San-Yuan, o Xuan Kong Fei Xing, pôde-se perceber como as dinâmicas probabilísticas atuam no homem, pelo estímulo da construção. Se o método das Estrelas Voadoras parece uma disciplina muito complexa e específica, poderá encontrar um contraponto muito interessante a partir de agora, já que o sistema dos 8 Palácios (também chamado de 8 Casas ou 8 Mansões) tende a ser o oposto: singelo e amplo.

Como singeleza é muitas vezes entendida como alguma coisa simples, é comum uma formação iniciar pelo Ba Zhai, por vezes com o subtítulo *"Introdução ao Feng Shui"*. O cuidado aqui é esclarecer que, além do termo singelo não significar que algo esteja simplificado, no caso dos 8 Palácios tal condição não deveria ser abordada como sendo introdutória. No sentido de amplitude, essa característica foi estrategicamente distorcida para generalidade, sendo que esse fato não ocorreu aleatoriamente.

É interessante analisar os motivos. Na visão do autor, um dos pontos mais importantes a se considerar é a consistência didática. No caso da escola Fei Xing, mesmo havendo linhagens interpretativas, o "corpo" conceitual manteve-se razoavelmente coerente (por causa do forte enfoque metodológico San-Yuan), além do que o mestre Jian Da Hong exerceu grande influência, devido aos seus comentários em cima das obras referenciais, o que acabou "selando", direta ou indiretamente, quais tipos de escolas baseados nos 3 Ciclos eram mais coerentes, sendo que alguns pesquisadores dessa tradição até "instigam" a hipótese de que o método das 8 Casas foi propositadamente "plantada", de maneira errada, em meio às escolas esotéricas chinesas, para desviar a atenção dos espiões que tentavam roubar os pergaminhos de supostas técnicas secretas utilizadas pelos monges a serviço do império vigente.

Num outro sentido, conforme explicado com mais detalhes no capítulo I, a maior fragilidade do Ba Zhai (mas o que a torna, ao mesmo tempo, muito rica nos tempos atuais) foi a discrepância de linhas que clamaram para si mesmo a autenticidade na "revelação" dos segredos por trás do código Da You Nian Ge (o pergaminho ancestral que gerou as mais variadas interpretações, e que, a partir do século XVIII, deu origem as diversas escolas das 8 Mansões). Aqui cabe uma constatação conveniente: muito se ouve, entre os pesquisadores, que o método realmente válido é o Ba Zhai Ming Jing, datado de 1791 e escrito por Ruo Guan (Tratado do Destino dos 8 Palácios ou como poeticamente se conhece, Espelho Reluzente das 8 Casas), com o seu famoso *Fu Wei no Assentamento* (a ser abordado mais adiante). O que não se explicita, entretanto, é que esse clássico, que deu nome à escola, não foi o mais antigo (Zhou Shu Men / Método dos Portões de Zhou foi supostamente compilado em 1739 e Yang Zhai San Yao / 3 Requerimentos para a Casa dos Vivos, em 1786), o que denota que a escolha pode ter sido feita por questões mais políticas do que por eficiência, e a fama, adquirida por "propaganda de um partido forte" (naturalmente, San-Yuan). Quiçá o chavão *a história oficial é sempre escrita pelos vencedores (das guerras)* caiba adequadamente nesse contexto, sendo que poderíamos entender vencedores aqui, como sendo os mais influentes, não necessariamente os melhores.

Voltando ao assunto singeleza versus simplicidade, pelo aspecto didático até se torna coerente iniciar pelo mais "singelo" em direção ao avançado. Entretanto, a questão deveras tendenciosa é quando se compara dois métodos distintos (Ba Zhai e Fei Xing) e se estabelece juízos de valor (ou seja, de validade moral, como errado e certo, o falso e o verdadeiro, etc.) em vez de apenas juízos de ordem prática (um atendendo de maneira mais eficaz do que o outro, dependo do enfoque). O que costumeiramente se faz é utilizar a interface dos 8 Palácios até o nível básico, descartando-o quase por completo ao se apresentar as Estrelas Voadoras, com a justificativa de que não é possível associá-los, fazendo uma opção metodológica pelo que possui um cunho matemático e uma roupagem ao mesmo tempo complexa (como sinônimo de mais eficiente e fundamentado), o que pode ser no mínimo uma incoerência ou pior, um grande equívoco.

Ao se cotejar pragmaticamente as escolas, sobre um ponto de vista relativo à capacidade analítica e dinâmica que pode ser utilizada como recurso efetivo para se gerar efeitos concretos, o método das Estrelas Voadoras é, obviamente, a proposta mais coerente. Aliás, torna-se quase enfadonho tentar correlacionar o Ba Zhai nisso (e "perigoso", ao meu ver), pois a tendência, ao se tentar criar uma metodologia utilitarista para os 8 Palácios, é exaltar os setores maléficos e benéficos de forma muito mais enfática, em que o maniqueísmo exacerbado determina o bom e ruim absolutos, sendo que a proposta linear e rasa de solução é ampliar os presságios "do bem" e eliminar os "do mal", por meio de curas pré-definidas e direções até mesmo "tortas" de cabeceira de cama, portas e fogões. Nos escritos antigos sobre as 8 Casas, como sempre se exaltava essa visão definitiva e transcendental da sorte ambiental, por meio do reforço repetitivo de muitos professores e mestres atuais, a "evolução" se deu pela continuidade do igual, sendo que algumas dessas abordagens até criaram "pesos" para os portentos, na qual um cálculo final demonstrava, com uma alegoria matemática, se um local estava "negativo" ou "positivo".

332 | Feng Shui Clássico nos Novos Tempos

Por outro lado e até onde se sabe, não parece haver uma prova histórica de que o Ba Zhai tinha uma orientação analítica distinta e visava resultados diferentes do Fei Xing, o que, em tese, derruba o argumento do autor e reforça a justificativa da inserção das 8 Mansões na mesma balança de outros métodos (sob uma perspectiva prática), o que explicitaria, conclusivamente, a ineficiência da mesma (ou no máximo, uma eficiência moderada ou incompleta), muito defendida por alguns pesquisadores da linha San-Yuan. Mesmo assumindo aqui a possibilidade de haver uma hipótese "*ad hoc*" como tentativa de defesa ao sistema, provavelmente os únicos pressupostos válidos para fomentar um enfoque distinto do Ba Zhai seja apenas um misto de afinidade pessoal e análises empíricas, realizadas durante anos a partir de uma perspectiva diferenciada (mas não a única relevante, frisa-se) e muito particular do autor (por vezes testada também por alguns de seus alunos), o que pode ser pouco para uma comprovação cética. Entretanto, tendo em vista a maneira apresentada na obra, fica a crença na abordagem distinta dos métodos (e, por conseguinte, a possibilidade de uso complementar ou conjunto, entre um e outro), conforme se resume (mais informações no início do capítulo anterior):

- Xuan Kong Fei Xing / Estrelas Voadoras: foco nas tendências probabilísticas e padrões de eventos intra e interpessoais, com pouco "*rapport*" sinestésico-cognitivo com o ambiente. A linguagem é fundamentada e reconhecida pelas ocorrências em si, e não por sensações.

- Ba Zhai / 8 Palácios: foco nas percepções emocionais que o ambiente estimula nos moradores e estudo das tendências comportamentais por efeito cumulativo. A linguagem é fundamentada e reconhecida pelas sensações intrapessoais e não necessariamente por ocorrências favoráveis ou desafiadoras.

Com o intento de viabilizar a proposta acima, mesmo que se utilize o referencial de alguns dos tratados, será dado destaque a essa nova dinâmica de abordagem, que distinguirá as 8 Mansões das Estrelas Voadoras (otimizando assim também o seu fator complementar), além de modificar muitas das linguagens deterministas e fechadas para visões mais conscienciais, amplas e "em aberto", alinhando-se com o momento atual.

Para muitos tradicionalistas, talvez isso não possa mais ser considerado como um Feng Shui "autêntico", e as modificações sugeridas, tornam-se pseudo-interpretações de "verdades" contidas nos clássicos. Entendendo que o fator histórico não deva ser negado, mas no momento em que se opta por utilizar conceitos de mais de 250 anos nos dias atuais, tentar ser o mais "original" é assumir uma perspectiva anacrônica brutal, na qual os buracos conceituais geralmente são preenchidos com "achismos" pedantes, tratados como segredos remotos intocáveis (e que tendem a ser mantidos à risca, em pleno século XXI, com adaptações mínimas). Da mesma forma que o novo não significa algo melhor, ancestralidade não conota sabedoria ou pureza necessariamente, mas apenas algo com garantia de mais idade. Tendo isso em vista, não seria mais ético assumir que um sistema é inspirado pelo antigo, mas reformulado enquanto metodologia e aplicação, ao que se necessita existencialmente, nos *Novos Tempos*?

Assim, cuidemos para que o tal resgate do ancestral como resposta aos anseios da contemporaneidade não se torne uma repetição da submissão e imposição do mais forte de eras anteriores, bem como um incentivo às memórias das mazelas de nós mesmos nesses outros tempos, como ferramentas de sobrevivência viáveis e justificáveis para os desesperos de hoje. Que possamos renascer sim, mas menos velhos enquanto estagnação de aprendizado, repetição pelo medo e força pela insegurança.

Da You Nian Ge
A Canção dos Grandes Ciclos Anuais

Começar o Ba Zhai pela abordagem das escolas tende a ser um equívoco, pois reforça ainda mais a discussão de qual delas é a mais "correta", o que se tentará desconstruir aqui. Assim, o estudo será aberto pela sua base primordial, o suposto pergaminho que deu origem, tempos depois, a todas as metodologias dos 8 Palácios (tendo em vista as adaptações interpretativas sugeridas acima).

Antes de se iniciar, esclarece-se que, originalmente, as 8 "Energias" do Ba Zhai eram denominadas de 8 Estrelas, como referência às estrelas da Ursa Maior. Para haver uma distinção terminológica dos termos utilizados no Fei Xing, optaremos por denominá-los como "Portentos" (no sentido de fenômeno emocional, não no sentido de algo maravilhoso e grandioso) ou em alguns momentos como "Presságios" (mesmo não sendo o mais coerente, acabou se tornando o termo comum, mas atenta-se ao fato que, no livro, será utilizado no sentido de tendência comportamental, não como predição ou profecia).

Até onde se conhece, nas primeiras tentativas de transformar essa "canção" numa teoria ambiental, o conceito era baseado em 8 estruturas fixas de análise, sendo 4 desfavoráveis, 3 favoráveis e uma indiferente, sendo que, com a evolução das escolas, a tendência neutra acabou ganhando um *status* benéfico.

A infraestrutura do pensamento Da You Nian Ge era fundamentada numa visão sobre o ponto de vista dos 8 Trigramas e suas relações (e não na prioridade aos 9 Números do Luo Shu, como ocorre com as Estrelas Voadoras), tal qual toda a linha de pensamento da tradição San-He em geral. É exatamente por esse motivo que, mesmo havendo algumas escolas de interpretação dos 3 Ciclos no Ba Zhai, a sua "essência" (no caso, pelo pergaminho base) tende a ser poética, se voltando mais a uma perspectiva das 3 Harmonias. Portanto, esse "reforço" poético (e por que não dizer, sensível) será a ponta de lança para um enfoque, sobretudo psicoemocional, desse modelo.

Pontos de referência e Mutação dos Trigramas

Os 8 Portentos são sempre resultantes da comparação entre dois trigramas, sendo um de ordem referencial fixo, que se relaciona com as 8 demais estruturas (nesse sentido, perceba que sempre haverá um trigrama igual ao do ponto de referência). A questão que causou ou causa tamanha confusão entre os praticantes é que na "Canção dos Grandes Ciclos Anuais" (basicamente uma tabela de conversão) não se define a localização (no ambiente) desse referencial fixo, o que trouxe diversas abordagens de acordo com a interpretação de cada mestre e clássico.

Num primeiro momento, independentemente do ponto referencial (que poderá se referir à alguma dinâmica da construção ou mesmo uma pessoa), serão analisados os 8 Presságios, ou seja, tendências sobre os aspectos conscienciais, tendo em vista o processo e resultado das relações entre esses dois arquétipos que geralmente se denomina como Mutação dos Trigramas. Será utilizado a estrutura das Yaos (linhas) dos trigramas enquanto visão San Cai – 3 Princípios e pelo comportamento humano (mais detalhes no capítulo I). Assim:

Trigrama (Linhas)	San Cai	Comportamento Humano	Características Gerais
3ª	Tian / Céu	Os Pensamentos	Reflexões, aspectos cognitivos, paradigmas ou ampliações de sensibilidade.
2ª	Ren / Homem	As Emoções	Respostas emocionais (responsivas ou reativas), aspectos sentimentais, necessidades pessoais.
1ª	Di / Terra	O Físico	Pragmatismos, aspectos materiais, ponto de vista prático.

Lembrando sempre que os termos "Estimulante" e "Desafiador" que serão usados a partir desse momento se referirão aos aspectos psicoemocionais, e não devem ser comparados conceitualmente com os nomes empregados nas Estrelas Voadoras. Além disso, procurará se utilizar os termos em chinês (Pin Yin), bem como as iniciais de cada Portento, com as siglas (+) ou (-) como reforço aos aspectos *estimulantes* ou *desafiadores*, respectivamente.

Os 8 Portentos do Ba Zhai

A primeira diferença entre o que comumente se apresenta e a proposta do livro será a da escala de valores. É comum se ordenar os Portentos Estimulantes na seguinte ordem qualitativa (do suposto melhor para o menos eficiente): Sheng Qi > Tian Yi > Yan Nian > Fu Wei. No caso dos Portentos Desafiadores (do hipotético pior para o menos ruim): Jue Ming > Liu Sha > Wu Gui > Huo Hai. Entretanto, isso não será levado em conta, pois, segundo o autor, a questão não está em exaltar quais deles possuem maior capacidade de realização no mundo ou, no aspecto desafiador, saber quem são os seus piores "inimigos" (e que terão que ser contidos a qualquer custo), mas proporcionar uma visão mais neutra e equidistante, na qual a definição de qualificação e uso se dará pela necessidade geral e condição do momento. A escolha por equivalência abrange estabelecer também uma visão oposta à "irmandade" dos "bons" e "ruins", apresentando aspectos de questionamento menos maniqueístas, em que não haverá respostas tão óbvias do que é o certo absoluto ou de como algo deveria ser enquanto dogma. Se isso aumenta a complexidade do sistema, também pode oferecer reflexões um pouco mais consistentes, além da indicação simplificada *"de quem é a culpa"* ou que "cura" coloco no ambiente para resolver o problema (como aspecto figurativo mas quase similar ao *"que remédio preciso tomar para deixar de sentir os sintomas?"*). Bem, será mesmo que, neste Ba Zhai, o singelo ainda pode ser considerado como algo básico, simples ou genérico?

Os 4 Portentos Estimulantes

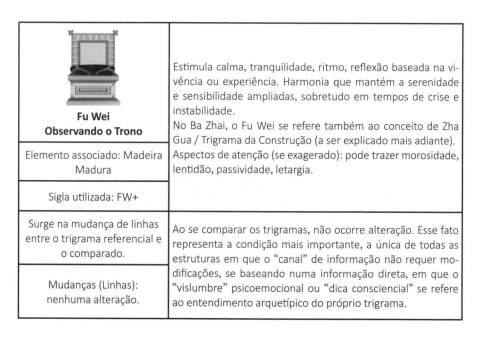

Fu Wei **Observando o Trono**	Estimula calma, tranquilidade, ritmo, reflexão baseada na vivência ou experiência. Harmonia que mantém a serenidade e sensibilidade ampliadas, sobretudo em tempos de crise e instabilidade. No Ba Zhai, o Fu Wei se refere também ao conceito de Zha Gua / Trigrama da Construção (a ser explicado mais adiante). Aspectos de atenção (se exagerado): pode trazer morosidade, lentidão, passividade, letargia.
Elemento associado: Madeira Madura	
Sigla utilizada: FW+	
Surge na mudança de linhas entre o trigrama referencial e o comparado.	Ao se comparar os trigramas, não ocorre alteração. Esse fato representa a condição mais importante, a única de todas as estruturas em que o "canal" de informação não requer modificações, se baseando numa informação direta, em que o "vislumbre" psicoemocional ou "dica consciencial" se refere ao entendimento arquetípico do próprio trigrama.
Mudanças (Linhas): nenhuma alteração.	

Sheng Qi **Energia Criativa**	Estimula criatividade, movimento, dinamismo, mudança de perspectiva, esperança e renovação. Aspectos de atenção (se exagerado): pode trazer ansiedade, *stress*, falta de comprometimento, necessidade de liberdade a qualquer custo.
Elemento associado: Madeira Virgem	
Sigla utilizada: SQ+	
Surge na mudança de linhas entre o trigrama referencial e o comparado.	A mudança da 3ª Linha (Os Pensamentos) reflete a capacidade de se modificar tendências de vida desfavoráveis em favoráveis, ao mudar pontos de vista, ir um pouco além do paradigma pessoal, vislumbrar possibilidades, ampliar ideias, transformar dogmas em novos conceitos, etc. Reflete a capacidade cocriativa do próprio homem no mundo (potencial de Tian / Céu).
Mudanças (Linhas): 3ª (Céu / Os Pensamentos)	

 **Yan Nian** **Longevidade**	Estimula o diálogo, cuidado, diplomacia, empatia, os bons relacionamentos, capacidade de adaptação, abertura para o novo. Aspectos de atenção (se exagerado): excesso de zelo, indecisão, adequação "silenciosa", omissão, sobrevivência, manutenção da ordem pela postura, manipulação cortês.
Elemento associado: Metal Maleável	
Sigla utilizada: YN+	
Surge na mudança de linhas entre o trigrama referencial e o comparado.	A mudança das 3 Linhas (nos 3 Princípios: Terra / Homem / Céu; no indivíduo: Físico / Emoções / Pensamentos) pode ser considerada a representação empática do ser humano na interação com o externo (enxergar "*com o olhar do outro*", sem pré-conceitos). A longevidade e os bons relacionamentos são consequências naturais daqueles que conseguem minimamente vivenciar a integração com a natureza (não apenas relativas a um aspecto florestal), a percepção do próximo como ser equivalente e a amplitude pessoal, correlacionada com uma integração cosmoética e consciencial.
Mudanças (Linhas): Alteração em todas as linhas.	

Ba Zhai(8 Palácios) | 339

  Tian Yi **Medicina Celestial**	Estimula estabilidade, coesão, integridade, sensação de segurança, vitalidade física, equilíbrio emocional. Aspectos de atenção (se exagerado): pode trazer foco excessivo no corpo, na validação estética como justificativa à saúde, crença no vigor pessoal que dificulta o estabelecimento de limites físicos claros e equilibrados (como por exemplo esportes radicais em excesso como válvula de escape, etc.).
Elemento associado: Terra	
Sigla utilizada: TY+	
Surge na mudança de linhas entre o trigrama referencial e o comparado.	O homem, para obter saúde, precisa assumir uma postura de vida compatível, baseada em novas maneiras de ver o mundo e escolhas pessoais mais saudáveis (a necessidade interna proveniente da 2ª Linha e aplicada na 1ª). Numa "extravagância filosófica", poderia se relacionar à *Vontade de Potência*, uma afirmação do *devir* como algo além da simples conformação da vida ao meio.
Mudanças (Linhas): 2ª (Homem / As Emoções) 1ª (Terra / O Físico)	

Os 4 Portentos Desafiadores

Apresentam os maiores desafios nesses *Novos Tempos*, sobretudo em momentos de sutilização, pela diminuição da lucidez e ampliação do caos interno. São eles:

Huo Hai **Contratempos**	Instiga desatenção, os atrasos, dessincronias, inconsistências, os acidentes ou inconvenientes por distração, problemas gerais por falta de cuidado, zelo ou crença em garantias estáticas. Tópico para reflexão: "*O quanto para mim, a sensação de segurança é sinônimo apenas de ganho financeiro, posses, emprego estável e status? Se caso não tenha mais controle de alguma dessas condições (ou de todas elas), onde depositarei o meu foco por busca de estabilidade pessoal?*"
Elemento associado: Terra	
Sigla utilizada: HH-	
Surge na mudança de linhas entre o trigrama referencial e o comparado.	A mudança da 1ª Linha isolada mostra instabilidades materiais. O que não se conclui é se tais mudanças são resultados externos aleatórios que impactam o indivíduo ou se este último faz parte das causas (através de escolhas anteriores e comportamentos), que geram tais efeitos desafiadores e com constante tendência à retroalimentação. Parece-me ser a segunda opção.
Mudanças (Linhas): 1ª (Terra / O Físico)	

 Wu Gui **5 Fantasmas** Elemento associado: Fogo Sigla utilizada: WG-	Instiga nervosismo, irritação, catarses, explosões emocionais, estímulos agressivos (baseados no uso da força), muitas vezes induzidos por obsessão espiritual de cunho complexo, o que estimula o vigor da discussão e brigas interpessoais. Tópico para reflexão: "*O quanto o sentido de poder é importante para mim (seja de cunho material, emocional ou até espiritual), ao ponto que a imposição pela argumentação ou manipulação energética (magística) é o meio mais utilizado para se ganhar espaço?*"
Surge na mudança de linhas entre o trigrama referencial e o comparado. Mudanças (Linhas): 3ª (Céu / Os Pensamentos) 2ª (Homem / As Emoções)	A falta de lucidez e desconhecimento de si mesmo enquanto ser em potencial de sabedoria, mas também em constante *agon* com o seu lado mais primitivo, reativo e territorial, baseado em hábitos de guerra e lei do mais forte, por repetição alienada e indução por vínculo de memória ancestral. A 2ª e 3ª Linhas representam a instabilidade na conjunção psicoemocional, em que o desequilíbrio interno reforça a visão monoideica e amplia a egrégora densa e caótica baseada na ira e no uso descompensado de uma justiça moral, mas justificada muitas vezes de maneira transcendental.

 Liu Sha **6 Demônios** Elemento associado: Água Sigla utilizada: LS-	Instiga mentiras, inveja, decisões inconsequentes, falta de coerência ético-moral, perda de referencial de si e do próximo, distanciamento / frieza emocional excessiva, manipulação estratégica, verborragia. Dificuldade de assumir uma postura de responsabilidade. Tópico para reflexão: "*O quanto uso as pressões externas e a tragédia da vida como justificativa para se levar alguma vantagem antiética (mesmo ínfima), seja monetária, territorial ou afetiva? Em que ponto acredito que a esperteza é realmente "a alma do negócio", ou que seria melhor mesmo "jogar tudo para o alto e viver a vida sem pensar em mais nada?*"
Surge na mudança de linhas entre o trigrama referencial e o comparado. Mudanças (Linhas): 3ª (Céu / Os Pensamentos) 1ª (Terra / O Físico)	A 1ª e 3ª Linhas induzem a uma interpretação em que *os fins justificariam os meios*, negando-se muitas vezes o freio emocional que por vezes proporciona (seja por medo estrutural ou receio moral) um mínimo de controle a uma ação descabida. Reflete também o ciclo vicioso cada vez mais comum nos tempos atuais, na qual se nega a dor ou os crescentes incômodos da vida, através de uma busca cada vez maior por distrações (1ª Linha) que levam à alienação de si (3ª Linha).

Jue Ming Destino Cruel	Instiga contenção emocional, fechamento, desistência das metas pessoais, depressão, amargor interno. Tópico para reflexão: *"O quanto utilizo o isolamento pessoal como subterfúgio de defesa entre os desafios pessoais e as pressões externas? O quanto acredito realmente que o mundo é mal e injusto, sendo eu totalmente diferente desse padrão caótico negativo?"*
Elemento associado: Água	
Sigla utilizada: JM-	
Surge na mudança de linhas entre o trigrama referencial e o comparado.	A 2ª Linha isolada é a mais *sui generis* de todas, pois reflete o homem em si, aqui representado pelo seu veículo consciencial mais desafiador no momento (o Corpo Emocional). A capacidade de afirmação de si também espelha o seu oposto, a negação da vida, que é o caso. Aqui talvez haja um aspecto límbico sobre a carência de querer ser notado, de ser importante, mas sem abrir mão de uma zona de segurança quase transcendental (ou pelo estigma do útero materno), em que as respostas devem ser dadas (pois supostamente foram merecidas), não sentidas e analisadas internamente. O foco no ideal se torna uma prisão niilista.
Mudanças (Linhas): 2ª (Homem / As Emoções)	

Estimulantes	Contraponto Distorcido	
Fu Wei (FW+)	*"Se Deus quiser, as coisas melhorarão."*	
Sheng Qi (SQ+)	*"Pense de maneira próspera e a energia da riqueza infinita chegará até você."*	
Yan Nian (YN+)	*"Fora da caridade não há salvação."*	
Tian Yi (TY+)	*"A saúde perfeita é meu direito sublime! Eu proclamo a cura em todos os níveis!"*	
Desafiadores	**Reforço Negativo**	**Possibilidade de Mudança**
Huo Hai (HH-)	*"Faço tudo certo. Não sei porque a minha vida não anda."*	Estímulo da observação, estar mais atento aos aspectos do cotidiano, às grandes e pequenas escolhas da vida.
Wu Gui (WG-)	*"Depois dizem que o amor resolve tudo. As pessoas aprendem mesmo na paulada!"*	Reavaliação, aprofundamento dos aspectos espirituais, percepção das influências, impacto de si nos outros e vice-versa, através da sensibilização energética pessoal.

Desafiadores	Reforço Negativo	Possibilidade de Mudança
Liu Sha (LS-)	*"Não estou me sentindo bem. Com certeza a culpa é dos espíritos zombeteiros que querem o meu mal."*	Aprender a viver na instabilidade, incorporando a incerteza e o potencial de transformação constante como ferramentas, com a expressão pessoal proferida de maneira mais ética, com menos subterfúgios, representações e soluções grandiosas.
Jue Ming (JM-)	*"Sei que o problema sou eu; na verdade, talvez nem mereça estar aqui."*	Capacidade de entender os mecanismos pessoais de sabotagem interna, percepção de si nos processos de validação interpessoal, potencial de autoconhecimento.

Note que os 8 Portentos não devem ser vistos como expressões externas tão definidas, baseadas em bondade x malefícios, mas sim nas próprias tendências internas, sendo que "os gatilhos" comportamentais são pessoais, o que pode gerar tanto uma distorção das *Inspirações Estimulantes*, bem como uma motivação reflexiva construtiva, via choques das *Tendências Desafiadoras* (obviamente, requerendo um mínimo de lucidez e esclarecimento – abrir-se e ser curioso apenas não é o suficiente). Então, nesse sentido, se pergunta: *Quem é bom e ruim de fato?*

Sobre as frases acima (primeiros 4 Portentos), a crítica aqui não se baseia em ter uma crença ou na maneira de expressar a religiosidade, mas na transferência de uma tendência interna e pessoal otimizada pela construção para uma linguagem externa, na qual, por vezes, se espera algo de bom acontecer, geralmente através de uma força maior ou condição misteriosa (sobretudo nos Portentos Fu Wei e Sheng Qi, que não envolvem, no seu surgimento, a 2ª Linha – relativa à postura do próprio homem). Tenha em mente que os Presságios são estímulos sutis que amplificam aspectos emocionais (em potencial de sabedoria ou aspectos pouco trabalhados), dependendo da própria pessoa dar vazão de forma construtiva ou reflexiva aos dados oferecidos pelos Portentos *estimulantes* e *desafiadores*, respectivamente.

Nas tabelas anteriores, o tópico *"aspectos de atenção (se exagerado)"* aborda os possíveis efeitos contrários dos Portentos *Estimulantes* em caso de uso demasiado. Entenda-se nesse sentido a tentativa de ativar alguns presságios repetidamente (pelos setores e por direções pessoais – a ser explicado) para alcançar efeitos externos supostamente abundantes e rápidos (tal qual a intensificação de Sheng Qi a qualquer custo para gerar prosperidade, o que geraria, na verdade, apenas aumento de ansiedade, expectativa e *stress*). Assim, o ponto não é otimizar ao máximo (todos) os portentos benéficos, mas entender o que se passa na relação casa-pessoa, bem como quais são as necessidade do momento em particular.

Encontrando o Nian Ming
Direções Pessoais

Iniciaremos de maneira inusitada, não falando sobre a aplicação desses portentos na edificação num primeiro momento, mas abordando um estudo que se mostrará, nas próximas páginas, ser mais relevante do que geralmente é tradado: o cálculo das Direções Pessoais. Nesse sentido, quando se usam os métodos direcionais, o Trigrama Referencial (ou fixo) é dado pela "contraparte" em Hou Tian Ba Gua (Céu Posterior) do Ming Gua (Número do Destino) do Ano de Nascimento (para cálculos, vide capítulos anteriores).

Cabe uma observação aqui: em caso de Ming Gua 5, como não há um trigrama associado, é necessário fazer uma adaptação:

- Para homens: utilizar o Ming Gua 2 (Trigrama Kun / Terra).
- Para mulheres: substituir pelo Ming Gua 8 (Trigrama Gen / Montanha).

Vide tabela de reforço:

Ming Gua	Trigrama – Hou Tian		Ming Gua	Trigrama – Hou Tian	
1		Kan / Água	6		Qian / Céu
2		Kun / Terra	7		Dui / Lago
3		Zhen / Trovão	8		Gen / Montanha
4		Xun / Vento	9		Li / Fogo

O Sistema das 24 Direções

Até onde se sabe, foi no clássico Ba Zhai Ming Jing (1791) que se instaurou o conceito de Wei (direcionamento), através do Nian Ming (utilização pelo Ming Gua). Entretanto, nesse tratado foi apresentado um cálculo simples, baseado apenas em 8 Direções (N-S-E-W e as intercardinais), ou seja, cada Portento contendo 45°. Até hoje, esse método é o mais conhecido (talvez pela influência San-Yuan), mas não necessariamente o mais efetivo.

Será utilizado no livro um método mais acurado (Jiu Xing Ba Zhai / As 9 Estrelas dos 8 Palácios), que não se limita às 8 divisões do Ba Gua levando em consideração as 24 Montanhas (o que amplia em 3x as possibilidades de abordagem). Para isso leva-se em conta outro tratado antigo denominado Xiao You Nian Ge (A Canção dos Pequenos Ciclos Anuais), assumidamente um dos parâmetros mais importantes da Tradição San-He. Pela complexidade, não será explicado o processo para se chegar na base de uso, mostrando-se aqui o esquema pronto.

Ba Zhai(8 Palácios) | 345

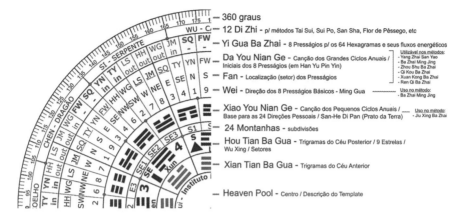

Exemplo de transferidor especial para os métodos Ba Zhai, utilizado no Instituto Eternal Qi.

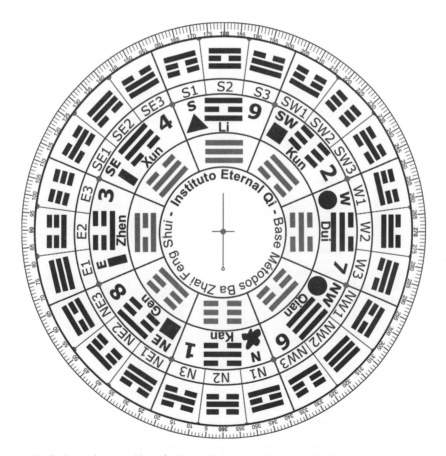

Opção de uso: base geral (transferidor Ba Zhai resumido) para ser utilizada como parâmetro na comparação dos Trigramas pelo método das 24 Direções (Xiao You Nian Ge).

346 | Feng Shui Clássico nos Novos Tempos

Montanha	Trigrama		Graus
	Imagem	Nome	
N1		Li (Fogo)	337,5º ~ 352,5º
N2		Kan (Água)	352,5º ~ 7,5º
N3		Kan (Água)	7,5º ~ 22,5º
Ne1		Dui (Lago)	22,5º ~ 37,5º
Ne2		Gen (Montanha)	37,5º ~ 52,5º
Ne3		Li (Fogo)	52,5º ~ 67,5º
E1		Qian (Céu)	67,5º ~ 82,5º
E2		Zhen (Trovão)	82,5º ~ 97,5º
E3		Kun (Terra)	97,5º ~ 112,5º
Se1		Kan (Água)	112,5º ~ 127,5º
Se2		Xun (Vento)	127,5º ~ 142,5º
Se3		Dui (Lago)	142,5º ~ 157,5º

Ba Zhai(8 Palácios) | 347

| Montanha | Trigrama | | Graus |
	Imagem	Nome	
S1		Gen (Montanha)	157,5º ~ 172,5º
S2		Li (Fogo)	172,5º ~ 187,5º
S3		Dui (Lago)	187,5º ~ 202,5º
Sw1		Zhen (Trovão)	202,5º ~ 217,5º
Sw2		Kun (Terra)	217,5º ~ 232,5º
Sw3		Kan (Água)	232,5º ~ 247,5º
W1		Zhen (Trovão)	247,5º ~ 262,5º
W2		Dui (Lago)	262,5º ~ 277,5º
W3		Xun (Vento)	277,5º ~ 292,5º
Nw1		Li (Fogo)	292,5º ~ 307,5º
Nw2		Qian (Céu)	307,5º ~ 322,5º
Nw3		Zhen (Trovão)	322,5º ~ 337,5º

Exemplo de Mutação (Trigrama Referencial com as 24 Montanhas)

Exercício: para uma pessoa de Ming Gua 1 (Trigrama Referencial Kan / Água), obtenha os Portentos Direcionais, tendo em vista os dados aprendidos até aqui.

Portento	Mutação (Mudança de Linhas)
Fu Wei (FW+)	Nenhuma
Sheng Qi (SQ+)	3ª
Yan Nian (YN+)	Todas
Tian Yi (TY+)	1ª e 2ª
Huo Hai (HH-)	1ª
Wu Gui (WG-)	2ª e 3ª
Liu Sha (LS-)	1ª e 3ª
Jue Ming (JM-)	2ª

Ming Gua	Trigrama (Hou Tian)
1	☵ Kan / Água

Ba Zhai(8 Palácios) | 349

Montanha	Trigrama		Portentos Direcionais
	Imagem	Nome	
N1		Li (Fogo)	
N2		Kan (Água)	
N3		Kan (Água)	
Ne1		Dui (Lago)	
Ne2		Gen (Montanha)	
Ne3		Li (Fogo)	
E1		Qian (Céu)	
E2		Zhen (Trovão)	
E3		Kun (Terra)	
Se1		Kan (Água)	
Se2		Xun (Vento)	
Se3		Dui (Lago)	

350 | Feng Shui Clássico nos Novos Tempos

Montanha	Trigrama		Portentos Direcionais
	Imagem	Nome	
S1		Gen (Montanha)	
S2		Li (Fogo)	
S3		Dui (Lago)	
Sw1		Zhen (Trovão)	
Sw2		Kun (Terra)	
Sw3		Kan (Água)	
W1		Zhen (Trovão)	
W2		Dui (Lago)	
W3		Xun (Vento)	
Nw1		Li (Fogo)	
Nw2		Qian (Céu)	
Nw3		Zhen (Trovão)	

A resposta se encontra na *Tabela Geral de Direções*.

Ba Zhai(8 Palácios) | 351

Tabela Geral de Direções para os Ming Guas

Ming Gua 1

Sul		Norte	
S-1	Wu Gui -	N-1	Yan Nian +
S-2	Yan Nian +	N-2	Fu Wei +
S-3	Huo Hai -	N-3	Fu Wei +
Sudoeste		**Nordeste**	
SW-1	Tian Yi +	NE-1	Huo Hai -
SW-2	Jue Ming -	NE-2	Wu Gui -
SW-3	Fu Wei +	NE-3	Yan Nian +
Oeste		**Leste**	
W-1	Tian Yi +	E-1	Liu Sha -
W-2	Huo Hai -	E-2	Tian Yi +
W-3	Sheng Qi +	E-3	Jue Ming -
Noroeste		**Sudeste**	
NW-1	Yan Nian +	SE-1	Fu Wei +
NW-2	Liu Sha -	SE-2	Sheng Qi +
NW-3	Tian Yi +	SE-3	Huo Hai -

Ming Gua 2

Sul		Norte	
S-1	Sheng Qi +	N-1	Liu Sha -
S-2	Liu Sha -	N-2	Jue Ming -
S-3	Tian Yi +	N-3	Jue Ming -
Sudoeste		**Nordeste**	
SW-1	Huo Hai -	NE-1	Tian Yi +
SW-2	Fu Wei +	NE-2	Sheng Qi +
SW-3	Jue Ming -	NE-3	Liu Sha -
Oeste		**Leste**	
W-1	Huo Hai -	E-1	Yan Nian +
W-2	Tian Yi +	E-2	Huo Hai -
W-3	Wu Gui -	E-3	Fu Wei +
Noroeste		**Sudeste**	
NW-1	Liu Sha -	SE-1	Jue Ming -
NW-2	Yan Nian +	SE-2	Wu Gui -
NW-3	Huo Hai -	SE-3	Tian Yi +

Ming Gua 3

Sul		Norte	
S-1	Liu Sha -	N-1	Sheng Qi +
S-2	Sheng Qi +	N-2	Tian Yi +
S-3	Jue Ming -	N-3	Tian Yi +
Sudoeste		**Nordeste**	
SW-1	Fu Wei +	NE-1	Jue Ming -
SW-2	Huo Hai -	NE-2	Liu Sha -
SW-3	Tian Yi +	NE-3	Sheng Qi +
Oeste		**Leste**	
W-1	Fu Wei +	E-1	Wu Gui -
W-2	Jue Ming -	E-2	Fu Wei +
W-3	Yan Nian +	E-3	Huo Hai -
Noroeste		**Sudeste**	
NW-1	Sheng Qi +	SE-1	Tian Yi +
NW-2	Wu Gui -	SE-2	Yan Nian +
NW-3	Fu Wei +	SE-3	Jue Ming -

Ming Gua 4

Sul		Norte	
S-1	Jue Ming -	N-1	Tian Yi +
S-2	Tian Yi +	N-2	Sheng Qi +
S-3	Liu Sha -	N-3	Sheng Qi +
Sudoeste		**Nordeste**	
SW-1	Yan Nian +	NE-1	Liu Sha -
SW-2	Wu Gui -	NE-2	Jue Ming -
SW-3	Sheng Qi +	NE-3	Tian Yi +
Oeste		**Leste**	
W-1	Yan Nian +	E-1	Huo Hai -
W-2	Liu Sha -	E-2	Yan Nian +
W-3	Fu Wei +	E-3	Wu Gui -
Noroeste		**Sudeste**	
NW-1	Tian Yi +	SE-1	Sheng Qi +
NW-2	Huo Hai -	SE-2	Fu Wei +
NW-3	Yan Nian +	SE-3	Liu Sha -

Homens com Ming Gua 5 consultar Ming Gua 2

Mulheres com Ming Gua 5 consultar Ming Gua 8

Ming Gua 6

Sul		Norte	
S-1	Tian Yi +	N-1	Jue Ming -
S-2	Jue Ming -	N-2	Liu Sha -
S-3	Sheng Qi +	N-3	Liu Sha -
Sudoeste		**Nordeste**	
SW-1	Wu Gui -	NE-1	Sheng Qi +
SW-2	Yan Nian +	NE-2	Tian Yi +
SW-3	Liu Sha -	NE-3	Jue Ming -
Oeste		**Leste**	
W-1	Wu Gui -	E-1	Fu Wei +
W-2	Sheng Qi +	E-2	Wu Gui -
W-3	Huo Hai -	E-3	Yan Nian +
Noroeste		**Sudeste**	
NW-1	Jue Ming -	SE-1	Liu Sha -
NW-2	Fu Wei +	SE-2	Huo Hai -
NW-3	Wu Gui -	SE-3	Sheng Qi +

Ming Gua 7

Sul		Norte	
S-1	Yan Nian +	N-1	Wu Gui -
S-2	Wu Gui -	N-2	Huo Hai -
S-3	Fu Wei +	N-3	Huo Hai -
Sudoeste		**Nordeste**	
SW-1	Jue Ming -	NE-1	Fu Wei +
SW-2	Tian Yi +	NE-2	Yan Nian +
SW-3	Huo Hai -	NE-3	Wu Gui -
Oeste		**Leste**	
W-1	Jue Ming -	E-1	Sheng Qi +
W-2	Fu Wei +	E-2	Jue Ming -
W-3	Liu Sha -	E-3	Tian Yi +
Noroeste		**Sudeste**	
NW-1	Wu Gui -	SE-1	Huo Hai -
NW-2	Sheng Qi +	SE-2	Liu Sha -
NW-3	Jue Ming -	SE-3	Fu Wei +

Ming Gua 8

Sul		Norte	
S-1	Fu Wei +	N-1	Huo Hai -
S-2	Huo Hai -	N-2	Wu Gui -
S-3	Yan Nian +	N-3	Wu Gui -
Sudoeste		**Nordeste**	
SW-1	Liu Sha -	NE-1	Yan Nian +
SW-2	Sheng Qi +	NE-2	Fu Wei +
SW-3	Wu Gui -	NE-3	Huo Hai -
Oeste		**Leste**	
W-1	Liu Sha -	E-1	Tian Yi +
W-2	Yan Nian +	E-2	Liu Sha -
W-3	Jue Ming -	E-3	Sheng Qi +
Noroeste		**Sudeste**	
NW-1	Huo Hai -	SE-1	Wu Gui -
NW-2	Tian Yi +	SE-2	Jue Ming -
NW-3	Liu Sha -	SE-3	Yan Nian +

Ming Gua 9

Sul		Norte	
S-1	Huo Hai -	N-1	Fu Wei +
S-2	Fu Wei +	N-2	Yan Nian +
S-3	Wu Gui -	N-3	Yan Nian +
Sudoeste		**Nordeste**	
SW-1	Sheng Qi +	NE-1	Wu Gui -
SW-2	Liu Sha -	NE-2	Huo Hai -
SW-3	Yan Nian +	NE-3	Fu Wei +
Oeste		**Leste**	
W-1	Sheng Qi +	E-1	Jue Ming -
W-2	Wu Gui -	E-2	Sheng Qi +
W-3	Tian Yi +	E-3	Liu Sha -
Noroeste		**Sudeste**	
NW-1	Fu Wei +	SE-1	Yan Nian +
NW-2	Jue Ming -	SE-2	Tian Yi +
NW-3	Sheng Qi +	SE-3	Wu Gui -

O Sistema das Direções – Uso Geral

Procura-se direcionar o indivíduo para os *Portentos Estimulantes* de acordo com as necessidades do momento ou mesmo com as possibilidades dentro do cômodo específico estudado (mais detalhes nas próximas páginas). Perceba que essa técnica, a priori, pode ser utilizada independentemente da construção, o que amplia o leque de opções (sem que se tenha de fazer uma análise completa de Feng Shui no local), como a averiguação pontual de uma direção de mesa em escritório, por exemplo. É importante dizer que esse método tem eficiência sobretudo em locais de permanência prolongada (mínimo de 3 horas, algumas vezes por semana); portanto, de maneira prática, aplicável em cama, cadeira, direção da tela do notebook, monitor em locais de trabalho, home office, sofás referente aos ponto de entretenimento (home theater, jogos), etc. Para isso, os parâmetros são os seguintes:

- Quando deitado: direção do "topo" da cabeça para trás (direção da cabeceira de cama / chakra coronário).
- Em atividade (sentado ou em pé): parte da frente do corpo, cabeça (para onde o indivíduo se volta ou olha em direção dos chakras frontais).

O conceito de Wei (Direção) é uma das peças-chave no Ba Zhai (conforme averiguação nas próximas páginas). Entretanto, recomenda-se que a técnica, para que haja um efeito destacado, seja conciliada a uma boa análise de Feng Shui e, se possível, com o Mapa Cosmológico Pessoal (Ba Zi - 4 Pilares do Destino), na qual se poderá averiguar as melhores direções levando-se em conta também os elementos úteis pessoais.

Introdução ao Zhai Gua
Trigrama da Construção

Aspectos Discursivos

Entramos agora na questão mais polêmica dos 8 Palácios: o ponto referencial para a escolha do Trigrama da Construção. Cada escola interpreta de maneira distinta o posicionamento, o que muda a distribuição dos portentos, bem como as compatibilidades com os moradores. Então, qual método é o mais correto?

Na obra *O Grande Livro do Feng Shui Clássico*, por ter sido um estudo abrangente, optou-se por evidenciar uma metodologia baseada num dos sistemas de averiguação San-He mais coerentes, na visão do autor, tendo em vista a amplitude do estudo ambiental na atualidade (mesmo que este não fosse o mais famoso). Nesse instante, entretanto, indicaremos um caminho (mais aprofundado), sendo que em vez de definir ou exaltar qual é o melhor ou certo, será sugerida uma proposta diferente, mas que ao mesmo tempo talvez possa ser considerada radical ou incomodar alguns tradicionalistas: trabalhar com duas visões de abordagem distintas (uma dos 3 Ciclos e outra das 3 Harmonias), com a prioridade de um sistema sobre o outro não se baseando no reforço da tradição (o famoso "*porque aprendi assim*") mas dependendo dos aspectos dinâmicos da construção e as suas características de entorno imediato, caso a caso, ou seja, tentará se desmistificar algumas "verdades absolutas" ou respostas automáticas dadas por crença, instigando uma linha mais aberta (não confundir como algo "em cima do muro"), incorporando a incerteza como ferramenta, ampliando possibilidades conceituais e adaptando linguagens (geralmente tão arraigados aos clássicos) à dinâmica dos *Novos Tempos*.

O Mito de Fan (Localização) como Força do Lugar

Como pesquisador, sempre me deixou curioso a tendência de indagação coletiva a respeito de um ambiente ser favorável ou desfavorável apenas, como se tal condição fosse um dos únicos focos de análise possíveis no âmbito espacial, descartando-se quase que completamente os efeitos e influências *não locais*, mas "ativáveis" por questão de afinidade ou compatibilidade (voltaremos a esse assunto mais tarde). Nesse sentido, parece-me que a cognição do homem leva em conta padrões de repetição e reação automáticos do corpo, visando sobrevivência, proteção e estabilidade, reflexos de condicionantes ancestrais (para não dizer pré-históricos) e reforçados pelo hábito, determinantes para a construção de mundo e funcionamento social. Em suma, acaba se tornando "comum" a identificação de algo a partir dos sentidos (principalmente pelos estímulos da visão e tato), sendo que o rótulo de "bom" ou "ruim" fica bem mais palatável ao atrelá-lo a uma área.

Talvez por isso a noção (equivocada) de se definir um padrão metafísico como *dimensão espiritual* e a sua expressão como *vibração*, advenha da tentativa de se representar localmente (e em termos materiais, mesmo que seja apenas uma ideação) algo que provavelmente deveria ser mais correlacionado ao conceito de *plano astral* (sendo que estes compartilham as dimensões físicas), e no cunho "emanatório", algo relativo mais à *densidade de probabilidade* (pois espírito *per si* não "vibra", mesmo em "altíssima" frequência).

O conceito de *Força do Lugar* está tão impregnado no nosso modelo de pensamento (vide *Cidade Antiga*, de Fustel de Coulanges) que arrisco dizer que, ainda hoje, a maneira de se pensar o Ba Zhai "sofre" o peso de dois clássicos iniciais, que explicitavam essa dinâmica de Fan:

- Yang Zhai San Yao (Trigrama Referencial dado pelo setor do acesso principal, mais conhecido como *"Fu Wei na porta"*).

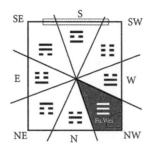

- Ba Zhai Ming Jing (Trigrama Referencial dado pelo setor oposto à Face Energética, mais conhecido como *"Fu Wei no Assentamento"*).

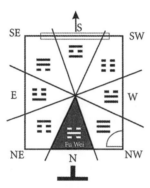

Ambos, de maneiras diferentes, defendiam a importância conceitual do *ponto de força* primordial numa construção, onde era "fixado" o Zhai Gua e se iniciava o surgimento dos 8 Portentos. Não há qualquer falácia nesses argumentos, apenas que, conforme discorrido anteriormente, a maneira de se pensar a arquitetura naqueles tempos, na China, era completamente distinta do que temos hoje (o que modificaria também a abordagem de muitas das escolas de Feng Shui Tradicional). Talvez muitos argumentariam que existem mudanças construtivas de fato, mas que os princípios seriam os mesmos, pois são energias maiores, da natureza. Fora as explanações feitas na Introdução e durante o Capítulo I, salienta-se que essa visão "de cima para baixo" (o global gerando o pontual), mesmo sendo reforçada pela história, não significa que seja assim de fato, pois talvez a consideração do fator humano (enquanto

356 | Feng Shui Clássico nos Novos Tempos

manifestação emocional limitada no espaço e com foco fragmentado) faça com que a realidade externa se mostre averiguável dessa forma em específico. Ou seja, reforça-se assim a hipótese de que essa "natureza", com suas regras e expressões, não seja algo externo ao homem, mas sim o resultado do filtro estabelecido por este último, na tentativa de compreender a si mesmo enquanto *Ser Sensação*. Esse ponto de vista, mesmo que pareça fugir do nosso escopo, talvez se torne cada vez mais relevante, sobretudo nesse momento tão peculiar da história terrestre em que a revisão interna também abrange as linguagens e os meios de interação pessoal; portanto, o Feng Shui incluído.

Opção 1: Encontrando o Zhai Gua / Trigrama da Construção pelo Assentamento

Analisando somente a escola Ba Zhai Ming Jing (Espelho Reluzente das 8 Casas) num primeiro momento, a geração dos Presságios se baseia na forte influência que supostamente o Assentamento exerce sobre à construção, com o Trigrama da Casa sendo situado nessa área (consequentemente também a localização do Fu Wei), pelo conceito conjugado da provável região mais Yin da construção estar vinculada ao Portento de Tranquilidade e Estabilidade. Entretanto, essa teoria era garantida na antiguidade, quando uma edificação se iniciava pela escolha de uma ótima Tartaruga, onde se "ancorava" o Assentamento de fato (tornando-o energeticamente ativo), estabelecendo-se assim, o Zhai Gua justificadamente nesse setor, pelo conceito de *Força do Lugar* pelo Shan Verdadeiro (Montanha Natural). Na atualidade, como a única constatação mais destacada (e às vezes com ressalvas) é a Face Energética, na visão do autor, o método Ming Jing só seria justificável se houvesse realmente pelo menos um Shan Virtual (construções mais altas e estáveis) na extensão externa do Assentamento. Teoricamente, até se poderia considerar uma Montanha "Simbólica" por um uso destacadamente Yin no cômodo relativo interno (um dormitório seria muito pouco, entretanto; sendo necessário algo mais "reverberante" em termos energéticos, como um ambiente de oração, local de práticas de meditação constantes, posicionamento de altar).

Em caso de apartamentos a condição requereria mais atenção, pois se a posição oposta à Face estiver na parede "cega" que divide dois apartamentos, isso não é necessariamente uma boa Montanha, pois por definição, Tartaruga não é essa parede em questão, mas sim a extensão atrás dela, ou seja, o outro apartamento. É até possível o estímulo de um Shan Virtual pelo Ren Qi (Potencial Humano), mas para isso o vizinho teria que ter uma conduta neutra que mantivesse o potencial energético equilibrado (do ambiente dele e, portanto, também apoiando indiretamente o auxiliante), o que, convenhamos, estaria mais para um grande devaneio. Portanto, a garantia aqui seria contar com uma possível Montanha Ancestral ainda na extensão do Assentamento, mas após o próprio vizinho.

Em resumo, caso haja no entorno da construção um Shan Real ou Virtual compatível (estabelecendo assim um Assentamento Energético verdadeiro), o Ba Zhai Ming Jing parece ser o sistema de análise mais relevante.

Ming Jing - Passo a Passo

1. Caso exista realmente uma boa Tartaruga no Assentamento, o trigrama referente ao Hou Tian desse setor é Zhai Gua da construção;

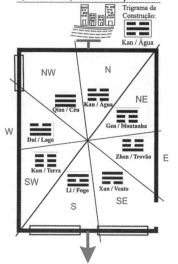

2. O Trigrama da Casa é o aspecto referencial "fixo". Compara-se ele a cada trigrama dos setores do Ba Gua do Céu Posterior, obtendo assim os 8 Portentos pela comparação de Linhas;

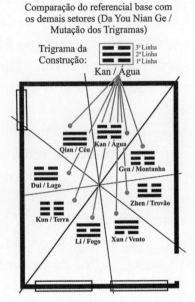

Comparação do referencial base com os demais setores (Da You Nian Ge / Mutação dos Trigramas)

3. Passam-se os dados para planta de estudo.

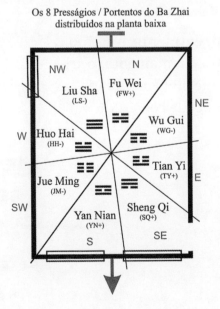

Os 8 Presságios / Portentos do Ba Zhai distribuídos na planta baixa

Ba Zhai(8 Palácios) | 359

Opção 2: Encontrando o Zhai Gua / Trigrama da Construção pela Direção da Porta

A referência de Wei (Direção) como Força do Lugar

Pode-se considerar Wei um verdadeiro mistério, um código muito mais "secreto" do que o seu primo Fan. Pelo último se referir a um local, quando encontrado, este se torna óbvio, definido (sendo a complexidade mais referente ao entendimento de quais energias lá estão e como utilizá-las). Direção já é em si uma metáfora misteriosa, pois não há mais um lugar a procurar, mas sim um ponto de vista; nela podem estar contidos todos os cômodos, áreas e setores poeticamente, como simulações energéticas em formato de fluxo.

Ouso dizer que exatamente por não ser muito palpável cognitivamente (mesmo sendo óbvio), não se encontra muitas escolas das 8 Mansões baseadas no conceito "puro" de Wei para se encontrar o Zhai Gua, já que o método mais famoso nesse sentido, leva em conta, o direcionamento pessoal através do Ming Gua (o homem como base) e não a construção em si. Assim, apresenta-se o sistema Qi Kou Ba Zhai / 8 Palácios pela Boca do Qi como proposta de caminho San-He (em contraponto ao Ming Jing, metodologia assumidamente San-Yuan).

Como parâmetro de uso, a aplicação pelo Assentamento dependeria de uma Tartaruga "de fato" (real ou virtual pelo menos), o que não é tão certo hoje em dia. Caso não exista um reforço externo ou interno (nas condições anteriores destacadas), indica-se o método Qi Kou como análise predominante. Mas por quê?

A resposta provavelmente se encontra numa incongruência do título: como uma direção pode ser a *Força do Lugar*, se não se refere a um local? A resposta é dada pelo conceito de localização pelo desígnio do Ba Gua e não pela área física em si, já que nesse sistema, parte-se do pressuposto que não existem setores que evidenciem grande destaque para se "ancorar" o Trigrama Referencial. Assim, como a maioria dos sistemas relativos às 3 Harmonias, o foco deixa de ser global (Face – Assentamento) e se torna específico, pontual e ao mesmo tempo salutar: a Boca do Qi, ou seja, a porta de acesso (no caso, a mais estimulada energeticamente pelo uso ou movimento das pessoas). Atente-se ao fato que não nos referimos ao setor da porta (método Yang Zhai San Yao), mas a direção da mesma. Para que a setorização seja considerada plausível nesse ponto, o conceito de "grande portal" deveria existir (não somente a abertura minúscula, o acesso contido, mas sim algo de destaque – a Entrada, o Caminho), o que comumente não se encontra na média das habitações atualmente.

Por Wei (Direção) da porta, entende-se:

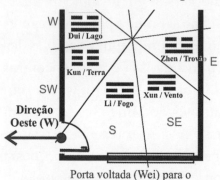

Porta voltada (Wei) para o Trigrama Dui / Direção Oeste

Como o Qi Kou se fundamenta no estímulo direcional, isso significa depender do fluxo energético das pessoas entrando na construção (e levando o Qi dinamizado externamente até à porta referencial, em que a condição de direção angulada entra em contato com o padrão do ambiente interno, gerando pôr fim a "alquimia" dos 8 Portentos – ou seja, o padrão Wei "chegando" até os trigramas em Fan).

A complexidade desse sistema não se encontra tanto nas casas, mas na questão dos prédios e apartamentos. Nesses casos, como o que se torna mais relevante é a transição do Qi externo para o interior da habitação, a porta mais utilizada da unidade não seria a primeira escolha, mas sim o rebatimento, a transferência da entrada das pessoas pela direção do acesso de maior fluxo no prédio (provável hall social) para o apartamento (independentemente de onde estiver a entrada deste último).

Assim, o Zhai Gua de um apartamento, pelo sistema Qi Kou, encontra-se (tendo em vista o fator de relevância):

1. Direção da entrada ao prédio (ambiente externo para interno) mais utilizada pelas pessoas (transeuntes, não de carro);

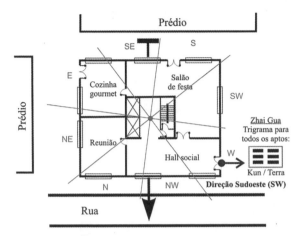

Critério 1: caso o fluxo de entrada das pessoas ao edifício for bem definido, o Trigrama Referencial de todas as unidades será o da direção do acesso global.

2. Caso haja várias entradas sendo utilizadas pelos condôminos (não há definição de uma principal – energeticamente falando, ex: Conjunto Nacional, em SP), a opção secundária será a direção da porta mais utilizada na unidade.

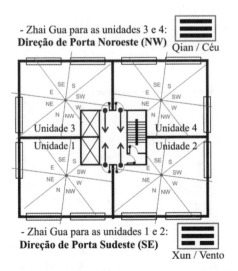

Critério 2: se o fluxo global de entrada das pessoas ao edifício for indefinido (muitas possibilidades), opta-se pela direção da porta de cada unidade.

Qi Kou - Passo a Passo

1. Caso não exista uma Tartaruga relevante no Assentamento para fundamentar o uso do sistema Ba Zhai Ming Jing, será utilizado o método Qi Kou Ba Zhai;

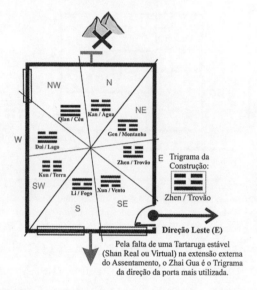

2. O Trigrama da Casa (aspecto referencial "fixo") é obtido, nesse caso, pela direção da porta externa mais estimulada;
3. Compara-se o Zhai Gua a cada trigrama dos setores do Ba Gua do Céu Posterior, obtendo assim os 8 Portentos pela comparação de Linhas;

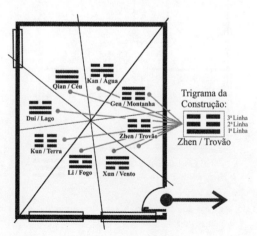

4. Passam-se os dados para planta de estudo.

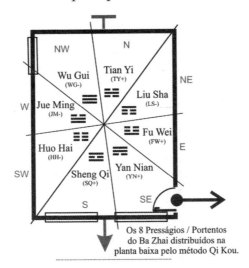

Os 8 Presságios / Portentos do Ba Zhai distribuídos na planta baixa pelo método Qi Kou.

Salienta-se que mesmo o referencial sendo a direção da porta nesse momento, não ocorre a modificação da posição da Face Energética e Assentamento, pois se tratam de aspectos globais da construção.

Tabela Geral Ba Zhai – Métodos Ming Jing & Qi Kou

Tabela de localização dos Portentos / Presságios de acordo com o Trigrama da Construção
(Setor do Assentamento ou Direção de Porta)

SE	S	SW
FW+ (Madeira)	TY+ (Terra)	WG- (Fogo)
YN+ (Metal)	Zhai Gua: Xun / Vento	LS- (Água)
JM- (Metal)	SQ+ (Madeira)	HH- (Terra)
NE	N	NW

SE	S	SW
TY+ (Terra)	FW+ (Madeira)	LS- (Água)
SQ+ (Madeira)	Zhai Gua: Li / Fogo	WG- (Fogo)
HH- (Terra)	YN+ (Metal)	JM- (Metal)
NE	N	NW

SE	S	SW
WG- (Fogo)	LS- (Água)	FW+ (Madeira)
HH- (Terra)	Zhai Gua: Kun / Terra	TY+ (Terra)
SQ+ (Madeira)	JM- (Metal)	YN+ (Metal)
NE	N	NW

SE	S	SW
YN+ (Metal)	SQ+ (Madeira)	HH- (Terra)
FW+ (Madeira)	Zhai Gua: Zhen / Trovão	JM- (Metal)
LS- (Água)	TY+ (Terra)	WG- (Fogo)
NE	N	NW

8 Portentos / Presságios do Ba Zhai
(segundo a base Da You Nian Ge)

- Fu Wei (FW+): nenhuma mudança de linhas
- Sheng Qi (SQ+): mudança da 3ª linha
- Yan Nian (YN+): mudança de todas as linhas
- Tian Yi (TY+): mudança da 1ª e 2ª linhas
- Huo Hai (HH-): mudança da 1ª linha
- Wu Gui (WG-): mudança da 2ª e 3ª linhas
- Liu Sha (LS-): mudança da 1ª e 3ª linhas
- Jue Ming (JM-): mudança da 2ª linha

SE	S	SW
LS- (Água)	WG- (Fogo)	TY+ (Terra)
JM- (Metal)	Zhai Gua: Dui / Lago	FW+ (Madeira)
YN+ (Metal)	HH- (Terra)	SQ+ (Madeira)
NE	N	NW

SE	S	SW
JM- (Metal)	HH- (Terra)	SQ+ (Madeira)
LS- (Água)	Zhai Gua: Gen / Montanha	YN+ (Metal)
FW+ (Madeira)	WG- (Fogo)	TY+ (Terra)
NE	N	NW

SE	S	SW
SQ+ (Madeira)	YN+ (Metal)	JM- (Metal)
TY+ (Terra)	Zhai Gua: Kan / Água	HH- (Terra)
WG- (Fogo)	FW+ (Madeira)	LS- (Água)
NE	N	NW

SE	S	SW
HH- (Terra)	JM- (Metal)	YN+ (Metal)
WG- (Fogo)	Zhai Gua: Qian / Céu	SQ+ (Madeira)
TY+ (Terra)	LS- (Água)	FW+ (Madeira)
NE	N	NW

Jiang Dong Jiang Xi Gua / Grupos Leste e Oeste

INTRODUÇÃO

Depois de aferido o sistema Ba Zhai mais adequado para o caso estudado, uma das maneiras prioritárias para se começar uma análise é pela compatibilidade energética entre a construção (representada pelo Trigrama Referencial – Zhai Gua) e os moradores (pelo aspecto do Ming Gua Pessoal). Esse exame possibilitará um início de avaliação dos prováveis indícios psicoemocionais estimulados sutilmente nos habitantes e ampliados como tendência de egrégora e forma pensamento no ambiente, pelo efeito do hábito e retroalimentação comportamental do próprio homem.

Existem algumas maneiras de conceituar esse estudo, mas o mais prático é separar (conforme sugerido no título) os 8 Trigramas em dois grupos, de acordo com as características "globais" de Yin e Yang referentes ao Wu Xing:

- Grupo Leste (Yang): todos os trigramas que são regidos pelo elemento Água, Madeira e Fogo, ou seja, possuem uma tendência mais "ativa e dinâmica".

- Grupo Oeste (Yin): todos os trigramas que são regidos pelo elemento Terra e Metal, ou seja, possuem um padrão mais "receptivo e estável".

Grupo Oeste		Grupo Leste				Grupo Oeste	
☷	☶	☵	☴	☳	☲	☱	☰
Kun Terra	Gen Terra	Kan Água	Xun Madeira	Zhen Madeira	Li Fogo	Dui Metal	Qian Metal
Análise primária - Grupos Leste e Oeste							

Aspecto de Uso

Faz-se a comparação de linhas entre o Trigrama Referencial da construção (a partir do método Ba Zhai escolhido) e o Trigrama do Ming Gua do morador. Perceba que se o local e a pessoa estiverem num mesmo Grupo de Elementos (Leste ou Oeste), o Portento obtido será sempre *Estimulante*; caso contrário, o Presságio será consequentemente um dos 4 *Desafiadores*. Mas o que isso significa de fato?

Essa primeira averiguação pode ser denominada como *Compatibilidade Estrutural*, na qual se mostram as primeiras indicações para estudo das tendências ou desafios emocionais dos moradores. Importante esclarecer que uma relação em harmonia não significa abundância incrível e estática e nem, sobretudo, uma característica "incompatível" sela um destino amaldiçoado, já que tais aspectos *Estimulantes* ou *Desafiadores* dos Portentos dependem muito mais da maneira como as pessoas reagem aos estímulos e lidam com o que é "oferecido" do que com uma boa ou má sorte.

Assim, depois de se obter as *Compatibilidades Estruturais* de cada residente, recomendam-se os seguintes aferimentos:

- Se o Grupo for o mesmo (portanto a obtenção de um Portento *Estimulante*):
  - *"Percebo (ou mesmo me foi relatado pelo morador) descrições emocionais ou tendências comportamentais compatíveis com as características desse Portento em específico? A pessoa em questão consegue sentir ou perceber essa influência construtiva? Isso é colocado, de alguma maneira, em prática?"*
  - *"Caso haja algum aspecto relevante que contrarie as supostas qualidades do Portento otimizado, percebe-se uma possível "inversão" de estímulo, dado pelo fator acomodação e zona de conforto?"*

    (Vide o tópico Aspectos de Atenção – na caracterização dos Presságios Estimulantes, e Contraponto Distorcido, na tabela subsequente).

- Se o Grupo não for compatível (portanto a obtenção de um Portento *Desafiador*):

  - *"Percebo (ou mesmo me foi relatado pelo morador) descrições emocionais ou tendências comportamentais instáveis, correlacionadas com as características desse Portento em específico? Que tipo de postura redundante e reativa por parte do residente, no cotidiano, parece reforçar tal condição?"*

  - *"Caso haja algum aspecto consciencial relevante (ocorrências ou mesmo posturas) que modifique beneficamente as supostas influências nocivas do Portento Desafiador para uma condicionante reflexiva e menos caótica, como isso pode ter se dado?"*
  (Vide o título Tópico para Reflexão – na caracterização dos Presságios Desafiadores, e Possibilidades de Mudança, na tabela subsequente).

Essas questões, mesmo que não sejam sistematicamente respondidas, poderão indicar parâmetros adequados para a próxima etapa, vinculadas às chamadas *Harmonizações Condicionais* ou *Paliativas*.

Introdução às Intervenções no Ba Zhai

Desmistificando as Influências Setoriais (Fan)

Depois de todo o *"mise en scène"*, agora é só efetuar as famosas "curas", tirando a força negativa dos portentos ruins (sobretudo se estiverem na porta de entrada, quartos e área nobre em geral) e maximizar os bons, correto? Na verdade, não.

Conforme se iniciou a abordagem no tópico *O Mito de Fan como Força do Lugar*, o peso da localização como fator preponderante numa análise de 8 Palácios, parece estar relacionado muito com as influências das primeiras obras, principalmente o Yang Zhai San Yao / 3 Requerimentos para a Casa dos Vivos, na qual o setor (e portanto, os Presságios) em que se encontrava a cama e o fogão eram fundamentais e definitivos em termos de "destino familiar". É bom salientar que nesse tratado em específico, não se utilizava o conceito de Nian Ming / Ming Gua (*Compatibilidade Estrutural e Direcionamento Pessoal*), nem a relação entre o Wu Xing e os Portentos da construção, sendo que uma das consequências mais marcantes desses fatores foi a impossibilidade de intervenção Jie Hua baseado em elementos corretivos, mas apenas recomendações de reposicionamento desses pontos focais em áreas compatíveis (Grupo Leste-Oeste).

Baseado nas questões acima, ganhou-se foco prioritário nos setores em que os Portentos estão localizados, sendo que às influências dos *Presságios Desafiadores* na porta de acesso, quartos e fogão, se tornaram quase que culpadas por todos os males que ocorriam na vida familiar. Assim, fica claro o porquê, ao se tentar equiparar o Ba Zhai com a escola Fei Xing em aspectos similares de eficiência pragmática, o primeiro se tornava quase que descartável, tamanha a generalidade (e ao mesmo tempo, pedantismo) na maneira em que tais questões eram abordadas nos 8 Palácios, muitas vezes com os supostos problemas sendo

Ba Zhai(8 Palácios) | 369

exaltados tragicamente pelos consultores e interpretados com alarde pelos clientes sofredores (*"Se você continuar mantendo a cama do casal no setor Wu Gui, jamais terá paz no casamento!"*, etc.). Assim, para se atingir uma mínima estabilidade, somente a doutrina dos 5 Elementos como salvação transcendental.

É interessante notar que não se costuma destacar até hoje uma passagem do Ba Zhai Ming Jing que poderia levantar pelo menos alguns questionamentos sobre o peso "moral" que tais setores trazem:

> *"Se nos importarmos somente com o Assentamento de uma casa e não com o Ming Gua de uma pessoa, isso é extremamente danoso.*
>
> *Se focarmos somente no Ming Gua e não no Assentamento, então isso é melhor. Harmonizando o Ming com Shan se chega a uma prosperidade duradoura."*

Em outras palavras, parece-me que até mesmo, na sua origem, o maior clássico San-Yuan das 8 Casas não evidencia uma visão tão monoideica sobre o exagero dos impactos das áreas benéficas ou nocivas num indivíduo (mesmo que exista uma certa influência). Aliás, destaca-se o Nian Ming (sobre o ponto de vista das Direções Pessoais) como fator mais relevante a ser analisado e não em que Portento o morador se encontra.

Talvez essa constatação choque ou incomode muito alguns profissionais e pesquisadores, tão acostumados com os procedimentos automatizados de medição-constatação-cura em voga há tempos na metodologia do Ba Zhai, independentemente da escola utilizada. Levantam-se até algumas questões:

- *Para que então se faz toda uma análise (até mesmo se averiguando o sistema mais adequado, que setoriza e distribui os Portentos), se apenas as Direções Pessoais são importantes?*

- *Se isso for mesmo fato, não seria então melhor descartar por completo o método dos 8 Palácios numa construção, mantendo apenas (e no máximo) o sistema Nian Gua / Direcionamentos?*

O posicionamento dos Presságios numa planta-baixa, como referencial do que pode estar ocorrendo numa edificação é muito relevante, mas talvez não da maneira que se imagine (sobretudo nos Novos Tempos).

Influências "Não Locais" nos 8 Palácios

Na visão do autor, mesmo podendo haver alguma (pequena) influência de um Portento pelo fator presencial, as tendências mais fortes ocorrem por aspectos "*Não Locais*", ou seja, as condições mais relevantes se baseiam não no que o morador consegue "setorizar" perceptivelmente, mas sim em dinâmicas menos óbvias, mais sutis e com efeitos cumulativos mais atuantes no psiquismo e reação emocional. Em outras palavras, a pessoa pode estar numa região que teoricamente se cataloga como excelente, mas estar sendo influenciado vigorosamente por um Portento *Desafiador* que, no código ambiental, pode estar numa área completamente menos-prezada e não necessariamente utilizada.

Pode-se dizer então que os Presságios "são" índices de acesso (ativáveis por egrégora) e não apenas "estão" numa região limitada pelo Ba Gua. A noção de localização dos Portentos é uma maneira arquetípica (quase lúdica) de estabelecer uma linguagem palpável aos que experienciam (e reforçam) a memória do ato de morar, tendo em vista os referenciais a partir do próprio habitat enquanto foco cognitivo (por isso o Zhai Gua / Trigrama da Casa partindo de um "destaque" ou relevância construtiva). Ou seja, os Presságios estão em todos os setores ao mesmo tempo; usar um sistema ou outro de análise seria "somente" uma maneira de se tentar dar um "sentido emocional" (separação, ordenação e noção qualitativa) e não se dizer "verdadeiramente" onde eles estão de fato.

Obs.: Existe uma possibilidade de análise em que se considera preponderantemente o Fan como aspecto analítico fundamental. Essa escola é o Ren Qi Ba Zhai (8 Casas pelo Potencial Humano),

Ba Zhai(8 Palácios) | 371

que pela sua abrangência e profundidade, não será discutida no momento. Nas Formações de Feng Shui Tradicional ensinadas no Instituto, entretanto, esse sistema é abordado com detalhes.

O Passo a Passo Analítico

FATORES RELEVANTES

Para estabelecer uma relevância metodológica, pressupõem-se alguns caminhos de averiguação e harmonização possíveis:

1. *Compatibilidade Estrutural*: fazendo a comparação de linhas entre o Ming Gua do morador e o Trigrama Referencial / Zhai Gua, obtêm-se o *Portento Guia*, que será o "parâmetro emocional" que supostamente mostrará que tipos de reações ou estímulos a pessoa tende a exaltar no cotidiano.

   – Caso seja um *Portento Estimulante*, são "oferecidas" perspectivas mais atenuantes, dependo do próprio residente reconhecer e inserir, caso ache relevante, tal sugestão nos aspectos de vida;

   – Se for um *Portento Desafiador*, o canal de atuação é via reflexão e atenção, com evidências por onde, possivelmente, ocorre a perda de lucidez (lembrando sempre que não é uma energia ruim da casa que ataca o indivíduo, mas sim algo não "trabalhado" na pessoa que se evidencia, como carências e aspectos mecânicos reativo-comportamentais). Nesse sentido, uma intervenção pontual talvez seja recomendada (como *Lembrança de Si*), caso as condições abaixo não sejam possíveis ou mesmo se sinta um desequilíbrio emocional constante e crescente com características compatíveis ao que se descrevia conceitualmente;

2. *Direcionamentos Pessoais*: a partir da técnica das 24 Direções, procura-se voltar e alinhar o morador para os estímulos mais favoráveis, de acordo com o Ming Gua.

Feng Shui Clássico nos Novos Tempos

- Caso o Trigrama da Casa já seja favorável para a pessoa, direcioná-la para um *Portento Estimulante* estabelece, em tese, uma dinâmica qualitativa em que não necessitaria maiores intervenções pontuais. A prioridade de direção é para os pontos de maior permanência (com preferência para a cama, e caso seja relevante, a mesa e cadeira do escritório familiar ou referencial de permanência prolongada em caso de estudo ou trabalho em algum ponto preferido da casa). Se não for possível estabelecer direcionamentos pessoais favoráveis, talvez seja necessária uma intervenção pontual;

- Caso o Trigrama da Casa seja incompatível (enquanto Grupo Leste-Oeste) para a pessoa, direcioná-la para um *Portento Estimulante* se torna prioritário e muito recomendado (sendo essencial uma direção adequada para a cabeceira da cama). Se isso também não for possível, as harmonizações pontuais (tanto referente ao *Portento Desafiador Guia* quanto ao Direcionamento Pessoal inadequado) serão necessárias, sobre o ponto de vista do Wu Xing Jie Hua (mais informações adiante).

Importante: se caso a construção não tiver um bom Shan no Assentamento (portanto for utilizado o método Qi Kou Ba Zhai/ Direção de Porta), não seria recomendado priorizar um Direcionamento Pessoal favorável em detrimento de um reforço da Tartaruga Pontual / Pessoal (ex: seria contraindicado uma cama sem cabeceira rígida ou destacada encostada ou mesmo voltada a uma abertura grande ou janela), mesmo que a direção pelo Nian Ming seja excelente em teoria.

OBSERVAÇÕES A RESPEITO DE DIRECIONAMENTOS PESSOAIS EM OBJETOS INANIMADOS

Umas das análises mais utilizadas no Feng Shui (e por vezes até mesmo uma "fixação") é o uso das direções pessoais em alguns locais supostamente importantes, como portas de acesso e, principalmente, o fogão (note que essa visão é diferente da abordagem do alinhamento de camas, mesas e cadeiras, pois não envolvem a presença da pessoa num respectivo direcionamento). O pressuposto se baseia numa ativação energética à distância, em que alguns pontos focais, por uma condição teoricamente natural de potencial de Qi, se direcionadas de maneira adequada, auxiliam e muito os moradores a atingirem benefícios práticos, como prosperidade, sucesso, etc. (existem até mesmo técnicas "secretas", como *Os 5 Fantasmas Carregam o Tesouro*, que teriam um fim específico de se gerar tamanha abundância).

No caso do fogão, a função ainda remontaria uma crença antiquíssima, em que o ponto do Fogo era tido como algo sagrado (alquímico), que agregava à família, estimulava à manutenção do homem e, fundamentalmente, "queimava" as mazelas e aspectos negativos da vida (por isso, originalmente, o tal "wok" ancestral se localizava não no Portento mais favorável, mas no pior domínio energético, na qual se poderia transcender as características desfavoráveis). A inserção da madeira para alimentação desse fogo "criador" (pela abertura do apoio em barro, posicionado abaixo da panela) deveria ser feito por uma direção específica. Mas qual? A do indivíduo mais importante da casa, para o qual a maioria dos estímulos benéficos eram dinamizados (tanto materiais quanto metafísicos). Na adaptação dos clássicos aos tempos razoavelmente recentes, a fogueira foi substituída pela chama do fogão e a tal fenda por onde ocorreria a manutenção desse fogo, seria a abertura do forno.

Ainda que esta ideia tenha muito apelo emocional (talvez reforçada pelo esoterismo oriental de base "new age" comum no Ocidente, alguns profissionais até indicam a colocação de um espelho atrás desse fogão "alquímico", para se "dobrar" ainda mais os potenciais financeiros), o autor questiona a eficiência de tais técnicas direcionais na atualidade, sobretudo após 2012, em que o efeito magístico-formal (que é o caso, mesmo que por vezes, muitos tentam defendê-lo como algo técnico ou sutil) perdeu muita coesão e capacidade de atuação.

Mas essa técnica não seria igual aos potenciais de estímulos não locais fundamentados nas páginas anteriores? Mesmo parecendo similar (pela ausência do indivíduo no local de ativação), a condição nada tem de análoga, sendo na verdade, oposta, pois não é o objeto inanimado que estimularia algo favorável ou desfavorável na pessoa (por efeito de "bateria energética", sendo tal qualidade direcionada pelo índice "imantador" do Ming Gua), mas sim o morador que se conectaria a um padrão por questões de semelhança. Ou seja, nos *Novos Tempos*, é provável que as técnicas de Ba Zhai relacionadas diretamente com o potencial de reflexão, incertezas e escolhas do próprio homem, estejam otimizadas (a pessoa como participante ativo), e as que se fundamentavam num padrão fixo, protocolar e que necessitariam de âncoras materiais estáveis, consagradas com finalidade de "transferência" energética direcional (a pessoa apenas como receptor passivo), estão muito enfraquecidas, sobretudo as que eram reforçadas também pelo padrão de memória / akash. Destaca-se que o ponto não é afirmar que essas técnicas não tem mais validade ou estão erradas, mas sim dar subsídio para questionamento. Mas com todo o respeito, haja direção pessoal de fogão, porta e até de tomada ou soquete de energia elétrica para se tentar induzir certezas de segurança nesse ser transicional com tantas dúvidas e em momentos tão instáveis.

Efetuando as Harmonizações Paliativas

ASPECTOS COMPARATIVOS

Conforme explicado no Capítulo IV *(Introdução à dinâmica das Intervenções Paliativas/Do conceito de Jie Hua à falácia das Curas)*, as harmonizações nos 8 Palácios levam em conta alguns aspectos, se comparados com as Estrelas Voadoras. Sobre as questões de influência:

Intervenção	Fei Xing / Estrelas Voadoras	Ba Zhai / 8 Palácios
Estrutural (fluxo e estabilidade)	Fundamental. É a base sistemática de harmonização.	Não relevante.
Direcional Pessoal (pelo Ming Gua)	Não relevante (o sistema direcional utilizado é o do Xuan Kong Da Gua).	Fundamental. É a base sistemática de harmonização.
Paliativa Real (a representação do elemento em si)	Eficiência moderada. Incerta após 2012 (dependendo de pessoa para pessoa).	Eficiência pequena (incerta após 2012). Em caso de incompatibilidade de elementos com a metodologia Fei Xing, recomenda-se dar prioridade às Estrelas Voadoras.
Paliativa Virtual (cor)	Pequena (com exceção do vermelho).	Muito relevante.

Jie Hua Wu Xing

Perceba que uma das influências mais interessantes de serem trabalhadas no Ba Zhai (mesmo que não seja a única) é a Harmonização Paliativa Virtual baseada no uso de cores. Há um sentido nisso, pois a escola abrange os potenciais de estímulo e resposta emocional, o que justificaria parte das intervenções terem recomendação de estímulo cromático. Por outro lado, como todas as atuações paliativas são baseadas no conceito prioritário de Jie Hua (Transformação Consciente), o ponto não é inserir determinadas "curas" ou ativações apenas (no caso, possivelmente pinturas ou decoração em tons específicos a partir dos 5 Elementos nos *Portentos Desafiadores* e *Estimulantes*, respectivamente), mas sim a maneira como isso é feito.

376 | Feng Shui Clássico nos Novos Tempos

Assim, o sentido de localizar na construção um Portento (seja *Estimulante* ou *Desafiador*) só tem sentido real nesse instante, quando se necessita de um referencial emocional de ordem "concreta" (no *Espaço-Tempo*) para o entendimento do homem em si. Como *Espaço* entende-se aqui os ambientes da construção, e como *Tempo*, o potencial de Imanência (a realização do diferente no "agora"). Em suma, os Presságios que não se relacionam diretamente com o morador (na Compatibilidade Estrutural e nos Direcionamentos Pessoais) estão neutros no geral, mas podendo ser ativados em momentos de caos interno, sabedoria intrínseca ou mesmo em mudanças energéticas globais (sutilizações). Perceba, caso o leitor já tenha lido a obra *O Grande Livro do Feng Shui Clássico*, que a abordagem aqui se distingue, já que não se afirma ou exalta tanto a questão dos portentos ativados ou desativados (que parecem não mais responder de maneira tão clara nesse sentido, sobretudo pelas instabilidades do código Hou Tian enquanto linguagem definitiva).

Portentos Estimulantes Otimizado com:		Portentos Desafiadores Harmonizado Paliativamente com:	
Fu Wei (FW+) Regência: Madeira	Madeira (tons verdes)	Huo Hai (HH-) Regência: Terra	Metal no setor ou Madeira em Fu Wei*
Sheng Qi (SQ+) Regência: Madeira	Água ou Madeira (tons verdes, azuis ou preto)	Wu Gui (WG-) Regência: Fogo	Terra no setor ou Terra em Yan Nian*
Yan Nian (YN+) Regência: Metal	Terra ou Metal (tons amarelos, areia, metálicos, cinza, branco)	Liu Sha (LS-) Regência: Água	Madeira no setor ou Água em Sheng Qi*
Tian Yi (TY+) Regência: Terra	Fogo ou Terra (tons vermelhos, amarelos ou areia)	Jue Ming (JM-) Regência: Metal	Água no setor ou Fogo em Tian Yi*

* Em teoria, é possível "diminuir" o impacto de um Portento Desafiador inserindo (via Jie Hua Wu Xing) uma Intervenção Paliativa no próprio setor onde se encontra o Presságio instável ou mesmo colocando o elemento especificado em um Portento Estimulante (que terá a "função" de auxiliar na harmonização do seu "irmão"). Isso costuma ser bastante divulgado, mas revela-se que para isso realmente ocorrer, é necessário uma conexão direta (visual) entre o setor favorável estimulado e à área a ser "acolhida" indiretamente. Se essa condição não se der, opta-se pela inserção do Wu Xing no próprio Portento Desafiador.

Levando-se em conta apenas as Intervenções Paliativas Virtuais no momento, vide resumo geral:

EXEMPLO DE ANÁLISE

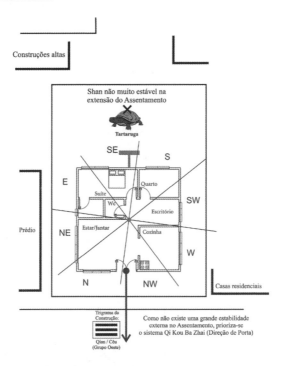

Conforme analisado nas temáticas Luan Tou e Xuan Kong Fei Xing, averiguou-se que o Assentamento da construção não possui uma Shan destacado, o que faz com que se opte pelo sistema Qi Kou Ba Zhai (Direção de Porta / vide páginas anteriores). Assim:

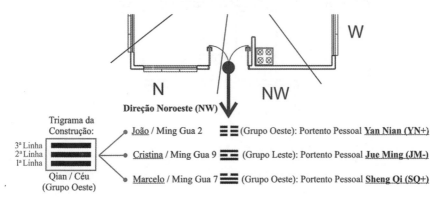

1. Como a direção da porta de acesso principal é Sudoeste (SW), o Trigrama Referencial / Zhai Gua é Qian;
2. Comparando os Ming Guas dos moradores com o Trigrama da Casa, têm-se as seguintes *Compatibilidades Estruturais:*
    - João (Número Pessoal = 2 / Trigrama Kun): Yan Nian (YN+);
    - Cristina (Número Pessoal = 9 / Trigrama Li): Jue Ming (JM-);
    - Marcelo (Número Pessoal = 7 / Trigrama Dui): Sheng Qi (SQ+).
3. Como Cristina (esposa) é a única que evidencia um *Portento Desafiador*, recomenda-se muito que ela tenha prioridade no Nian Ming / Direcionamentos Pessoais, sobretudo na cama de casal.
4. Como João e Cristina são de grupos diferentes (Oeste e Leste, respectivamente) é muito provável que não se encontrem direções de cabeceira e cama boas para ambos, num mesmo ângulo. Nesse sentido:
    - Na posição padrão (cama direcionada para Se3): João (Tian Yi / TY+) e Cristina (Wu Gui / WG-).

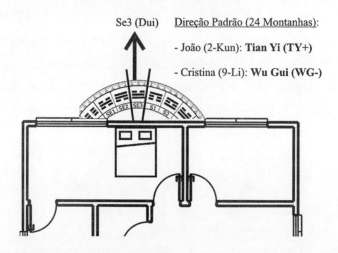

    – Essa condição se torna ainda mais contraindicada para Cristina, recomendando uma mudança para outra direção;

- Na posição nova 1 (cama direcionada para Se2): João (Wu Gui / WG-) e Cristina (Tian Yi / TY+);
  - Nessa condição há uma piora para João, mas uma melhora considerável para Cristina. Como ele é compatível estruturalmente com o local, essa tendência pode ser equalizada com o Jie Hua Wu Xing (somente se tornaria inadequado caso se percebesse um momento pessoal de instabilidade, *stress* e agressividade por parte do marido);
  - Caso se opte por esse ângulo, recomenda-se deixar metade da janela fechada, e aumentar a estrutura da cabeceira, caso não haja uma.

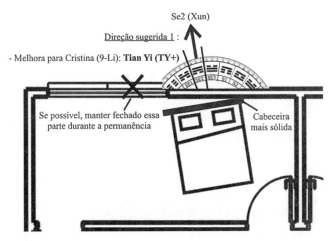

- Na posição nova 2 (cama direcionada para Ne3): João (Liu Sha / LS-) e Cristina (Fu Wei / FW+);
  - Nessa condição continua uma direção inadequada para João, mas se mantém uma boa base para Cristina. Como nessa nova sugestão não há uma janela atrás da cama nem uma angulação inusitada (o que pode irritar algumas pessoas), esse local pode ser uma indicação. O fator de decisão se daria nas necessidades psicoemocionais do momento para a esposa (estimular tranquilidade / FW+ ou sensação de estabilidade / TY+), sendo importante observar também se

o marido tem um histórico de muitas flutuações emocionais (cuidados para direcioná-lo para LS-).

5. Para Marcelo, como a *Compatibilidade Estrutural* é favorável, mantendo os parâmetros de localização indicados pelo método das Estrelas Voadoras (vide capítulo IV), provavelmente seria recomendado mantê-lo no direcionamento Sw3 (HH-). Uma intervenção paliativa talvez seja adequada;

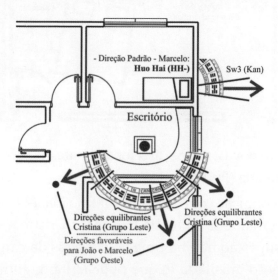

6. Como reforço, a direção da cadeira no escritório pode ser muito relevante. Como não há uma adequação padrão para todos os Ming Guas, talvez valha a pena colocar uma mesa com tampo com abertura circular, para que cada morador, no momento

Ba Zhai(8 Palácios) | 381

que esteja estudando ou utilizando o local, possa usufruir das melhores possibilidades direcionais, sem ficar desconfortável;

7. Para efetuar as Harmonizações Paliativas, observam-se os seguintes *Portentos Desafiadores*:

- Cristina (Compatibilidade Estrutural): Jue Ming (JM-);
- João: opção 1 – Se2 (Wu Gui / WG-) e opção 2 – Ne3 (Liu Sha / LS-);
- Marcelo: direção de cabeceira - Sw3 (Huo Hai / HH-).

8. Na construção:

- Como o Portento Jue Ming (JM-) se encontra no Sul (grande parte do quarto do Marcelo e a parede do quarto do casal), seria indicado que se inserisse o elemento Água (cor preta ou tons azuis) na região. Perceba que pelo estímulo de Jie Hua (Transformação Consciente), não basta mandar alguém pintar uma parede ou mesmo realizar uma decoração com tais características. Como a relação de cunho estrutural estimula um desafio muito intrínseco para com Cristina, é ela que deveria se responsabilizar pela modificação dessa área em questão (escolhendo os objetos, quadros ou mesmo o tom da pintura, etc.), ficando atenta no significado, tanto do *Portento Desafiador* quanto no fundamento da Intervenção, procurando estabelecer um diálogo intrapessoal e abertura para transformação, sendo a representação dessa mudança a expressão "sensível" pelo elemento Wu Xing;
- Na opção 1 de intervenção da cama, o Portento Wu Gui (WG-) está no setor Leste (metade do quarto do casal e banheiros). Caberá assim a João realizar os procedimentos similares da Cristina (escolha, atenção, abertura) quanto ao uso das intervenções Terra (cor amarela, areia, etc.) na região;
- Na opção 2, o Presságio Liu Sha (LS-) está no setor Norte (parte da porta, estar e jantar); como o Portento Estimulante Yan Nian (YN+) se conecta visualmente a esse *Portento*

382 | Feng Shui Clássico nos Novos Tempos

Desafiador, é possível otimizar (via elemento Terra) a decoração do setor Sudoeste para se efetuar a harmonização. Caso se escolha fazer a intervenção apenas pela área de Liu Sha, recomenda-se a colocação do potencial Madeira no Norte (tons verdes, etc.);

- Huo Hai (HH-) encontra-se no quarto do casal e na pequena parede de acesso ao banheiro do corredor. Se caso a opção de Jie Hua para Marcelo entre em choque com as opções de decoração do cômodo dos pais, é possível utilizar a parede do WC para se inserir o elemento Metal (tons metálicos, decoração branca ou cinza) ou mesmo correlacionando, compartilhando e destacando as intervenções paliativas reais utilizadas no sistema Fei Xing;

9. Sente-se necessidade de otimizar, no cunho global (ou seja, para todos) uma perspectiva de mudança baseada num *Portento Estimulante*? Qual seria?

– Assim, pode-se optar pelo estímulo de um dos Presságios benéficos de maneira conjunta, de acordo com as necessidades familiares do momento.

Sugestões de Harmonização Psicoemocional / Reflexiva

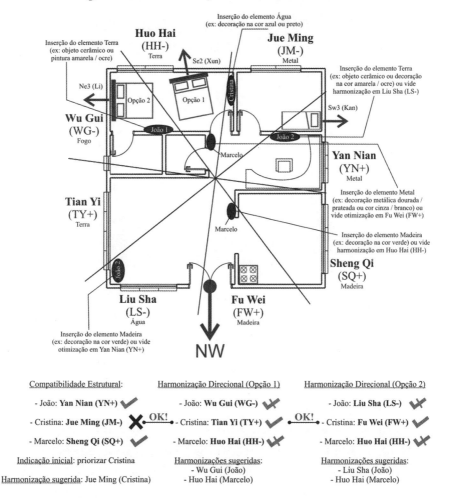

Obs.: Nota-se então que em nenhum momento optou-se por tirar alguém de um setor por um suposto malefício de um Portento, mas "apenas" com o intuito de ancorar uma possibilidade de diálogo entre os moradores e talvez eles mesmos, pelo espelho referencial arquetípico dos Guas, oferecido pela casa.

Aspectos Conscienciais
Possibilidades de Linguagem

Novos Tempos, Sutilização da Matéria, Caminho da Crise e Desafio

Na obra anterior foi abordado, no tema Influências Anuais, os aspectos San-He (Tai Sui, Suo Po e San Sha), que necessitariam de observação a cada ano, como potencial de instabilidade e cuidados. Nesse momento, introduziremos uma proposta de averiguação diferenciada, observada pelo autor e colocada em testes nos últimos 2 anos.

Para isso, não será utilizado nenhum padrão cíclico determinante (ano, mês, etc.), exigindo do usuário uma capacidade de autocrítica e reflexão intrapessoal mais ampla e responsável. Em outras palavras, não haverá algo externo que dite o que deverá ser feito, mas sim uma possibilidade de entender minimamente as sabotagens internas e tentativas de defesa emocional (enquanto negação de si).

Como partido, abarcam-se os grandes processos de mudança e instabilidade energética que a Terra está passando, tentando sincronizar na nossa percepção temporal, a atenção referencial de quando tais "flutuações" se tornam reconhecíveis, seja por mudança repentina no físico (com potencial de somatização) ou por uma forte alteração psicoemocional. Mas como saber quando isso acontece? Pelo reconhecimento da repetição desse impacto no homem, de tempos em tempos. Perceba que não se sabe quando tais "ondas" de sutilização ou modificação ocorrerão (pois a questão não é estabelecer antecipadamente um "bunker" preventivo com pílulas de felicidade estocadas), mas saber que tipo de postura monoideica / límbica cada um tende a assumir enquanto padrão de comportamento distorcido e desprovido de lucidez. Entender essa dinâmica é possibilitar parâmetros analíticos para se refletir sobre o mecanicismo das máscaras pessoais que são utilizadas ou escolhidas para se tentar manter um *status quo* de negação, mesmo que seja via postura alienada ou vitimizante. Com um olhar minimamente atento e observador, parece-me que alguns caminhos de mudança pessoal podem emergir, não para sublimar os problemas práticos, mas como índice para se fazer o diferente no presente, construir a cada revisão um devir mais sábio e menos determinante.

Na linguagem do Ba Zhai, averígua-se uma relação direta entre o que chamaremos didaticamente de *Modificação Estrutural* (enquanto sutilização ou similares) e os 4 *Portentos Desafiadores*, talvez por estes representarem o que menos conhecemos "de nós mesmos", pelo desafio do "vazio". Parece existir uma sistemática de ação e evolução, sendo a suposição apresentada na página seguinte:

386 | Feng Shui Clássico nos Novos Tempos

Sequência das Ativações / Modificações Estruturais		Possíveis Sintomas		Portentos Estimulantes Fragilizados	Oportunidades de Reavaliação
		Físicos	Emocionais		
1º	Wu Gui (WG-) Regência: Fogo	Dores, compressão na cabeça, visão embaçada, sensação de taquicardia, pressão alta.	Irritação, agressividade, flutuação de humor, catarses ou destemperos emocionais.	Sheng Qi (SQ+)	Transformar irritação e julgamento alheio em melhora na interface intrapessoal energético-espiritual.
2º	Huo Hai (HH-) Regência: Terra	Cansaço extremo, muita dificuldade de respiração, estagnação, letargia.	Distração absurda, falta de foco ou atenção, nostalgia, melancolia.	Fu Wei (FW+)	Transformar o ruído interno em cuidado e observação, tendo em vista o dinamismo da incerteza e do devir.
3º	Jue Ming (JM-) Regência: Metal	Indícios de anomalias baseadas em "travamentos" gerais (dores variadas no corpo de maneira repentina, gripes, viroses).	Fechamento, isolamento, depressão, desistência.	Tian Yi (TY+)	Transformar solidão em solitude. Responsabilizar-se de maneira consciente pelos resultados das escolhas, mas sem ser engolido pela resignação ou culpa.
4º	Liu Sha (LS-) Regência: Água	Somatizações redundantes e sintomáticas estruturais.	Sensação de desespero ou medo gutural, tentativa de fazer "loucuras" para se livrar das pressões internas, alienação.	Yan Nian (YN+)	Transformar a negação dos incômodos e a fuga de si (alienação) num controle mais coerente, menos reativo e mais aberto, talvez baseado no "vir a ser" e não no confronto ou eliminação do que não se suporta.

Características Gerais:

- Não se sabe quando uma *Modificação Estrutural* começa a ocorrer (o que exige sensibilidade e parâmetros energético--espirituais), mas é possível perceber alguns indícios específicos no corpo (necessitando ficar um pouco mais observador nos padrões repetitivos que ocorrem, a cada sutilização). Utilizando a linguagem dos Portentos, parece que os sintomas iniciam pelo Wu Gui (WG-) e caminham em direção ao Liu Sha (LS-), sendo que, em média, averígua-se uma "duração" de mais ou menos 2 dias em cada "etapa".

- Mesmo que sempre se "atravesse" o processo dos 4 *Portentos Desafiadores*, aparentemente cada pessoa (pelo perfil psicoe-mocional, escolhas de vida e potencial kármico), tende a se "fixar" numa relação direta em 2 desses Presságios, de maneira sequencial (como uma condição límbico-mecânica de *Causa* e *Efeito* ilusório), tais como: Wu Gui (WG-) e Huo Hai (HH-), Huo Hai (HH-) e Jue Ming (JM-), ou Jue Ming (JM-) e Liu Sha (LS-). Tratam-se, provavelmente, dos potenciais de menor sabedoria e maior tendência caótica.

- Nesses instantes, não apenas os *Portentos Desafiadores* estão destacados (sobretudo uma das "duplas" acima), como também os *Portentos Estimulantes* respectivos se tornam instáveis, dependo do indivíduo (em relação ao potencial de abertura, reflexão e novas escolhas pessoais) a capacidade de se transformar e modificar tais condições, se forem realmente constatadas como fato e como caminho necessário.

- Mesmo podendo ser relacionado com as análises da construção (tendo em vista as *Compatibilidades Estruturais* ou Direções Pessoais), essa análise atua de maneira paralela, com uma perspectiva de ação mais consciencial e menos voltada à colocação de alguma Intervenção Paliativa para se diminuir o efeito incômodo das flutuações tão comuns nos Novos Tempos.

388 | Feng Shui Clássico nos Novos Tempos

- Observação importante: uma dor de cabeça por abstinência de cafeína ou uma discussão com o telemarketing não são resultados ou sinais de uma *Mudança Estrutural* necessariamente. Assim, fica o bom senso de uso e averiguação, já que essa proposta é possibilitar uma reflexão através da interpretação dos Presságios, e não mais uma ferramenta para se justificar as mazelas pessoais.

Desafio Global da Construção

A palavra "desafio" pode ser entendida de maneira distorcida, como um teste que a casa induz aos moradores, com a garantia de que caso os habitantes se alinhem à proposta energética da construção, a vida se tornará mais favorável, tal qual uma cartilha moral de conduta. A despeito de uma possível interpretação catequista por parte do leitor, os parâmetros aqui não se baseiam *"no que se tem que fazer"*, mas sim em indicações de cunho simbólico que poderão auxiliar na tradução ou incremento da linguagem interpretativa dos Portentos.

Nesse sentido, ao se analisar o Ba Zhai, parece que a avaliação se torna muito rasa, já que são apenas 8 possibilidades. Num primeiro momento dá a entender que a dinâmica é apenas essa, mas o que geralmente se passa despercebido é que cada Presságio tem uma "chave de ativação" intrínseca (baseada no trigrama de mutação), o que resulta em 8 características diferenciadas para cada Portento, sendo 64 arranjos de possibilidade no total.

Um das primeiras e mais importantes averiguações se baseia no Fu Wei (FW+). Como para ele se manifestar não é necessária a mudança de Linha, este Portento sempre se referirá ao Zhai Gua. Por conseguinte, o chamado *Desafio Global* pode se relacionar com as tendências de aprendizado que um local estimula nos residentes (no sentido geral), provavelmente lembrando-nos dos aspectos dhármico-kármico comentados na introdução do livro.

Em outras palavras, talvez a "dica" arquetípica referente à capacidade humana de atingir uma tranquilidade e bem estar geral se encontra nos códigos desse Trigrama Referencial, sendo que o mesmo potencial de harmonia sistêmica também se refere ao seu contrário, a inclinação do homem de gerar caos e se distanciar das qualidades dinâmicas do Fu Wei, pela ativação dos fatores opostos às características iniciais do próprio trigrama. Assim:

Trigrama Estudado (Zhai Gua como Fu Wei ou localização de Portento Estimulante ou Desafiador)	Desafios / Reflexões* - Aspectos	
	Gerais ou Cotidianos	Indiretos ou Sutis
Kan / Água	Comunicação, aprofundamento pessoal, revisão das tendências emocionais, melhora dos potenciais sensíveis.	Questões de apego a ideias de salvação, amor incondicional ou devoção excessiva a pessoas ou tradições.
Kun / Terra	Segurança interna, desapego emocional, equilíbrio entre necessidade pessoal e função familiar.	Questões vinculadas a *stress* pessoal, necessidade de validação pela absorção de responsabilidade e condições externas.
Zhen / Trovão	Produção e expressão de vida, reavaliação de posturas reativas, necessidade de balancear vigor inicial e continuidade / manutenção.	Questões relativas à necessidade de validação externa pela imagem ou busca por reconhecimento rápido.
Xun / Vento	Ritmo, constância, avaliação, equilíbrio entre giro produtivo e sucesso e qualidade de vida.	Questões ligadas à dificuldade de expressar às prioridades, deixar evidentes as escolhas pessoais, pela tentativa de se manter a diplomacia.
Qian / Céu	Liderança, responsabilidade, equalização entre comandar com o peso da cobrança e compartilhar experiências de vida.	Questões relativas a pontos de vista, doutrinas ou visões categóricas de conduta pessoal, dificuldade de abertura para o novo.
Dui / Lago	Alegria, suavidade, diálogo. Avaliação entre tranquilidade e passividade, entre fluidez e alienação, entre harmonia com o todo e generalidade.	Questões correlacionadas com a falta de coesão vinculadas aos aspectos sensíveis, dificuldade de avaliação lúcida além da própria catarse emocional.

390 | Feng Shui Clássico nos Novos Tempos

Trigrama Estudado (Zhai Gua como Fu Wei ou localização de Portento Estimulante ou Desafiador)	Desafios / Reflexões* - Aspectos	
	Gerais ou Cotidianos	Indiretos ou Sutis
Gen / Montanha	Segurança referencial, aspectos filosóficos ou desenvolvimento intelectual e racional. Equilíbrio entre aprofundamento das pesquisas pessoais e isolamento do entorno.	Questões vinculadas à incapacidade de lidar com as pressões externas (seja de cunho energético ou prático). Medo de ser cobrado ou ser coagido.
Li / Fogo	Imagem, expressão, vigor, emanação. Balanceamento entre dinâmica de vida e falsidade, entre o que se mostra ou acredita e no que se sente de fato.	Questões relativas à necessidade de exercer controle e influência a qualquer custo, na qual a ambição pode se mostrar de forma direita (metas / alvos) ou indiretamente (trocas por ajuda).

* Para maiores informações, vide aspectos gerais dos Trigramas, no capítulo I.

Desafio Pessoal e Tendências Condicionantes Subliminares

Da mesma maneira que o Fu Wei tem ligação direta com o Zhai Gua, os demais Portentos também estão vinculados a um dos trigramas do Ba Gua, o que diferencia os tipos de Presságio no seu fator estrutural, ou seja, nos códigos que podem gerar caos ou harmonia. A tabela anterior pode ser utilizada como referência para todos os Portentos.

Exemplo de análise:

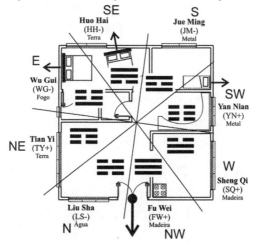

- João: Desafio Pessoal **Yan Nian (YN+)**, estimulável pelo aprendizado do arquétipo Kun / Terra
- Cristina: Desafio Pessoal **Jue Ming (JM-)**, com foco da crise pelo lado caótico do arquétipo Li / Fogo
- Marcelo: Desafio Pessoal **Sheng Qi (SQ+)**, estimulável pelo aprendizado do arquétipo Dui / Lago

1. O Trigrama Referencial da casa é Qian / Céu, portanto, o *Desafio Global*. Assim, provavelmente alguns índices de aprendizado e experimentação dos moradores se basearão nas características desse trigrama;
2. Dos Portentos avaliados, os destaques foram:
   - Jue Ming (JM-): na casa analisada, situa-se no Sul (Li / Fogo). Portanto, tanto o fator estopim para a manifestação desse

392 | Feng Shui Clássico nos Novos Tempos

Portento quanto a possibilidade de reflexão e mudança, envolve os códigos desse trigrama (sobretudo para Cristina).

- Yan Nian (YN+) encontra-se no Sudoeste (Kun / Terra) e Sheng Qi (SQ+) no Oeste (Dui / Lago): os estímulos e tomadas de postura pessoal para transformar os benefícios desses Presságios em potencial proativo, bem como nas causas que diminuem a eficiência dessas inspirações favoráveis, provavelmente se encontram nos aspectos simbólicos dos relativos trigramas (sobretudo para João e Marcelo, respectivamente).

3. Caso se opte em ativar outro Portento Estimulante por necessidade pessoal ou familiar, essa mesma abordagem pode ser realizada para reforçar ou incrementar o parâmetro reflexivo;

4. Utilizando o mesmo referencial, os índices, chaves, gatilhos de desestruturação pessoal em instantes de Mudança Estrutural (de Wu Gui a Liu Sha), poderiam estar indicados nos trigramas em que tais Presságios Desafiadores se manifestam no código emocional local (relativos à construção);

5. Essa análise também pode ser utilizada para reforço cognitivo dos Direcionamentos Pessoais. Nesse caso, os referenciais não são mais da construção, mas sim da do trigrama base da direção em que cada Portento se encontra (de acordo com o Ming Gua Pessoal).

A Importância do sistema Ba Zhai nos Novos Tempos

Tal qual se frisou no início do capítulo, singeleza e amplitude não devem ser considerados como sinônimos de simplificação e generalidade. Sem dúvida, usar o Ba Zhai a partir de uma proposição mais aberta e menos condicionada pode dificultar pela complexidade sutil, o que depende muito da atenção e cuidado, tanto de quem sugere quanto de quem assimila as indicações como parâmetro de reflexão no dia a dia.

Finalizando a comparação com as Estrelas Voadoras, reforça-se que o sistema dos 8 Palácios não é portanto melhor ou pior, sendo necessário entender o que cada um faz, especificamente. Assim, em caso de uso conjunto, propõe-se que no Fei Xing se dê prioridade às Intervenções Estruturais (fluxos, dinâmica de parada, permanência, etc.) e no Ba Zhai, às dinâmicas de Direcionamento Pessoal (sobretudo de cama e ponto de estudo ou trabalho). No caso de Harmonizações Paliativas, recomenda-se que no primeiro seja dado foco no aspecto "Real" (o uso representativo do elemento em si), e no segundo, o uso mais direcionado na contraparte "Virtual" (cores e tons na decoração). Naturalmente, algumas observações podem surgir, tal qual o uso do vermelho como "cura real" nas Estrelas, se localizar num mesmo ponto onde no Ba Zhai não se recomendaria o elemento Fogo; nesses instantes (fora os casos em que haja algum aspecto ruim de um *Portento Desafiador* relacionado diretamente com um dos moradores – seja pela *Compatibilidade Estrutural* ou por Direção de Ming Gua), o Presságio específico não estará ativado nocivamente, pelo simples motivo de que este, na verdade, não está na região "de fato". Assim, evidencia-se a prioridade para o Xuan Kong. Em outros momentos, talvez seja possível utilizar uma única Harmonização Paliativa Real (mesmo elemento) para "ancorar" o Jie Hua de ambos os sistemas, bastando, nesse caso, reforçar cognitivamente a função simbólica do objeto na sua dupla função (Estrelas Voadoras + 8 Casas).

Dá-se a impressão que o Ba Zhai tem e terá uma função muito importante nessa *Nova Realidade*, como um instrumento que pode proporcionar autoconhecimento e até estímulos de diálogo interpessoal, através do "espelho" de nós mesmos na construção. Mas para isso, talvez seja necessário outra visão de mundo, mais alinhado à proposta *"reflita sobre a mudança e tente olhar por um novo ângulo; sinta o que muda na sua vida"* do que do jargão, *"faça a mudança que isso melhorará a sua vida"*, ou seja, de uma certeza passa-se a uma possibilidade de releitura e escolha, sem estar

394 | Feng Shui Clássico nos Novos Tempos

atrelado a um fim ideal ou somente a um resultado do que se almeja, o que pode fazer com que alguns já desistam antes mesmo de começar, pois não há garantias estáticas nem alguém que dê respostas fáceis (pelo menos por aqui). Talvez isso requeira mais do que uma simples abertura (diria até coragem), pois se sugere mais um compartilhar de ideias em aberto e em transformação do que a propagação de "verdades" ou técnicas secretas autênticas, remasterizadas de um passado remoto e lançadas como um "kit" salvacionista repaginado.

Ao ler a prosa *Pensamento Chão*, da filósofa Viviane Mosé, acabo fazendo pontes com algumas virtudes do Kan Yu, sobretudo a linguagem das 8 Mansões:

"(...) Você pode arrancar os poemas endurecidos do seu corpo (...)"

"(...) Mas não use bisturi quase nunca. Em caso de poemas difíceis use a dança (...)".

A poeta ainda finaliza:

"(...) Santo é um espírito capaz de operar milagres
Sobre si mesmo (...)".

Isso me inspira a refletir que, sem dúvida, e intercalando com as ideias de *Vento e Água*, seja fundamental utilizar a poesia, a arte como meio de ampliação e apuro das percepções nesses *Novos Tempos*. Almejo apenas que o Feng Shui também se inclua nessa dança de vida, não como virtude de solução, mas como canal de sensibilização.

VI

CONCLUSÃO

Aspectos Multidisciplinares e Necessidade de Amplitude Perceptiva

Após se estudar duas das escolas mais importantes do Feng Shui Tradicional, pôde-se notar que a abordagem apresentada no livro por vezes se distinguiu da apresentação denominada como clássica, sobretudo se comparado ao discipulado proveniente de uma linhagem estritamente asiática ou mesmo a partir do que se é ensinado nas escolas de metafísica oriental. Até mesmo os mais "abertos" dos estudiosos nessa arte, provavelmente estranhem ou ponham em dúvida algumas relações estabelecidas na obra, sendo que para alguns mais conservadores, talvez a proposta traga insatisfação por evitar dar respostas incisivas e fechadas ou mesmo não seja de fato entendida ou aceita por não ser ditado nos moldes clássicos, sendo que o compilado pode parecer um misto de argumentos esotéricos misteriosos (*"o que é esse tal 2012 e os Novos Tempos afinal?"*) com uma linguagem *new age* do melhor estilo *"liberte a sua mente"* (mesmo que isso seja exatamente o oposto do que foi tratado).

Considerando que tais críticas poderão ocorrer, é necessário constatar que apresentar algo novo ou modificado e tentar demonstrá-lo em poucas centenas de páginas poderá gerar certo incômodo ao senso comum e paradigma vigente. Sem dúvida é requerido mais material e aprofundamento de algumas das premissas

396 | Feng Shui Clássico nos Novos Tempos

apresentadas (o que provavelmente será feito em publicações futuras). Entretanto, o foco nesse momento, mais do que chocar, foi instigar um mínimo de questionamento da maneira como as coisas são feitas e reforçadas, no automatismo quase doutrinário em que se parece encontrar também o Feng Shui.

Um ano após a publicação da obra *O Grande Livro do Feng Shui Clássico*, em meio a quase um mês de pesquisa em campo a alguns lugares da China (e que culminou na participação, como palestrante convidado, na *3ª Conferência de Feng Shui Científico & Ambiente Construído – Sustentabilidade e Operabilidade*), iniciou-se um período de 7 anos de aplicações, ensino e estudo, mas sobretudo, de crescente indagação pessoal a respeito de uma nova maneira de abordar o Kan Yu, mais condizentes com as transformações que pareciam iniciar no homem. Tais modificações (que se tornaram fato após o fim da primeira década desse século) deixaram claro, para o autor, que algo precisava mudar.

A pesquisa atual não se baseou no aperfeiçoamento da técnica do Feng Shui em si, no aprendizado focado num mestre ou professor, na procura por respostas elucidativas em manuscritos ancestrais e nem mesmo na exaltação de um modelo mercadológico baseado na apresentação incessante das últimas novidades energético-ambientais de fácil aceitação midiática, como supostos segredos proferidos a partir de fórmulas "mágicas" que, internamente, nem sei se de fato são coerentes ou relevantes para o momento.

Após inúmeros ensaios, algumas frustrações e erros (em sua maioria, quando se tentava manter o uso de uma técnica forçadamente, somente pela crença num funcionamento categórico de acordo com o que se tinha aprendido na teoria – incluindo nesse ponto, a autocrítica referente a um possível equivoco interpretativo ou de medição), chegaram-se a algumas constatações e novos parâmetros, que foram pouco a pouco sendo inseridos na maneira de atuar, lecionar e, sobretudo, de sentir. Independentemente do que um mestre ou estudioso afirmava (alguns de forma até enfática, como uma lei), o autor procurou observar os aspectos mais relevantes de cada pesquisador, complementando as teorias e muitas vezes chegando até a modificá-las estruturalmente, o que, no fim de quase 8 anos de averiguações, resultou no "croquis" mostrado nessa obra.

A questão mais relevante, que fomentou muitas indagações e agregou dinâmica à pesquisa do Feng Shui apresentado foi a abrangência multidisciplinar, que incluiu a metafísica oriental, espiritualidade, filosofia, eneagrama, protodiálogo, entre outros. Independentemente de reforçar ou contra-argumentar as técnicas ambientais, tais visões trouxeram uma perspectiva cética (conforme conceito explanado na introdução do livro), mas ao mesmo tempo aprofundada (do ponto de vista de uma releitura possível dos clássicos), mais imanente e com uma proposta menos determinista. Assim, serão abordadas algumas dessas linhas nas próximas páginas, iniciando com um dos mais importantes aspectos complementares do Kan Yu: as técnicas metafísicas.

Feng Shui e Metafísica Chinesa

Tendo em vista que o Feng Shui, além de não resolver todas as questões da vida, parece estar mudando cada vez mais a sua função (de acelerador de efeitos práticos para um facilitador de reflexões), cabe ao usuário ou consultor compreender que não basta "martelar" técnica em cima de técnica para se obter sucesso ou ter a sua amada de volta. Nesse ponto, entra o estudo de outras metodologias, que não terá a função de otimizar algo que o tal Feng Shui não conseguiu, mas sim para facilitar o entendimento do momento individual, possibilitando esclarecimento e talvez, abertura perceptiva para escolhas futuras mais sábias.

Iniciando pela sabedoria chinesa, acredita-se que a harmonia de vida está baseada em 5 áreas de influência:

- **Ming/Destino:** situações que a pessoa atrai para gerar potencial de aprendizado (iniciado pelo momento histórico, características genéticas, estrutura familiar e social). É representado e estabelecido pelo "marco" do nascimento e não pode ser mudado.

- **Yun/Sorte:** representa o potencial de lucidez e sabedoria que faz com que vivenciemos as situações de maneira harmoniosa ou desafiadora. Costuma ser sentida de maneira cíclica, podendo ser observada e averiguada antecipadamente, de acordo com os estudos das fases pessoais.

- **Feng Shui/Ambiente Energético:** pode ser analisado e, dentro de um limite coerente, ser modificado para se alcançar os níveis mais favoráveis que o Destino (Aprendizado) e a Sorte (Janela de Oportunidade) permitem.

- **Dao De/Virtude e Índole:** potencial de sabedoria intrínseca que o indivíduo "expressa" no seu cotidiano e nas ações no mundo. Diálogo interior entre a ética e a moral pessoal.

- **Dou Shu / Educação e Esforço:** caminho de vida e metas Pessoais. Referente ao trabalho necessário para se chegar ao equilíbrio dinâmico e maduro, à abundância.

Dois dos caminhos mais destacados e atuantes no Feng Shui se referem à Cosmologia Chinesa e o Yi Jing (I Ching).

Cosmologia Chinesa

Astrologia significa *"doutrina, estudo, arte ou prática, cujo objetivo é decifrar a influência dos astros no curso dos acontecimentos terrestres e na vida das pessoas (...)"* (Dicionário Antônio Houaiss). É interessante observar que semanticamente, o termo não condiz com o método chinês de análise, já que este se relacionava, originalmente, com os ciclos cósmicos baseados na teoria do Wu Xing e não nos planetas propriamente ditos (o sincretismo foi realizado posteriormente). Assim, o uso de uma palavra mais ampla, como Cosmologia, para designar um sistema tão peculiar, seria o mais coerente, mesmo não sendo o mais preciso. Frisa-se que o sentido "cosmológico" abrange também as mais variadas tradições e escolas na China que de alguma maneira atuam com os estudos simbólicos-celestiais. Essa designação, mesmo aberta, é utilizada pelo autor para manter uma mínima coesão conceitual do que é ou não chinês, enquanto técnica, sabedoria e aplicação.

Algumas abordagens:

Luo Shu Xue - Estudos do Quadrado Mágico

Características Gerais:

- Compreender as tendências psicoemocionais, bem como as possibilidades de crescimento criativo.
- Entender melhor as tendências do ano e os aspectos conscienciais envolvidos.
- Destina-se aos que desejam ter uma visão global da personalidade e ao mesmo tempo buscam inspirações e dicas sobre os potenciais existenciais ou do momento atual, sendo estes coligados ou não com as técnicas de Feng Shui Tradicional (Estrelas Voadoras, 8 Palácios, etc.).

Principais sistemas:

- **Jiu Gong Ming Li** (Astrologia das 9 Constelações): baseia-se no estudo dos 9 Palácios do Quadrado Mágico (disposição imaginária e simbólica do céu que remonta à tradição do astrônomo Zhang Heng – Dinastia Han). Desenvolve-se a partir de uma antiguíssima lenda, que fala sobre a manifestação da energia Qi Universal pelo filtro (ou espelho) das Estrelas Vega (representando uma das extremidades do espectro – Yin) e Polar (representando a extremidade ativa – Yang) e entre elas, a movimentação da Constelação Ursa Maior (Bei Dou), que aponta para uma direção diferente a cada estação;

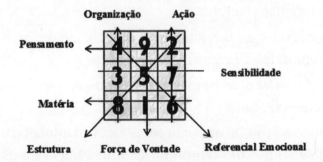

- **Yue Shu Ming Li** (Numerologia Chinesa): tradição popular que utiliza o calendário lunar para análise pessoal. Estuda as tendências psicoemocionais, levando em conta a composição numérica do Luo Shu.

Ba Zi Xue – Estudos dos 8 Caracteres / 4 Pilares do Destino

Características Gerais:

- Adquirir conhecimento aprofundado da estrutura energético-arquetípica do indivíduo, dos Elementos em falta e excesso, e entender o que isso pode acarretar em termos de equilíbrio ou desequilíbrio pessoal.
- Estudo dos momentos energéticos propícios e desafiadores, e indicações de reequilíbrio energético pontual e global.
- Voltados aos que procuram entender não somente as tendências psicoemocionais, mas também compreender como o Qi flui nos mais variados aspectos da vida. Geralmente relacionado com os estudos mais aprofundados da pessoa, seja ela coligada à temática dos estudos de Feng Shui, da Medicina Tradicional Chinesa (MTC) ou até mesmo de aspectos sensíveis (padrões comportamentais que se conectam com as fundamentações energético-espirituais) e de autoconhecimento.

Principais sistemas:

- **Ming Shu Ba Zi** (12 Animais Arquetípicos): tradição popular que estuda o simbolismo dos animais do zodíaco chinês e suas interações através das relações entre o Ano / Mês / Dia / Hora da pessoa. A montagem do mapa é similar ao Zi Ping Ba Zi / 4 Pilares do Destino e muitas vezes feita com o calendário lunar; uma simplificação desse método (levando-se em conta somente o ano de nascimento) costuma ser veiculado no ocidente (em livros e revistas) como a verdadeira astrologia chinesa, o que é um equívoco conceitual;

- **Zi Ping Ba Zi** (4 Pilares do Destino): provavelmente desenvolvido na Dinastia Tang (618–906 d.C.), baseia-se nas relações entre os Troncos Celestiais e os Ramos Terrestres. Os símbolos obtidos permitem estudar com profundidade as relações intra e interpessoais, avaliando as parcelas dos elementos faltantes e dominantes, entre outros, bem como estabelecer um calendário de tendências energéticas (Pilares da Sorte). É um dos sistemas mais aprofundados e dinâmicos da Metafísica Chinesa, e ferramenta fundamental de averiguação pessoal aplicado ao Feng Shui, nos *Novos Tempos*.

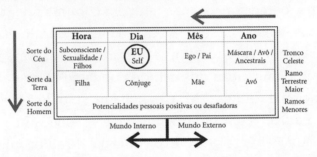

Zi Wei Dou Shu - Astrologia Polar

Sem dúvida, é um dos mais complexos sistemas astrológicos chinês, em que se estudam as transições de várias estrelas simbólicas, com atuação em 12 casas e 12 zonas de influência. Atribuído ao famoso monge taoista Zhen Duan (Dinastia Song).

Características Gerais:

- Obter um quadro detalhado da vida e como os "astros" simbólicos influenciam nos momentos energéticos pessoais, entendendo o que existe por trás do que se denomina como "Sorte".
- Compreender que os fatos, bons ou difíceis, não são aleatórios, e que podem ser avaliados de maneira mais equânime e menos predestinados.
- Utilizar os estudos probabilísticos dos possíveis eventos ocorridos num período, ano ou mês específico para se observar os padrões de repetição e interfaces de sabedoria potenciais.
- Voltado aos que desejam compreender, de uma maneira prática e factual, os eventos que exaltam as mais profundas vivências dhármico-kármicas do atual momento pessoal ou da vida como um todo.

Exemplo de Mapa Básico (levando-se em conta 109 Estrelas):

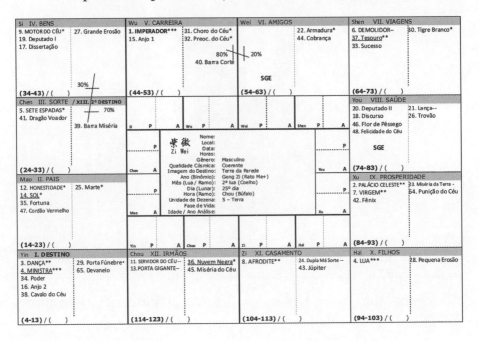

Dong Gong - Estudos de Datas Propícias

Dong Gong inicialmente se referia a uma metodologia específica do Mestre Dong. Entretanto, nos dias atuais, pode-se considerar como sendo um conglomerado de técnicas variadas voltadas para a escolha de datas e momentos especiais. Comumente usados para consagrações e limpezas energéticas no Feng Shui, bem como para uso pessoal (casamentos, viagens, mudanças, inaugurações, contratos, etc.). Alguns métodos são baseados nas Escolas descritas nas páginas anteriores, sobretudo no Jiu Gong Ming Li (9 Constelações) e Zi Ping Ba Zi (4 Pilares do Destino).

Entretanto, existem técnicas mais avançadas e específicas para cada finalidade, tais como:

- **Jian Shu** (Dias de "Cortar Roupa"): sistema com 12 Deuses Simbólicos baseados nos estudos do movimento solar, e nas consequentes repercussões das energias terrestres. Tradição pouco conhecida no Ocidente.

- **Jie Qi** (24 Quinzenas Solares): técnica muito importante – costuma utilizar a Luo Pan para compatibilizar a Face Energética da construção com os melhores momentos energéticos globais.
- **28 Xius** (Mansões Lunares): um dos sistemas mais antigos. Estuda a eclíptica lunar ao redor da Terra, e as suas relações com os planetas do sistema solar. Devido a sua praticidade, torna-se uma ferramenta muito útil, principalmente se aliado ao enfoque do Feng Shui.
- **Qi Men Dun Jia** (Portão Celestial do Exército Místico): utilizado para abrir determinadas probabilidades de acordo com a ação rápida em momentos específicos (pode se levar em conta os minutos). Citado por Sun Zu, Sun Tzu em *A Arte da Guerra*. Outros métodos ainda mais antigos que, segundo alguns pesquisadores, originaram o sistema Dun Jia seriam, respectivamente, o Da Liu Ren e o Ta Yi.

Mapa estelar Huang - Século 10 d.C.

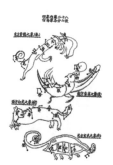
28 Mansões Lunares no padrão dos 4 Quadrantes Celestiais (Animais Sagrados).

Estrutura básica de Qi Men Dun Jia na versão chinesa.

- **Xuan Kong Da Gua** (Grande Portal): complementar ao estudo dos próprios hexagramas e suas variações, possibilita, através das relações entre o ano, o mês, o dia e a hora de nascimento, a obtenção de padrões que podem ser utilizados para amenizar tendências e otimizar ações.

406 | Feng Shui Clássico nos Novos Tempos

Da Gua – Mês (16h53min)	Sa 4/4	Do 5/4	Se 6/4	Te 7/4	Qu 8/4	Ou 9/4	Se 10/4	Sa 11/4
1	**9**	**7**	**8**	**6**	**7**	**1**	**4**	**2**
Geng Chen	Geng Xu	Xin Hai	Ren Zi	Gui Chou	Jia Yin	Yi Mao	Bing Chen	Ding Si
9	9	7	1	8	9	4	1	8

Hexagramas e Yi Jing (I Ching)

Yi Mutabilidade Imutabilidade Transmutabilidade Síntese		Sol		Movimento constante de alternância entre Yin / Yang
		Lua		
Jing (Tratado / Bíblia)		Fio de Seda (Casulo)		Caminho que leva ao Vazio (Dao)
		Caminho (Trilha)		

Conforme explicado no capítulo I, é importante reforçar que os trigramas e hexagramas não vieram do Yi Jing (I Ching), mas de maneira contrária, pois este último se torna uma tentativa de interpretação *a posteriori* dos códigos iniciados por Fu Xi. Assim esclarecido, entende-se que todo o conceito do Yi Jing provém dos estudos do Wu Ji e Ta Ji, e mais do que um oráculo, esse sistema é um dos maiores tratados sobre o fluxo do Yin e do Yang. O sábio acima citado, além de estruturar os 8 trigramas, estudou profundamente a evolução das energias primordiais, codificando-as em 64 variações, denominadas, nos dias de hoje, de hexagramas. Os historiadores têm conhecimento da existência de 3 Yi Jings:

- Lian Shan Yi, da dinastia Xia, atribuído a Yu;
- Gui Zhuang Yi, que teria sido escrito pelo primeiro imperador da dinastia Shang (2200 a.C.);
- Zhou Yi, escrito por volta de 1100 a.C. por Wen Wan. O Yi Jing que temos hoje é formado por fragmentos do Zhou Yi reunidos por Confúcio, no século VI a.C. Dos outros dois anteriores as únicas referências são históricas.

Conclusão | 407

O Livro das Mutações teve sua evolução por mais de 5.000 anos. Além de Fu Xi (responsável pelos Trigramas e Hexagramas), nomes como rei Wen, seu filho Duque de Zhou, e Gong Fu Ze (Confúcio) desenvolveram, e muito, a explanação sobre o Tratado do Yin e do Yang. São deles, respectivamente, a autoria dos versos (Os Julgamentos), as Linhas, e as Imagens e Comentários (As Dez Asas).

Cada hexagrama é composto de 2 trigramas, um superior e o outro inferior. Muitos conceitos podem ser aplicados a eles, tais como:

Aspectos Racionais	Função	Céu	▬▬▬	6ª Linha	Efeito Mundo Externo
	Forma	Homem	▬▬▬	5ª Linha	
Aspectos Emocionais	Matéria	Terra	▬ ▬	4ª Linha	
	Função	Céu	▬▬▬	3ª Linha	Causa Mundo Interno
Aspectos Pragmáticos	Forma	Homem	▬ ▬	2ª Linha	
	Matéria	Terra	▬ ▬	1ª Linha	

- As numerações dos 64 códigos podem seguir 2 estruturas básicas:
  – Sequência binária de Fu Xi (numeração de 0 a 63);

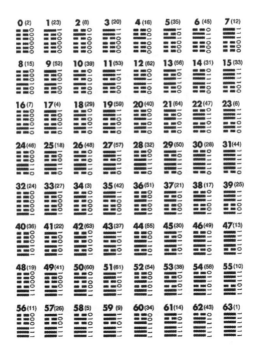

408 | Feng Shui Clássico nos Novos Tempos

- Sequência simbólica de rei Wen (numeração de 1 a 64, muito utilizada atualmente).

- Existem ainda 2 maneiras de enfocarmos a leitura hexagramas:
  - Yi Li Yi Xue (interpretação poética do Yi): muito difundida principalmente no Ocidente, utiliza geralmente as bases dos escritos de Wen, Zhou e Gong Fu Ze (Confúcio). É o Yi Jing de fato, conhecido também como Tratado das Mutações;
  - Xian Shu Yi Xue (interpretação matemática do Yi): são as bases propostas por Shao Yong e difundidas pela Escola Xuan Kong Da Gua. Mesmo sendo pouco conhecido no ocidente, o estudo matemático também pode ser utilizado de forma oracular (leitura Wen Wan Gua ou Na Jia Yi Jing), em que não se utilizam os escritos poéticos.

É interessante notar como o peso do Tratado das Mutações influenciou a mística ocidental (até na psicologia analítica, com os comentários de Carl Jung num dos primeiros livros sobre o tema

Conclusão | 409

traduzidos de maneira completa na Europa, por Richard Wilhelm). Como o sucesso do Yi Jing foi quase que instantâneo no ocidente, aos olhos destreinados acostumou-se a associá-lo a códigos de resposta poética às variadas técnicas de leitura oracular (muitas vezes referenciadas como terapias em sincronicidade), mesmo que os escritos tenham uma amplitude maior. Por outro lado, os mais "empolgados" exaltam que as bases de todo o pensamento chinês (até mesmo o Feng Shui) vieram do Yi Jing (conferindo muitas vezes o *status* de filosofia chinesa – um equívoco terminológico), o que parece ser exagero. Talvez fosse mais razoável dizer que alguns dos princípios metafísicos e cosmogônicos em desenvolvimento, ancestralmente se tornaram fundamento para os diversos estudos e linhas, incluindo o Tratado das Mutações, que mesmo tendo algumas discrepâncias "energético-conceituais" perceptíveis em meio aos textos dos Hexagramas, se fundamentou como uma das referências sensíveis mais abrangentes e influentes, no quesito de perpetuação no tempo. Mas é importante esclarecer que ela não deveria ser vista como a menção primordial a tudo (*"o famoso o Yi Jing diz que..."*) nem a única origem dos mais variados ramos da Metafísica Chinesa.

Conforme acima mencionado, reforça-se a desmistificação em torno da ideia que a abordagem original aos hexagramas é somente via Tratado das Mutações. Mesmo que em nossas terras o que se tornou padrão foi tal interpretação, existem dinâmicas que não utilizam os escritos poéticos, mas sim outros parâmetros bem distintos. Mas não é possível negar que até mesmo nessas abordagens diferenciadas, o peso do que chegou antes permanece forte: muitos costumam denominá-la como Yi Jing Matemático (mesmo que, conceitualmente, entenda-se Yi Jing como o tratado poético de interpretação dos hexagramas, apenas). De qualquer maneira e, dependendo da forma com que são utilizadas, as técnicas envolvendo qualquer uma das escolas de estudo hexagramático podem ser relevantes, sobretudo se forem baseadas em aspectos mais reflexivos e menos indutivos no quesito potencial de escolha.

Feng Shui e Espiritualidade
Publicada originalmente no informativo Kan Yu - Edição Verão 2009

A complexidade de se escrever sobre a espiritualidade de uma maneira não dogmática ou desvinculada de uma doutrina, denota um exercício extremamente desafiador, já que é comum, tanto para os leitores quanto para o próprio escritor, recorrer a um pacote anterior de pressupostos culturais, religiosos ou místicos para servir de base analítica ao proposto informativo.

Afinal de contas, como se pode relacionar espiritualidade, termo tão global e específico, tão esotérico e genérico, à técnica do Feng Shui? Para alguns, isso até pode ser muito comum; entretanto, ao se averiguar estritamente as tradições do Feng Shui Clássico, essa conexão pode não estar assim tão evidente.

A palavra espiritualidade significa algo que tem qualidade ou caráter espiritual, e esta última, por usa vez, relativa ou pertencente ao espírito (por oposição à matéria), algo relacionado a uma religião ou ao devoto desta, ou ainda, algo místico, sobrenatural. Bem, por conseguinte, fica fácil entender a ligação entre o Feng Shui e o taoismo, se levarmos em conta esse contexto. Cabe, nesse instante, um parêntese: por que se salienta tanto a semântica das palavras num texto que poderia ser escrito de maneira mais fácil, mais direta e sem tantos floreios? Simplesmente porque o uso generalizado de termos científicos ou pelo menos de uso mais técnico para se descrever "coisas" da espiritualidade traz um problema: conceitos equivocados e imprecisos de algo que, em essência, já é de difícil digestão além dos grupos fechados.

Comumente ouvem-se termos inusitados, como vibração sutil, ou mesmo "a energia espiritual vibra mais rápido que a do corpo". Interessante notar a ineficácia do termo, já que por convenção, com a vibração tem-se a ideia de frequência e ser mais ou menos sutil, algo relacionado à densidade; em resumo, seria o equivalente a dizer que a temperatura de hoje está em 26 maçãs. Esquisito, não?! Da mesma maneira que é bem mais razoável utilizar os termos sutil ou denso para descrever as condições dos corpos ou eventos espirituais (e não vibração), o mesmo princípio deveria ser utilizado ao se relacionar outras áreas, por exemplo: mesmo sendo de uso comum, na verdade não existe uma filosofia taoísta, budista, etc., mas sim uma sabedoria, já que para haver a dita filosofia, seria preciso um fundo baseado na dialética, ou seja, um embate de forças e pontos de vista que determinaria, em suma, verdades relativas e momentâneas, mais do que verdades absolutas ou visões de mundo próprias de uma ótica espiritual ou religiosa (a sabedoria).

Daí vem um dos pontos mais criticados pela visão científica e filosófica: os iniciados nas artes espirituais utilizam muitas vezes os termos cunhados pelos cientistas sem ao menos saber qual é o significado e o conceito por trás das palavras; ou seja, utilizam-nas simplesmente porque ficou comum usá-las, esotericamente, dessa maneira. Induz-se, nesse momento, o outro questionamento: mas o que isso tem a ver com o universo do Feng Shui? Muito, na verdade. Pelo menos três tópicos fundamentais podem surgir, abarcando o fundamento dos significados:

- A validade ou não de tentar sobrepujar o Feng Shui ao *status* de ciência, por vezes substituindo a palavra pelo seu ancestre Kan Yu ou adicionando os termos Clássico ou Tradicional quase como sinônimos de um Feng Shui Científico (e em oposição ao cunho místico e deveras ritualístico encontrado nas versões modernas).

412 | Feng Shui Clássico nos Novos Tempos

- Como se processam os efeitos das correções num local analisado, no complexo sistema de forças expostos no binômio construção+pessoa. Existiria uma comunicação (enquanto linguagem), que conecta o sentido formal e conceitual de uma cura ao seu oposto, ou seja, à doença, ao sentido de anomalia ou mesmo ao problema vivenciado pelos moradores ou usuários de um espaço? Seria esse ajuste realmente fundamental?

- Se existe um fundo espiritual na colocação das curas no Feng Shui. Seriam os efeitos dessas harmonizações no ambiente um indício da conexão da técnica em si com um sentido energético-sutil, quiçá transcendental?

Sobre o primeiro aspecto, é possível considerar dois pontos de vista. Se a intenção é diferenciar o Feng Shui antigo da sua visão moderna (Chapéu Preto e variações), o termo científico seria até passável, mesmo que genérico. Mas se o foco for exaltar o sentido mais original da palavra ciência, evidencia-se um equívoco quase falacioso. Por que o Feng Shui seria uma ciência? Por acessar uma sabedoria ancestral ou utilizar combinações de números em algumas de suas escolas? Ou seria por ser, aparentemente, mais lógico e por se basear numa metodologia coerente ao paradigma contemporâneo?

Pela simples constatação dos efeitos, diriam os consultores mais crédulos ao sistema. Mas é interessante observar que mesmo tal condição é passível de crítica. Será que todas as casas Wan Shan Wan Shui são realmente boas para prosperidade e para relacionamentos e saúde? Os efeitos de uma combinação 5-2 num quarto sempre serão de doenças ou acabarão em tragédias? Um estudioso informado compreenderá que não, que essas premissas dependerão de uma série de outras circunstâncias, como os aspectos formais externos, os usos internos das Estrelas Wang, a relação dos Ming Guas na combinação, as relações com as Estrelas Tempo, com o Mapa Ba Zi dos moradores, e ainda, e mais impor-

Conclusão | 413

tante, a interação pessoal com as probabilidades (tendências de uso pelas reações psicoemocionais), ou seja, essa complexidade de possibilidades e circunstâncias não é uma comprovação científica, mas sim uma constatação individual ou de um pequeno grupo (o que, a priori, tem relevância nas pesquisas humanas, mas não em exatas). Assim, o máximo que se poderia esperar do Feng Shui seria o avanço a uma metodologia científica (que difere do termo ciência *per si*), o que já ocorre com o esforço de alguns colegas brasileiros e pesquisadores em território estrangeiro.

Por esse viés, o Feng Shui Tradicional possui uma fonte similar aos outros métodos místicos: de que algo funciona por meio de pressupostos ou mesmo crenças, sejam eles míticos (conhecimento original atribuído a figuras como Fu Xi, Da Yu, Jiang Da Hong, entre outros) verdades metafísicas (*"as Estrelas, representadas pelos números do He Tu e Luo Shu possuem personalidades que influenciam no comportamento do homem"*) ou mesmo dogmáticos (*"as únicas verdadeiras escolas de Feng Shui são as que se originaram do Yi Jing"*; *"o pergaminho Qing Nan Jing é o maior clássico sobre o Xuan Kong"*).

Dessa maneira, o Feng Shui é muito menos ciência e mais arte. Uma arte sensível que envolve, naturalmente, técnicas analíticas, mas ainda assim conectadas a uma percepção cognitiva comum em outrora e que agora se salienta na visão holística moderna (e por que não dizer de cunho espiritualista?).

O segundo tópico se processa no questionamento de que a correção de um ambiente pode ter uma condição de linguagem. Mas o que seria isso? Para ilustrar melhor, utilizar-se-á o seguinte contexto: a maneira como o conceito de harmonização mudou na evolução histórica do Feng Shui.

A noção de intervenção energética de um ambiente (não considerando os rituais de consagração e purificação chineses) se baseava somente em estímulos através de mudanças no fluxo do Qi (mudanças de portas, aberturas, caminhos, etc.) em seus dois aspectos básicos: Fan (posicionamento) e Wei (direcionamento).

414 | Feng Shui Clássico nos Novos Tempos

Basicamente, é o que hoje alguns consultores denominam como intervenções estruturais.

Com o aumento da complexidade urbana, a substituição das casas pelos prédios, etc., muitas correções que se baseavam em Fan Wei se tornaram difíceis de serem realizadas. Nas primeiras décadas do século XX, um mestre de Feng Shui lançou uma ideia até então inovadora, quase radical: se não é possível mudar o ambiente pelo fluxo, tenta-se, por conseguinte, mudar a percepção (enquanto significado) dos moradores em relação a esse espaço. E para incrementar o fator cognitivo, um objeto é inserido como representação máxima dessa mudança de perspectiva. Naturalmente, valores metafísicos são adicionados ao objeto em questão, reforçados, principalmente, pela teoria do Wu Xing. Chamou-se essa abordagem de Jie Hua.

Prioritariamente, Jie Hua se estruturaria em dois aspectos, quase uma tradução de seu significado: ser correto de maneira prática e de maneira ritualística. Em outras palavras, não seria o objeto em si que efetuaria a harmonização, mas a maneira com a qual a mesma se conecta em significado simbólico (expressado na forma e na função mística) via usuário, ao local. Tendo isso em vista, seria ainda necessário para o homem que esse objeto tivesse uma conexão prática no uso cotidiano ou pelo menos que não gerasse desconfiança, repulsa ou mesmo um problema. (*"a cabaça dourada terá que ser colocada nesse ponto, queira o seu marido ou não!!"*).

É interessante observar que a transformação do símbolo ao status de "cura" acaba denotando uma total inversão de valores, já que um simulacro passa à agente principal, em vez do ser humano. A função Jie Hua transforma-se, enfim, de representação icônica à aspirina transcendental reforçada pela retórica dos 5 Elementos. *"Mas funciona, e muito bem!"*, diria o consultor fervoroso. Naturalmente, a observação não é relativa à eficácia do sistema (já em cheque, conforme abordado no livro), mas a sua estrutura conceitual. Tais "curas" terão natural repercussão

Conclusão | 415

positiva, caso a peça supervalorizada consiga gerar massa crítica suficiente (seja pelo cliente ou até pelo consultor) enquanto significado, tornando-se o contraponto e complemento da suposta área em que está uma combinação nefasta de Estrelas Voadoras ou um portento "letal" do Ba Zhai. Dessa forma, quanto mais pessoas usarem essas representações ao longo da história, mais reforço semântico (no sentido harmônico) existirá da próxima vez em que ocorrer uma intenção ritualística similar. Assim, é provável que tanto a evolução das teorias quanto a exaltação das curas, estejam intimamente conectadas e estimuladas pelo que Rupert Sheldrake chama de Campo Morfogenético (aspectos já bem modificados após 2012).

Por conseguinte, usando o conceito de karma (não da maneira comumente divulgada no Ocidente – de algo ruim), mas somente se levando em conta seu aspecto original, a partir do radical khir (ação através da compreensão), não seriam as probabilidades que se manifestam num ambiente, apenas um potencial de manifestação das experiências geradas pela Consciência, algo como atratores kármicos de aprendizado? Portanto, dever-se-ia "curar" isso? Ou somente usá-los como ponte para se chegar à compreensão?

Conclui-se pela análise do terceiro tópico: a possibilidade da harmonização de Feng Shui possuir um papel espiritual ou se ligar de alguma maneira a este. Averiguou-se no decorrer do texto a substituição explícita (por uma questão didática) da palavra espiritualidade por um dos seus aspectos, a informação. Entretanto, mesmo ao se abordar uma questão diretamente pertinente a algo do "espírito", da alma, em suas características energéticas específicas, como aura, campo bioelétrico (duplo etérico), chacras, etc., e as relações destas com o ambiente e com outras Consciências, o papel do Feng Shui não pode ser separado da estrutura de uma linguagem, já que tanto no sentido avaliativo quanto ao se postularem as recomendações, isso não deixa de ser uma visão arquetípica do lugar.

416 | Feng Shui Clássico nos Novos Tempos

Isto posto, o Feng Shui Tradicional não resgata entidades perdidas ou melhora subitamente as qualidades espirituais de uma construção com a inserção de curas paliativas ou mesmo estruturais. De maneira análoga, um local poderia estar plenamente harmonizado, com excelente ancoragem nas Estrelas 8-Montanha e um belo Ming Tang no 8-Água, e ainda assim, estar muito denso em termos espirituais. O que o Feng Shui pode proporcionar são novas referências de perspectiva ao homem; a este sim, caberá a função de reconhecer ou reforçar as energias saudáveis existentes, transformar condições não adequadas ao seu bem estar ou mesmo sucumbir às dificuldades, retroalimentando egrégoras desafiadoras do local ou mesmo da sua própria conduta de vida. Para isso não há cura externa que resolva, além da própria índole e revisão interna constante.

Assim, independentemente dos variados significados que possam ser atribuídos à espiritualidade, o Feng Shui torna-se mais do que simples técnica para acessar, equalizar ou otimizar tal energia. É, em suma, uma possível representação de um devir espiritual, um vir a ser estrategicamente camuflado no maior dos desafios: o aprendizado cotidiano, nas pequenas coisas e circunstâncias.

E dessa maneira o Feng Shui se torna vivo: um Feng Shui que ousa se "desconstruir", que descongela teorias inabaláveis em complexas caldeiras contemporâneas, que aceita a dialética por não tentar ser nem tradicional nem moderno, nem sofredor nem inquisidor, apenas mais um representante de um *Zeitgeist* que urge em meio a tempos difíceis...

Mais do que um Feng Shui Científico ou Espiritual, está aí o vislumbre de um Feng Shui Filosófico...

Conclusão | 417

Transformações Cognitivas, Mudança de Postura

Crises, Desafios e Ferramentas para a Nova Realidade

"Eu preciso do que escapa das mãos.
Eu vivo das mãos.
Quero estancar o que escapa
Eu preciso eu preciso e nem sei onde está meu eu preciso."
Pensamento chão, Viviane Mosé

Parafraseando uma amiga consultora: *"atualmente não tá fácil pra ninguém!"*. Sem dúvida, tal colocação parece ser muito pertinente nos *Novos Tempos*, seja por uma perspectiva financeira, de saúde ou principalmente emocional. Se por um lado os sintomas estão cada vez mais aflorados e os incômodos atuam numa crescente, por vezes quase insuportável, por outro se nota o aumento das tentativas de escape, seja pela exaltação do oposto (aparência de alegria imensurável e vida plena nas mídias sociais), pela procura incessante de formas de distração, figurativamente denominadas como celebração (supostas festas incríveis, viagens inacreditáveis e outras formas virtuais de alienação) ou pela negação das responsabilidades, a partir de um isolamento passivo "bunkeriano" (*"melhor não me envolver senão sobra pra mim"*) ou mesmo reativo (*"alguém precisa resgatar a verdade ancestral"*).

Se as crises e desafios são muitos (e além do potencial equilibrante de qualquer técnica de harmonização rápida, por serem estruturais), haveria alguma forma de lidarmos com esse período tão singular de uma maneira mais sábia e menos caótica, não tentando apenas sobreviver aos choques (*"custe o que custar"*), mas sim permanecer minimamente estável, a viver eticamente em meio a transformações que não parecem cessar tão cedo?

418 | Feng Shui Clássico nos Novos Tempos

Conforme indicado no decorrer da obra, um dos pontos seria a melhora da *Relação Intrapessoal*. Nesse sentido, refiro-me a maneira de olhar a si mesmo, de se autoconhecer (sobretudo abrindo a possibilidade de se estar mais atento ou observador com relação aos aspectos mais desafiadores pessoais que estão emergindo e às possíveis sabotagens internas, mas sem ser engolido pela culpa ou angústia de si). Perceba que isso significaria observar com neutralidade (com menos juízos de valor) os processos e reações emocionais que vem à tona, mesmo que não se saiba ou defina claramente o que fazer (pois o ponto não é a eliminação de problema, mas estar mais lúcido da existência desse mecanismo de sabotagem que reaparece de tempos em tempos, a partir de nós). Para esse reconhecimento intrínseco, um dos meios mais eficientes, na visão do autor, são as práticas cotidianas de Bioenergia (não confundir com bioenergética) baseadas na percepção do *Sentir a Si* como potencial espiritual expressado no corpo físico. Tais exercícios, antes do que resolver questões cotidianas, tem a função de equalizar os potenciais de caos e ordem interna num parâmetro equidistante e funcional, nos *Novos Tempos* (o que acaba sendo traduzido como ganho de estabilidade dinâmica). Mais do que isso, é uma prática pessoal e intransferível, na qual não há uma pessoa numa condição vitimizante de sofredor que necessita que o outro limpe a sua aura, chakras ou o que for, mas sim uma postura de reafirmação da escolha pela responsabilidade energética de si mesmo.

Outro aspecto relevante é a noção de *Esperança*. Nesse sentido não me atenho ao radical *Esperar*, como aquele que sonha por dias melhores, mas aguarda que alguém ou alguma força maior resolva a questão particular, tal qual na obra de Samuel Becket. Nem me refiro ao argumento automotivacional do pensamento positivo que usa o subterfúgio da "mente criadora" para transformar tudo em chavão quântico, seja uma barra de chocolate, uma vaga de estacionamento requerida, uma foto kirlian ou a paz mundial. Na verdade, aqui faço a menção ao termo destacado pelo filósofo e educador Mario Sérgio Cortella, o de *Esperançar* ou da *Esperança Ativa*, que "(...) *é ser capaz de recusar aquilo que apodrece a nossa capacidade de integridade e a nossa fé ativa nas obras. Esperança é a capacidade de olhar e reagir àquilo que parece não ter saída (...)*"[9]

Assim, se o *Trabalho Intrapessoal* é aliado à perspectiva da *Esperança* como fator renovante, e tendo em vista que cada revisão interior se baseia no reforço da *Escolha Interna* por transformação e mudança, onde se encaixa a ferramenta do *Feng Shui*? Provavelmente e, sobretudo, num *Espelho* de possibilidades que auxilia o morador a dialogar com a diferença e sentir a equivalência de si mesmo no externo, algo além do seu próprio reflexo distorcido pela memória e consternado pelos hábitos. Mas seríamos assim capazes de nos enxergarmos sob tal perspectiva imanente? Minha *Esperança* é que sim...

Uma Nova Abordagem – A Casa Consciencial

De acordo com a caminhada até aqui, provavelmente já se entende que Casa Consciencial naturalmente não se refere a um lar que é consciente e sabe o que quer, na qual os moradores se submetem a vontades misteriosas preestabelecidas para garantir um futuro próspero ou mesmo lutam bravamente para tentar controlá-la. Também não significa ser um local fruto de um estado "*zen*" iluminado que abençoa a todos os habitantes com abraços amorosos de bem viver em "*bhakti*". Na verdade, o termo faz referência direta à proposta apresentada durante o livro, a respeito de um novo olhar das técnicas tradicionais e do ato de morar em si, além de acrescentar outras metodologias de pesquisa e atuação que poderão servir de ferramentas para a *Nova Realidade*.

Para isso, o conceito Casa Consciencial será desdobrada em outras 4, para facilitar a didática. Estas poderão ser analisadas individualmente, mas, na visão do autor, seria interessante atingir

---

9 Sobre a Esperança – Diálogo.

420 | Feng Shui Clássico nos Novos Tempos

um equilíbrio dinâmico coeso e equidistante (não focado num viés apenas) para fomentar um incremento qualitativo. São elas:

- **A Casa Emocional:** representa o que a construção oferece em termos de aprendizado e estímulo psicoemocional. É também relacionado à maneira proativa, reativa ou mesmo passiva que os moradores respondem aos potenciais e desafios pessoais, a partir dos hábitos e escolhas (sendo destacados, como linguagem, pelo local), o que pode estabelecer um ambiente aprazível ou instável, do ponto de vista emocional. Uma das ferramentas mais compatíveis, pelo Feng Shui Tradicional, seria o sistema Ba Zhai (8 Palácios).

- **A Casa Probabilística:** relaciona-se com os estudos de tendências e ocorrências redundantes baseadas nas relações dhármico-kármicas entre a construção e os moradores, respectivamente. Aborda eventos circunstanciais e aspectos relevantes (concretos e em potencial de probabilidade) alinhando-os enquanto entendimento e possibilidade de mudança pessoal, sobretudo na capacidade de escolha e gestão dos resultados atraídos. Como ferramenta relevante, destaca-se o Xuan Kong Fei Xing (Vazio Misterioso das Estrelas Voadoras).

- **A Casa Bioenergética** (enquanto Bioenergia): não se refere a uma edificação que harmoniza os moradores, mas sim o oposto. Lida com a postura do indivíduo de manter o lar minimamente estável em termos energético-espirituais, pelo reforço da responsabilidade de si enquanto potencial co-criativo imanente. Relaciona-se com a capacidade de gerar equilíbrio dinâmico, "aparar" arestas energéticas e estabelecer uma egrégora harmônica para a infraestrutura geral da vida. O mais interessante é que esse tema não deve ser visto como algo salvacionista e que se faz algumas vezes apenas (como uma solução rápida, quando as coisas já estão péssimas), mas uma rotina que envolve dedicação, cuidado e escolha pessoal, sendo um dos tópicos mais importantes nos *Novos Tempos*.

Conforme se conota, relaciona-se diretamente com as práticas de equalização pessoal (bioenergia, etc.).

- **A Casa Protorreferencial:** pode ser considerada uma extensão da proposta acima, sendo que o ponto vai além de uma equalização ambiental pelo trabalho energético pessoal, mas um processo constante de autoconhecimento baseado nos exercícios de *Sentir-se* como fluxo da Consciência. Algumas vezes expressada como conexões intra e interpessoais que se fundamentam na *Lembrança de Si* (não necessariamente nos termos espíritas de vidas passadas ou no resgate de algo mais puro, mas como aspectos de construção referencial atrelados ao potencial de *Escolha*). É uma das características mais desafiadoras, mas ao mesmo tempo muito intrigante, pois estimula no local (naturalmente a partir das pessoas), uma âncora referencial além da sobrevivência e bem estar no cotidiano apenas, mas algo correlacionado com potenciais cósmicos e ligações com pontos focais de equilíbrio energético planetário. Representa o *se conhecer* da forma mais direta, árdua e profunda; mais do que uma simples curiosidade mística, é uma escolha de caminho existencial.

Assim, estes 4 aspectos formariam o conceito da Casa Consciencial. Salienta-se que independentemente de seguir ou não os parâmetros do livro, as Casas Emocional e Probabilística não se referem a quem pratica os sistemas Ba Zhai e (ou) Fei Xing somente, mas a maneira como se abordam e aplicam tais métodos. Se a Casa Protorreferencial for uma utopia para alguns (não como algo ilusório ou ideal, mas como referência de caminhada para o presente), a Casa Bioenergética talvez seja a ponte do momento para abrir caminho para tal tópico, como uma ferramenta pessoal atuante. Aliás, considero esta última um instrumento imprescindível nos *Novos Tempos*, para manter dinamicamente os processos energéticos particulares minimamente equalizados (incluindo a

422 | Feng Shui Clássico nos Novos Tempos

sanidade psicoemocional e espiritual). Nesse sentido, a importância da Casa Bioenergética é maior ainda, já que parece atuar na potencialidade de lucidez e ordem interna que afeta positivamente os dois primeiros tipos de casas.

Concluindo, nota-se que a obra *O Feng Shui Clássico nos Novos Tempos* não tem a função de ser um livro de práticas ou mesmo dar respostas aos vários casos possíveis, mas sim proporcionar novas ideias e abordagens, que naturalmente deverão ser refletidas, tanto pelos clientes que procuram o tema, mas, sobretudo, pelos consultores e pesquisadores. Se caso alguns pontos levantados incrementem ou mesmo ressoem com os questionamentos que muitos já parecem fazer em silêncio, que os escritos possam servir de inspiração para outra maneira de olhar as sutilezas proporcionadas pela poesia *dos Ventos e das Águas*.

Linhas de Atuação

Desde que fundou o Instituto Eternal Qi – Centro de Ensino e Pesquisa, em 2004, o autor ministra workshops e formações básicas e avançadas nos tópicos Cosmologia Chinesa, Metafísica Chinesa, Feng Shui Tradicional e, a partir de 2011, cursos conscienciais variados. Tem, como proposta de pesquisa, o sistema que se denomina como San Cai (3 Princípios), sendo eles:

- **Tian Qi** (Potencial Celeste): refere-se aos estudos em sincronicidade baseados na Cosmologia Chinesa e na Metafísica. Alguns temas:
  - Jiu Gong Ming Li (Astrologia das 9 Constelações);
  - Yue Shu Ming Li (Numerologia Chinesa);
  - Ming Shu Ba Zi & Zi Ping Ba Zi (4 Pilares do Destino / Abordagens San-He e San-Yuan);
  - Zi Wei Dou Shu (Astrologia Polar);
  - Qi Men Dun Jia (Portal do Exército Místico);

Conclusão | 423

- 28 Xius (28 Mansões Lunares);

- 24 Jie-Qi (Quinzenas Solares);

- Metafísica Chinesa pelo Xuan Kong Da Gua (Vazio Misterioso do Grande Hexagrama) / Seleção de datas, Oráculo Mei Hua Yi Shu (Flor de Ameixeira) e Wen Wan Gua (Leitura matemática dos Hexagramas);

- Entre outros.

- **Di Qi** (Potencial Terrestre): refere-se aos estudos de Feng Shui Tradicional. Alguns temas:

- Ba Zhai (8 Palácios);

- Xuan Kong Fei Xing (Vazio Misterioso das Estrelas Voadoras);

- Zhong He Shan Shui Long Pai (Escolas dos Dragões de Montanha e Água das Tradições San-Yuan e San-He);

- Xuan Kong Da Gua (Vazio Misterioso do Grande Hexagrama);

- Zhong He Luo Pan Xue (Estudos das Luo Pans San-He e San-Yuan);

- Entre outros.

- **Ren Qi** (Potencial Humano): são os cursos livres de aperfeiçoamento pessoal, que abordam diversos temas vinculados aos *Novos Tempos*. Alguns:

- Espiritualidade & Bioenergia - Teoria e prática (Estudo dos potenciais energético-espirituais nos *Novos Tempos*);

- Eneagrama (Estudo das Máscaras Pessoais e Potencial de Sabedoria);

- Vivendo a Incerteza & Estimulando Possibilidades (Curso sobre os temas conscienciais da Nova Realidade);

- Casa Consciencial (Estudo das modificações estruturais pós 2012 no ato de morar);

- Ancestralidade Cosmogônica (Aspectos fenomenológicos e existenciais da ufologia);
- Entre outros.

Recomendação

Fora algumas obras muito relevantes para o momento (vide bibliografia), o autor indica o Espaço CEFLE (Centro de Estudos Filosóficos Laboratório Evolutivo). Trata-se de um local parceiro em que se realizam eventos e estudos conscienciais com variados pesquisadores, com destaque ao filósofo e espiritualista Alberto Cabral, no qual muitos dos enfoques o autor se alinha e compartilha.

Site: www.cefle.org.br - e-mail: info@cefle.org.br

Contato com o autor

A partir do Instituto Eternal Qi, os arquitetos-consultores Marcos Murakami e Renatha Dumond realizam consultorias em território nacional e ministram eventos anuais, tanto na sede do instituto em São Paulo / SP, quanto em alguns locais do Brasil.

Tel.: (11) 2959-2668 (sede) ou (11) 98148-4816;
Site: www.institutoeq.com.br / www.marcosmurakami.com.br
E-mail: falecom@institutoeq.com.br

Referências Bibliográficas

AGNIDEVA, V. *Equipe Ming Tang, Formação em Feng Shui*. São Paulo, [s.n], 2004. (grupo de professores).

ARMSTRONG, K. *Doze passos para uma vida de compaixão*. [s.n]: Ed. Paralela, 2012.

BACHELAR, G. *A poética do devaneio*. São Paulo, Ed. Martins Fontes, 1988.

___. *A poética do espaço*. São Paulo, Ed. Martins Fontes, 1993.

BRENNAN, B.A. *Mãos de Luz*. São Paulo: Ed. Pensamento, 1987.

BOFF, L. *Saber Cuidar: ética do humano – compaixão pela terra*. Rio de Janeiro: Ed. Vozes, 1999.

BOHM, D. *On Dialogue*. Londres: Ed. Routledge, 1996.

BORGES, W. *Viagem Espiritual II*. São Paulo: Ed. Universalista, 1995.

___. *Workshop Om Satwa*. São Paulo: [s.n] 2003 (notas de aula).

BRAMBLE, C. *Castigo, Virtude e a Luo Pan*. São Paulo, [s.n], 2000. (notas de aula).

BUENO, M. *O grande livro da casa saudável*. São Paulo, Ed. Roca, 1995.

___. *Viver em casa saudável: as radiações cosmotelúricas e sua influência nos seres vivos*. São Paulo, Ed. Roka, 1997.

CABRAL, A. *Curso A Vida de Jesus: um relato histórico espiritual*. São Paulo: [s.n] 2013 (notas de aula).

___. *Curso Bioenergia – Nível I*. São Paulo: [s.n] 2009 (apostila e notas de aula).

___. *Curso Carma e Reencarnação* – São Paulo: [s.n] 2004 (notas de aula).

___. *Curso Clarividência* – São Paulo: [s.n] 2004 (notas de aula).

___. *Curso Fenômenos Paranormais* – São Paulo: [s.n] 2004 (notas de aula).

426 | Feng Shui Clássico nos Novos Tempos

___. *Curso Física Espiritual – Nível I* – São Paulo: [s.n] 2005 (notas de aula).

___. *Curso Nossa Herança: Alça do tempo* – São Paulo: [s.n] 2014 (notas de aula).

CHERNG, W. J. *I Ching: a alquimia dos números*. Rio de Janeiro, Ed. Mauad, 2001.

CHOY, H. *Feng Shui Garden*. Chile: [s.n], 2008. (notas de aula).

___. *The Feng Shui Luo Pan Compass*. Chile: [s.n], 2008. (notas de aula).

___. . *Chinese Excursion*. China: [s.n], 2007. (notas de viagem).

CHUEN, L. K. *Feng Shui na cozinha*. São Paulo, Ed. Manole, 2000.

CLOWES, D. Wilson. São Paulo, Quadrinhos na Cia, 2012.

CORTELLA, M.S. *Não espere pelo epitáfio*. Rio de Janeiro, Vozes, 2012.

___. *Não se desespere!* Rio de Janeiro, Vozes, 2013.

___. *O que a vida me ensinou*. São Paulo, Editora Saraiva, 2009.

CORTELLA, M.S e TAILLE, Y. L. *Nos Labirintos da Moral*. São Paulo, Papirus 7 Mares, 2013.

COULANGES, F. A Cidade Antiga. São Paulo, Martin Claret, 2009.

ELIADE, M. *Imagens e símbolos: ensaio sobre o simbolismo mágico-religioso*. São Paulo, Ed. Martins Fontes, 1991.

___. *Mito do eterno retorno*. São Paulo, Ed. Mercuryo, 1992.

FUSARO, M. *Tempo-memória, Literatura e Ciência*. São Paulo, BT Acadêmica, 2014.

___. *Palestra Arte e Espiritualidade*. São Paulo: [s.n] 2011 (notas de aula).

GONZÁLEZ, R. *El Legado Cósmico*. Lima: Cecosami, 2002.

___. *Los Maestros del Paititi*. Barcelona: Ediciones Luciérnaga, 2003.

___. *Uku Pacha*. Argentina, 2003.

GURDJIEFF, G.I. *Relatos de Belzebu a seu Neto - Do Todo e de Tudo – Primeira Série*. São Paulo: Ed. Horus.

HIRSCH, S. *Manual do herói: ou a filosofia chinesa na cozinha*. Rio de Janeiro: Correcotia, [s.d].

KARNAL, L. *Conversas com um jovem professor*. São Paulo, Ed. Contexto, 2012.

___. *Palestra Os velhos e novos pecados*. São Paulo, [s.n], 2012 (notas).

LIP, E. *What's Feng Shui?*. London Academy Editions, 1997.

LOPES, R. C. *Curso de Formação em Feng Shui - Hemisfério Sul*. São Paulo, [s.n], 2001/2002. (notas de aula).

MACHADO, R. *Deleuze, a arte e a filosofia*. Rio de Janeiro, Zahar, 2010.

Referências Bibliográficas | 427

MOON, F e BÁ, G. *Daytripper*. São Paulo, Panini Books, 2011.

MOSÉ, V. *Nietzsche e a grande política da linguagem*. Rio de Janeiro: Ed. Civilização Brasileira, 2005.

___. *O homem que sabe*. Rio de Janeiro, Civilização Brasileira, 2012.

___. *Pensamento chão*. Rio de Janeiro, Record, 2007.

___. *Toda palavra*. Rio de Janeiro, Record, 2006.

MUTZENBERCHER, A. *I Ching: o livro das mutações, sua dinâmica energética*. Rio de Janeiro: Gryphus, 2002.

MURAKAMI, M. *O Grande Livro do Feng Shui Clássico*. São Paulo, Fábrica das Letras, 2006.

___. *The Functions of the Xuan Kong Da Gua Method*. Hong Kong, [s.n], 2007. (artigo apresentado em Conferência Internacional de Feng Shui Científico).

OUSPENSKY, P.D. *Fragmentos de um Ensinamento Desconhecido – em busca do milagroso*. São Paulo: Ed. Pensamento, 2008.

PINHEIRO, R. *Legião*. Minas Gerais, Casa dos Espíritos, 2006.

PONDÉ, L. P. *Guia politicamente incorreto da filosofia*. São Paulo, Leya, 2012.

___. *Contra um mundo melhor*. São Paulo, Leya, 2010.

RODRIGUES, A. *Radiestesia Clássica e Cabalística*. São Paulo, Fábrica das Letras, 2000.

ROSSBACH, S. e YUN, L. *Feng Shui e a arte da cor: como as cores podem estimular a prosperidade, a energia e a felicidade em sua casa*. Rio de Janeiro, Ed. Campus, 1998.

SACRAMENTO, S. *Formação básica e avançada em Feng Shui*. São Paulo: [s.n], 2003/2004. (notas de aula).

___. *Zi Wei Dou Shu*. São Paulo: [s.n], 2004. (notas de aula).

_____ *Equipe Ming Tang. Formação em Feng Shui*. São Paulo, [s.n], 2004. (grupo de professores).

SKINNER, S. *The original eight mansions formula*. Singapore, Golden Hoard Press, 2007.

SOLANO, C. *Feng Shui - Kan Yu: arquitetura ambiental chinesa*. São Paulo, Ed. Pensamento, 2000.

SORÔA, R. *Manual do autêntico Feng Shui*. São Paulo, Ed. Gente, 2000.

TIBURI, M. *Filosofia prática*. Rio de Janeiro, Record, 2014.

TUAN, Y.F. *Topofilia*. São Paulo: Ed. Difel, 1980.

428 | Feng Shui Clássico nos Novos Tempos

TWICKEN, D. *Four Pillars and oriental medicine: celestial stems, terrestrial branches and five elements for health*. United States of America: iUniversity.com, 2000.

WATERS, D. *The Feng Shui handbook: a practical guide to Chinese geomancy and environmental harmony*. London, The Aquarian Press, 1991.

___. *The Chinese astrology workbook: how to calculate and interpret Chinese horoscopes*. Sydney Collins Publishers, Austrália, 1989.

___. *Chinese astrology: the most comprehensive study of the subject ever published in the English Language*, London, Watkins Publishing, 2002.

___. *Chinese cosmology*. São Paulo: [s.n], 2004. (notas de aula).

___. *Twelve animals astrology*. São Paulo, [s.n], 2004. (notas de aula).

___. *External Feng Shui*. São Paulo, [s.n], 2004. (notas de aula).

WELLS, C.P. *Semeadores de Vida*. São Paulo: Ed. Ícone, 1993.

WILHELM, R. *I Ching: o livro das mutações*. 22ª ed. São Paulo: Ed. Pensamento, 1999.

WOLF, F.A. *Espaço-Tempo e Além*. São Paulo: Ed. Cultrix, [s.n].

WONG, E. *A master course in Feng Shui*. Boston: Shambhala Publications, 2001.

YU, J. *Advanced four pillars*. São Paulo: [s.n], 2004. (notas de aula).

___. *Dynamic Xuan Kong*. São Paulo: [s.n], 2004. (notas de aula).

___. *Water Methods*. São Paulo: [s.n], 2005. (notas de aula).

___. *Business Feng Shui*. São Paulo: [s.n], 2005. (apostila).

YU, J. e BIKTASHEV, V. e MORAN, E. *The complete idiot's guide to Feng Shui*. 2nd ed. Indianapolis, Alpha, 2002.

YU, J. e MORAN, E. *The complete idiot's guide to the I Ching*. Indianapolis, Alpha, 2002.

TOO, L. *Flying star Feng Shui for the master practitioner*. London, Element, 2002.

Transferidor – Método Estrelas Voadoras

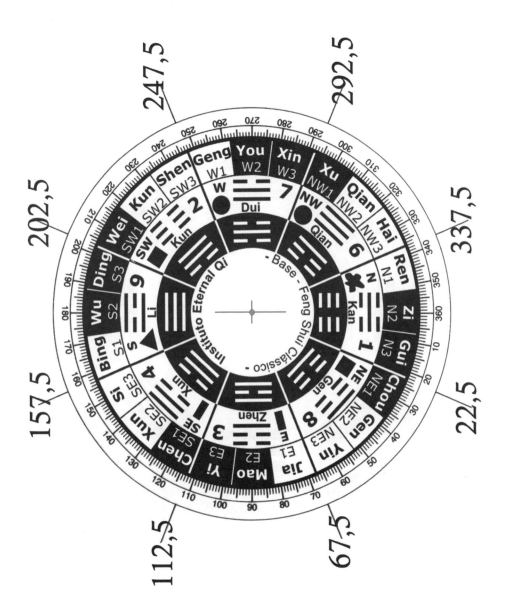

Transferidor – Método 8 Palácios

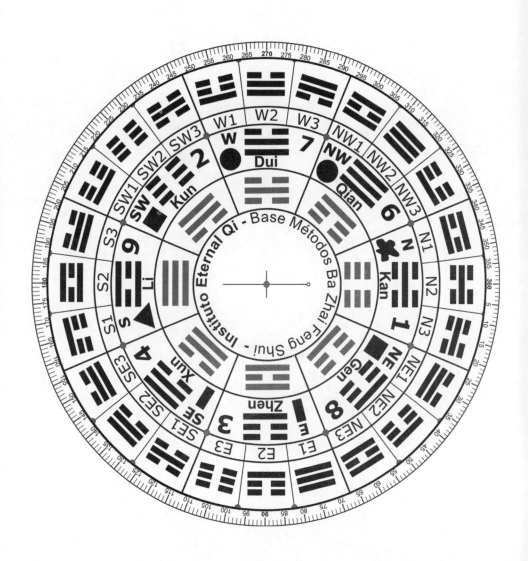

Tabela de Consulta Rápida
Direcionamento Pessoal

Ming Gua 1

Sul		Norte		Sudoeste		Nordeste	
S-1	Wu Gui -	N-1	Yan Nian +	SW-1	Tian Yi +	NE-1	Huo Hai -
S-2	Yan Nian +	N-2	Fu Wei +	SW-2	Jue Ming -	NE-2	Wu Gui -
S-3	Huo Hai -	N-3	Fu Wei +	SW-3	Fu Wei +	NE-3	Yan Nian +

Oeste		Leste		Noroeste		Sudeste	
W-1	Tian Yi +	E-1	Liu Sha -	NW-1	Yan Nian +	SE-1	Fu Wei +
W-2	Huo Hai -	E-2	Tian Yi +	NW-2	Liu Sha -	SE-2	Sheng Qi +
W-3	Sheng Qi +	E-3	Jue Ming -	NW-3	Tian Yi +	SE-3	Huo Hai -

Ming Gua 2

Sul		Norte		Sudoeste		Nordeste	
S-1	Sheng Qi +	N-1	Liu Sha -	SW-1	Huo Hai -	NE-1	Tian Yi +
S-2	Liu Sha -	N-2	Jue Ming -	SW-2	Fu Wei +	NE-2	Sheng Qi +
S-3	Tian Yi +	N-3	Jue Ming -	SW-3	Jue Ming -	NE-3	Liu Sha -

Oeste		Leste		Noroeste		Sudeste	
W-1	Huo Hai -	E-1	Yan Nian +	NW-1	Liu Sha -	SE-1	Jue Ming -
W-2	Tian Yi +	E-2	Huo Hai -	NW-2	Yan Nian +	SE-2	Wu Gui -
W-3	Wu Gui -	E-3	Fu Wei +	NW-3	Huo Hai -	SE-3	Tian Yi +

Ming Gua 3

Sul		Norte		Sudoeste		Nordeste	
S-1	Liu Sha -	N-1	Sheng Qi +	SW-1	Fu Wei +	NE-1	Jue Ming -
S-2	Sheng Qi +	N-2	Tian Yi +	SW-2	Huo Hai -	NE-2	Liu Sha -
S-3	Jue Ming -	N-3	Tian Yi +	SW-3	Tian Yi +	NE-3	Sheng Qi +

Oeste		Leste		Noroeste		Sudeste	
W-1	Fu Wei +	E-1	Wu Gui -	NW-1	Sheng Qi +	SE-1	Tian Yi +
W-2	Jue Ming -	E-2	Fu Wei +	NW-2	Wu Gui -	SE-2	Yan Nian +
W-3	Yan Nian +	E-3	Huo Hai -	NW-3	Fu Wei +	SE-3	Jue Ming -

Ming Gua 4

Sul		Norte		Sudoeste		Nordeste	
S-1	Jue Ming -	N-1	Tian Yi +	SW-1	Yan Nian +	NE-1	Liu Sha -
S-2	Tian Yi +	N-2	Sheng Qi +	SW-2	Wu Gui -	NE-2	Jue Ming -
S-3	Liu Sha -	N-3	Sheng Qi +	SW-3	Sheng Qi +	NE-3	Tian Yi +

Oeste		Leste		Noroeste		Sudeste	
W-1	Yan Nian +	E-1	Huo Hai -	NW-1	Tian Yi +	SE-1	Sheng Qi +
W-2	Liu Sha -	E-2	Yan Nian +	NW-2	Huo Hai -	SE-2	Fu Wei +
W-3	Fu Wei +	E-3	Wu Gui -	NW-3	Yan Nian +	SE-3	Liu Sha -

Homens com Ming Gua 5 consultar Ming Gua 2

Mulheres com Ming Gua 5 consultar Ming Gua 8

Ming Gua 6

Sul		Norte		Sudoeste		Nordeste	
S-1	Tian Yi +	N-1	Jue Ming -	SW-1	Wu Gui -	NE-1	Sheng Qi +
S-2	Jue Ming -	N-2	Liu Sha -	SW-2	Yan Nian +	NE-2	Tian Yi +
S-3	Sheng Qi +	N-3	Liu Sha -	SW-3	Liu Sha -	NE-3	Jue Ming -

Oeste		Leste		Noroeste		Sudeste	
W-1	Wu Gui -	E-1	Fu Wei +	NW-1	Jue Ming -	SE-1	Liu Sha -
W-2	Sheng Qi +	E-2	Wu Gui -	NW-2	Fu Wei +	SE-2	Huo Hai -
W-3	Huo Hai -	E-3	Yan Nian +	NW-3	Wu Gui -	SE-3	Sheng Qi +

Ming Gua 7

Sul		Norte		Sudoeste		Nordeste	
S-1	Yan Nian +	N-1	Wu Gui -	SW-1	Jue Ming -	NE-1	Fu Wei +
S-2	Wu Gui -	N-2	Huo Hai -	SW-2	Tian Yi +	NE-2	Yan Nian +
S-3	Fu Wei +	N-3	Huo Hai -	SW-3	Huo Hai -	NE-3	Wu Gui -

Oeste		Leste		Noroeste		Sudeste	
W-1	Jue Ming -	E-1	Sheng Qi +	NW-1	Wu Gui -	SE-1	Huo Hai -
W-2	Fu Wei +	E-2	Jue Ming -	NW-2	Sheng Qi +	SE-2	Liu Sha -
W-3	Liu Sha -	E-3	Tian Yi +	NW-3	Jue Ming -	SE-3	Fu Wei +

Ming Gua 8

Sul		Norte		Sudoeste		Nordeste	
S-1	Fu Wei +	N-1	Huo Hai -	SW-1	Liu Sha -	NE-1	Yan Nian +
S-2	Huo Hai -	N-2	Wu Gui -	SW-2	Sheng Qi +	NE-2	Fu Wei +
S-3	Yan Nian +	N-3	Wu Gui -	SW-3	Wu Gui -	NE-3	Huo Hai -

Oeste		Leste		Noroeste		Sudeste	
W-1	Liu Sha -	E-1	Tian Yi +	NW-1	Huo Hai -	SE-1	Wu Gui -
W-2	Yan Nian +	E-2	Liu Sha -	NW-2	Tian Yi +	SE-2	Jue Ming -
W-3	Jue Ming -	E-3	Sheng Qi +	NW-3	Liu Sha -	SE-3	Yan Nian +

Ming Gua 9

Sul		Norte		Sudoeste		Nordeste	
S-1	Huo Hai -	N-1	Fu Wei +	SW-1	Sheng Qi +	NE-1	Wu Gui -
S-2	Fu Wei +	N-2	Yan Nian +	SW-2	Liu Sha -	NE-2	Huo Hai -
S-3	Wu Gui -	N-3	Yan Nian +	SW-3	Yan Nian +	NE-3	Fu Wei +

Oeste		Leste		Noroeste		Sudeste	
W-1	Sheng Qi +	E-1	Jue Ming -	NW-1	Fu Wei +	SE-1	Yan Nian +
W-2	Wu Gui -	E-2	Sheng Qi +	NW-2	Jue Ming -	SE-2	Tian Yi +
W-3	Tian Yi +	E-3	Liu Sha -	NW-3	Sheng Qi +	SE-3	Wu Gui -

Tabela de Consulta Rápida
Sistema 8 Palácios

Tabela de localização dos Portentos / Presságios de acordo com o Trigrama da Construção
(Setor do Assentamento ou Direção de Porta)

SE	S	SW
FW+ (Madeira)	TY+ (Terra)	WG- (Fogo)
YN+ (Metal)	Zhai Gua: ☴ Xun / Vento	LS- (Água)
JM- (Metal)	SQ+ (Madeira)	HH- (Terra)
NE	N	NW

SE	S	SW
TY+ (Terra)	FW+ (Madeira)	LS- (Água)
SQ+ (Madeira)	Zhai Gua: ☲ Li / Fogo	WG- (Fogo)
HH- (Terra)	YN+ (Metal)	JM- (Metal)
NE	N	NW

SE	S	SW
WG- (Fogo)	LS- (Água)	FW+ (Madeira)
HH- (Terra)	Zhai Gua: ☷ Kun / Terra	TY+ (Terra)
SQ+ (Madeira)	JM- (Metal)	YN+ (Metal)
NE	N	NW

SE	S	SW
YN+ (Metal)	SQ+ (Madeira)	HH- (Terra)
FW+ (Madeira)	Zhai Gua: ☳ Zhen / Trovão	JM- (Metal)
LS- (Água)	TY+ (Terra)	WG- (Fogo)
NE	N	NW

8 Portentos / Presságios do Ba Zhai
(segundo a base Da You Nian Ge)

- Fu Wei (FW+): nenhuma mudança de linhas
- Sheng Qi (SQ+): mudança da 3ª linha
- Yan Nian (YN+): mudança de todas as linhas
- Tian Yi (TY+): mudança da 1ª e 2ª linhas

- Huo Hai (HH-): mudança da 1ª linha
- Wu Gui (WG-): mudança da 2ª e 3ª linhas
- Liu Sha (LS-): mudança da 1ª e 3ª linhas
- Jue Ming (JM-): mudança da 2ª linha

SE	S	SW
LS- (Água)	WG- (Fogo)	TY+ (Terra)
JM- (Metal)	Zhai Gua: ☱ Dui / Lago	FW+ (Madeira)
YN+ (Metal)	HH- (Terra)	SQ+ (Madeira)
NE	N	NW

SE	S	SW
JM- (Metal)	HH- (Terra)	SQ+ (Madeira)
LS- (Água)	Zhai Gua: ☶ Gen / Montanha	YN+ (Metal)
FW+ (Madeira)	WG- (Fogo)	TY+ (Terra)
NE	N	NW

SE	S	SW
SQ+ (Madeira)	YN+ (Metal)	JM- (Metal)
TY+ (Terra)	Zhai Gua: ☵ Kan / Água	HH- (Terra)
WG- (Fogo)	FW+ (Madeira)	LS- (Água)
NE	N	NW

SE	S	SW
HH- (Terra)	JM- (Metal)	YN+ (Metal)
WG- (Fogo)	Zhai Gua: ☰ Qian / Céu	SQ+ (Madeira)
TY+ (Terra)	LS- (Água)	FW+ (Madeira)
NE	N	NW